Sueli Menezes
mit Bruni Prasske

Amazonaskind

Ullstein

Besuchen Sie uns im Internet:
www.ullstein-taschenbuch.de

Umwelthinweis:
Dieses Buch wurde auf chlor- und säurefreiem Papier gedruckt.

Ungekürzte Ausgabe im Ullstein Taschenbuch
1. Auflage Januar 2006
2. Auflage 2006
© 2004 by Hoffmann & Campe Verlag, Hamburg
Umschlaggestaltung: Büro Hamburg
Titelabbildung: © Sueli Menezes
Satz: Dörlemann Satz, Lemförde
Druck und Bindearbeiten: Ebner & Spiegel, Ulm
Printed in Germany
ISBN-13: 978-3-548-36829-0
ISBN-10: 3-548-36829-8

INHALT

PROLOG 7

DAS KIND UND DER DSCHUNGEL 9

Amazonasmädchen 9 · Bôtos 23 · Schwimmen 28 ·
Fremder 35 · Strafe 39 · Schokolade 45 ·
Abschied 52 · Manaus 56 · Schule 65 · Jute 69 ·
Caboclo 79

TRÄNEN UND TROST 85

Manacapuru 85 · Reisepläne 91 · Flammenmeer 94 ·
Hass 99 · Wundmale 106 · Mutter 109 · Der Junge 123

DER VERLUST UND DIE ANGST 133

Hilflos 133 · Doméstica 142 · Trauer 146

DIE LIEBE UND DER SCHMERZ 152

Verliebt 152 · Der Plan 157 · Schwanger 160 ·
Todkrank 166 · Dona Wauda 170 · Der Gringo 183 ·
Entscheidung 189

ABSCHIED UND NEUBEGINN 203

Ein neues Leben 203 · Schnee 216 · Hochzeit 223 ·
Tanzen 226 · Nach Hause 236 ·
Ein Kind 248

DISTANZ UND NÄHE 254

Thomas 254 · Natal 258 · Angst 261 · Helfen 265 ·
Tainá 272 · Scherben 274 · Vergebung 280 ·
Vorbei 288

DIE BEFREIUNG UND DER TRAUM 291

Geschieden 291 · Aufbruch 293

EPILOG 313

Dank 318

Widmung 319

PROLOG

Meine Mutter legte mich vor die Tür einer Hütte. Es war ein armseliges Anwesen in den Tiefen Amazoniens, das, einer Insel gleich, im tropengrünen Meer des Dschungels lag, eingezwängt zwischen der Wildnis und den Wassermassen des großen Flusses.

In der Nacht war ich entbunden worden. Irgendwo da draußen hatte sie es getan. Allein. Ohne Hilfe. Heimlich. Noch bevor die Sonne aufging, in der kurzen Zeit der Morgenkühle, wenn Tautropfen die unbändige Vegetation benetzen und Nebel sich wie eine Decke über die Welt legt, kam sie mit einem Bündel aus dem Dickicht der Kautschuk- und Mangobäume. An den Ufern des Rio Solimões war die Türschwelle der Familie – die ich viele Jahre als meine eigene ansehen sollte – noch nicht überflutet. Rinder grasten im Dunst, während das Leben um sie herum langsam erwachte. Es muss in der Trockenzeit gewesen sein, vielleicht im Oktober oder November. Aber niemals werde ich erfahren, in welchem Jahr ich zur Welt kam. Am Amazonas zählen Geburtsdaten nicht viel.

Sie hatte mich in Baumwolltücher gewickelt und in eine Holzschachtel gelegt. Als der neue Tag begann, war sie längst fort. Das Geschrei der Brüllaffen, die lauten Rufe der Aras, das Eintauchen eines Delfins in die Fluten des Rio Solimões mögen die ersten Geräusche gewesen sein, die das winzige Indianermädchen mit dem Mondfinsternismal wahrnahm, als es seinem ungewissen Schicksal überlassen wurde.

Sie muss mich sanft auf die Schwelle gelegt haben, ganz sicher mit einem Wunsch auf den Lippen, vielleicht mit Tränen in den Augen, bevor sie im Nebel verschwand. Als die Sonne die Macht am Rio Solimões übernahm, Tau und Dunst sich im Nu auflösten, wurde die Tür der Hütte geöffnet, und eine andere Frau nahm das Mädchen in ihre Arme.

Noch immer möchte ich wissen, wann ich auf die Welt gekommen bin, möchte Gewissheit haben, ob ich Jungfrau, Waage oder Skorpion, ob ich dreißig oder schon dreiunddreißig Jahre alt bin, in welchem Alter ich mein erstes Kind bekam und wo die Geschwister sind, die ich nie kennen lernen durfte. In Europa, in der großen Stadt, in der ich lebe, kennt niemand meine wahre Geschichte. Kaum jemand ahnt etwas von dem indianischen Findelkind, das am Rio Solimões aufgewachsen ist und der Hölle oft näher war als dem Himmel. Niemandem habe ich von Großvater erzählt, dem Mann, der das kleine Indianermädchen beschützte, wann immer er konnte. Und von Émile, der wie ein Engel vom Himmel kam und mich aus der Gewalt meines Vaters befreite. Wenn ich auf der Bühne stehe und zu wilden Sambaklängen tanze, wenn ich am Computer meiner Arbeit nachgehe, wenn ich bei wohlhabenden Europäern Geld für brasilianische Straßenkinder sammle, wenn vornehme Herren sich mit meiner Exotik schmücken oder wenn ich in allerfeinsten Kreisen mit meinem Charme die Gesellschaft erfreue, dann ahnt keiner, welche Geschichten auf meiner Seele lasten, und niemand kennt meinen Wunsch nach einem Leben ohne Geheimnisse, ohne Halbwahrheiten und Lügen, ohne Versteckspiele und ohne gesenktes Haupt. Wunden heilen nicht dadurch, dass man zu vergessen sucht. Ich musste den Ursachen der Schmerzen auf den Grund gehen, um sie zu ertragen und schließlich zu überwinden. Es wurde ein langer, mitunter tränenreicher Weg in eine Vergangenheit, bei der das Grausame und das Schöne sehr nah beieinander lagen. Und manchmal frage ich mich, warum ich nicht früher mit dieser Reise beginnen konnte.

DAS KIND UND
DER DSCHUNGEL

Amazonasmädchen

Lautlos glitt unser Einbaum dahin. Kein Luftzug kräuselte die spiegelglatte Oberfläche des Wassers. Die Urwaldriesen warfen dunkle Schatten, und oberhalb der Baumwipfel war das Blau des Himmels kaum noch zu ahnen. Abgeschirmt von dem mächtigen Laubdach, das jeden Sonnenstrahl schluckte, trieben wir inmitten des Flusses. Wie heiß es dennoch war! Lianen und Luftwurzeln umschlangen das trockene Astwerk, durchwirkten die üppige Ufervegetation, undurchdringlich wie das fein geknotete Netz eines Fischers.

Großvater stach das Paddel ein, und sein Rücken verwandelte sich mit jedem neuen Schlag in ein Gebilde aus pulsierenden Hügeln und mäandernden Linien. Ich mochte dieses Spiel seiner Sehnen und Muskeln. Es war mir genauso vertraut wie sein Lächeln. Während sich die eine Schulter ein wenig hob und nach vorn schob, senkte sich die andere und zog das Paddel gleichmäßig nach hinten.

Das hölzerne Remo tauchte mit kaum hörbarem Plätschern ein. Niemand konnte ein Kanu so leise fortbewegen wie er. Er saß weit vorn, am äußersten Ende des Bootes. Von dort dirigierte er unsere Fahrt, schaute über das Wasser, spähte nach Beute oder taxierte die Bäume, um nach reifen Nüssen oder Früchten Ausschau zu halten, Leckerbissen für den Fisch, auf den wir es abgesehen hatten.

Mit einer winzigen Geste gab er mir zu verstehen, dass wir an dieser Stelle vergeblich auf einen Fang warteten. Die Früchte waren zu klein, um einen ausgewachsenen Tambaqui anzulocken. Seine Lieblingsspeise würde der Fisch sich woanders suchen.

Ich saß am hinteren Ende des Bootes und schöpfte Wasser, das sich fortwährend zu meinen Füßen sammelte. Wenn wir Fahrt aufnahmen, rutschte ich weiter zur Mitte. Mit meiner Hilfe würden wir sicher schneller vorankommen. Ich nahm mein Paddel fest in die Hand, versuchte den Stiel so zu umklammern, wie Großvater es tat, und passte den richtigen Moment ab, um es zeitgleich mit ihm einzutauchen. Er wählte eine neue Abzweigung im labyrinthischen Flusslauf des überfluteten Waldes. Jeder dieser Igarapéis führte tiefer in den Dschungel, und nur mein Vovô fand hier wieder heraus. Wir kamen an einem alten Kautschukbaum vorbei. In der Trockenzeit hatten wir ihn jeden Morgen besucht und zum Zapfen der Milch einen Schnitt angelegt. Jetzt lag das gleichmäßige Muster der Kerben tief unter der Wasseroberfläche. Ob Großvater es an dieser Stelle versuchen wollte? Einen Moment lang hielt ich inne, aber etwas musste ihm verraten haben, dass wir abermals weiterziehen sollten. Er steuerte das Kanu in die Mitte des Wasserlaufs, setzte sich bequemer hin und stimmte ein Lied an. Es war eine langsame Melodie, die so gemächlich dahinzog wie das Boot, in dem wir saßen. Sein Gesang vereinte sich mit den Geräuschen des Dschungels, den Schreien der Affen und dem Zwitschern der Vögel. Nicht immer verstand ich die Bedeutung des Gesungenen, denn häufig verwendete mein Großvater fremdartige Worte. Es war die Sprache unserer Vorfahren. Aber mit der Zeit kannte ich die Namen der Pflanzen, Fische und Vögel, die er besang, und hatte ich ein Lied auswendig gelernt, sang ich begeistert mit. Manchmal unterbrach er mich, gab mir mit der Hand ein Zeichen, damit ich still sei, und sang zur selben Melodie eine neue Geschichte. Oft kam ein Fluss in seinen Liedern vor, der weit entfernt in den Amazonas mündet. Dort, am Rio Juruá, hatten Fremde Gold gefunden und alle Menschen und Tiere verjagt. Viele Tagesreisen von hier. Unerreichbar.

Ein Papageienschwarm schreckte auf und flog über unsere Köpfe hinweg. Das hellgrüne Gefieder der Vögel setzte sich leuchtend vor dem dunklen Blattwerk des Waldes ab. Der Dschungel zog an uns vorüber, und aus ihm erklangen die Geräusche all der unsichtbaren Tiere, die sich im Dickicht verbargen. Nur einige Affen und Vögel trauten sich am hell-lichten Tage ans Wasser. Irgendwo blitzte etwas Weißes auf und sprang mit einem gewaltigen Satz von einem Baum zum nächsten. War es einer dieser hässlichen Affen, die Großvater Uacari nannte? Aber schon war das flinke Tier hinter einem Vorhang aus Lianen, Zweigen, Blättern und Stämmen verschwunden. Seinen unförmigen Kopf mit den feuerroten Beulen hatte ich nicht gesehen. Fruchtschalen fielen ins Wasser. Reste einer üppigen Mahlzeit. Oder waren sie nach uns geworfen worden? Großvater machte mir ein Zeichen. Auf einem ins Wasser ragenden Ast saß ein Brüllaffe und schwieg. Das kräftige Männchen starrte uns an und rührte sich nicht. Verlockend schimmerte sein weiches, rötliches Fell. Wenn Vater einen Brüllaffen von der Jagd mitbrachte, strich ich manchmal über die glatten Haare, aber nur wenn sie nicht voller Blut waren. Wir paddelten nun langsamer und beobachteten die Wasseroberfläche. Dabei sagte Großvater kein Wort, und auch ich traute mich nicht zu sprechen. Es dauerte sehr lange, bis er nach unserem Proviantbeutel griff und wir eine kleine Pause machten.

»Vovô! Da vorn schwimmt ein großer Fisch!«, rief ich stolz, als ich nah an der Oberfläche einen gewaltigen Schatten entdeckte.

»Der ist nichts für uns. Aruanãs dürfen wir jetzt nicht jagen. Sicher muss er sich um seine Kinder kümmern.«

Ich nickte und verstand. Aruanãmännchen, das hatte ich von meinem Vovô gelernt, sind die besten Papas der Welt. Damit den kleinen Fischen nichts geschieht, leben sie einen Monat lang im Maul ihrer Väter. In dieser Zeit jagt niemand den Aruanã.

Wir paddelten weiter, und Großvater stimmte ein neues Lied an. Wenn er sang, klang seine Stimme noch weicher als sonst. Der dichte Dschungel warf den Gesang mit einem Echo zurück, und mir lief ein wohliger Schauer über den Rücken. Mein Vovô war ein guter Sänger und der beste Großvater der Welt. Er passte auf mich auf. Solange er in meiner Nähe war, konnte mir nichts passieren. An seiner Seite ist es so wie im Maul eines Aruanã, ging es mir durch den Kopf: Alles Böse ist weit weg.

Plötzlich verstummte er. Flussaufwärts hatte er etwas entdeckt. Ich folgte seinen Blicken, und endlich sah auch ich den Grund für unsere plötzliche Richtungsänderung. Großvater steuerte auf ein Seerosenfeld zu, das in voller Blüte stand. Die Blätter schwammen wie runde Flöße im Wasser, und gern hätte ich mich zum Schlafen auf eines gelegt und mich schaukelnd in einen schönen Traum wiegen lassen. Schon oft hatte mein Vovô mir das Märchen von der Indianerin und den Seerosen erzählt, die man Vitória-Régia nennt. Und während wir uns dem schwimmenden Blütenteppich näherten, rief ich mir die Geschichte in Erinnerung:

In den Tiefen des Amazonasdschungels lebte vor vielen Jahren ein junges Mädchen. Naia war das schönste Kind eines Indianerstammes, der sich an den Ufern eines klaren Sees angesiedelt hatte. Viele Stunden des Tages verbrachte sie träumend in ihrer Hütte und konnte kaum erwarten, dass es Nacht werde. Denn jeden Abend trat sie ins Freie, um ihre große Liebe zu bewundern. Naia hatte sich in den Mond verliebt, und immer, wenn er am Himmel leuchtete, verbrachte sie die Zeit damit, ihn sehnsüchtig zu betrachten. In einer sternenklaren Nacht sah sie ihren geliebten Mond nicht nur am Himmel, sondern gleichzeitig auf der spiegelglatten Oberfläche des Wassers leuchten. Naia glaubte, der Mond sei herabgestiegen, um ein Bad zu nehmen. Und weil sie ihm ganz nah sein wollte, näher als je zuvor, sprang sie ins Wasser, um sich mit ihm zu vermählen. Doch der See zog sie in die Tiefe und gab sie nie wieder frei. Als der Mond bemerkte, dass die schöne Naia aus Liebe zu ihm hatte sterben müssen, wurde er sehr traurig. Immer wieder schaute er auf den See, der Naia zum Grab geworden war. Er weinte und wusste, dass er sie nie wiedersehen würde. In seinem Kummer verwandelte er die Seele des Mädchens in eine wunderschöne Seerose.

Unser Kanu streifte die großen Seerosenblätter, und ich musste nur die Hand ausstrecken, um eine der zahllosen rosafarbenen Blüten zu berühren, die sich noch weicher anfühlen als das Fell eines Kaiseraffen.

»Hier legen wir uns auf die Lauer, kleine Sueli. Ich habe so ein bestimmtes Gefühl. Der Pirarucu liebt den Platz bei den Seerosen. Vielleicht haben wir Glück. Nimm die Köder und mach es so, wie ich es dir gezeigt habe.«

Schnell nahm ich die Würmer, Insekten und Fischreste aus dem Körbchen und warf sie ins Wasser. Dann blieben wir regungslos sitzen und warteten ab. Ich war ganz still. Mir wurde heiß, und ich traute mich kaum zu atmen. Nach einer unendlich langen Zeit nahm Großvater den Bogen und legte ihn quer über seine Knie. Er präparierte den Pfeil mit einer langen Schnur, die er um sein Handgelenk legte. Aber er schien noch nicht bereit für einen Schuss. Worauf sollte er auch zielen? Wir hatten noch keinen Fisch entdeckt. Unsere Köder trieben auf das Seerosenfeld zu. Ich war aufgeregt. Nie zuvor hatte er mich auf die Jagd nach diesem besonderen Fisch mitgenommen. Ausgewachsene Pirarucus können nur von Meistern des Fischfangs erbeutet werden. In der letzten Regenzeit hatte auch Vater einmal Glück gehabt. Selbst vom Dorf hinter der Biegung des Flusses waren ein paar Männer gekommen, um das gewaltige Exemplar zu bestaunen. Vater hatte an jenem Tag neben seinem Fang gesessen und jedem erzählt, wie ihm das Kunststück gelungen war, einen derart großen Fisch zur Strecke zu bringen. Der Riese hatte auf dem Steg gelegen und beinahe die Länge eines Kanus gehabt. Sein Maul hatte weit offen gestanden, und so hatte ich sehen können, was ich mir vorher schon ausgemalt hatte, weil alle Welt davon erzählte: Der Fisch hat eine stachelige Zunge, die von winzigen Widerhaken überwuchert ist. Damit fasst er seine Beute und hat sie fest im Griff. Dieser Fisch aber war nie in unseren Mägen gelandet. Vater und mein Bruder Tonio hatten ihn zurück ins Boot gehoben und in der Stadt verkauft. Vater war betrunken, als sie Tage später heimkehrten. Nicht erst seitdem machte mir der Geruch von Cachaça Angst. Wann immer Vater nach Zuckerrohrschnaps roch, versuchte ich mich vor ihm zu verstecken.

Am anderen Ende des Seerosenfeldes lugte etwas aus dem Wasser. Eine Flosse? Ein Maul? Ich konnte es nicht erkennen. Im nächsten Moment tauchte es wieder unter. Aufmerksam folgte Vovôs Blick einer unsichtbaren Fährte. Er maß die Zeit, die bis zum nächsten Auftauchen verging.

»Er ist es. Er holt Luft«, flüsterte Großvater. »Jetzt müssen wir geduldig sein. Er kommt wieder!«

An der Art des Auftauchens erkannte er das Alter des Fisches. Und wenn man das Alter kennt, dann weiß man, wie groß der Fisch ist. Ein ausgewachsener Pirarucu würde nicht in unser Kanu passen, hatte er mir erklärt, und bestimmt konnte ich Großvater dann auch nicht beim Einfangen helfen. Wieder tauchte das Tier auf, keine drei Bootslängen von uns entfernt.

»Er ist genau im richtigen Alter! Nicht zu klein und nicht zu groß«, sagte Vovô, und seine Stimme verriet eine besondere Freude.

Bis auf den hell schimmernden Teil eines Kopfes und der Rückenpartie hatte ich nichts von dem Pirarucu gesehen, aber mein Vovô wusste genau, wo er sich im Wasser bewegte. »Er kommt näher«, flüsterte er mir zu. Ich wollte keinen Fehler machen, und so rührte ich mich nicht vom Fleck, auch wenn mein Hintern schmerzte und meine Beine kribbelten. Das Boot durfte nicht schaukeln. Läuse krochen über meinen Scheitel und nisteten sich in meinen Haaren ein. Vorsichtig kratzte ich über meine Kopfhaut, aber der Kampf gegen die ewige Plage blieb erfolglos. Ich wollte Großvater fragen, wie

14

man einen Pirarucu entdecken kann, woran man erkennt, an welcher Stelle er auftaucht und in welche Richtung man den Pfeil abschießen muss, aber er war so beschäftigt, dass meine Neugier warten musste. Wenn er am Abend erst einmal in seiner Hängematte läge und ich zu ihm kletterte, dann würde er mir sicher alles erklären.

Mit einer Hand hielt er das Paddel, mit der anderen den Bogen. Das Heck zeigte nun ans Ufer. Ein letztes Mal prüfte er seine Waffe, legte an und spannte den Bogen. »Keine Angst, kleine Sueli!«, hauchte er kaum hörbar.

Ich hielt mich an den Bootswänden fest und starrte auf Großvaters Rücken. Schweiß tropfte unter seinem Strohhut hervor, floss in einem Rinnsal über seine Wirbelsäule und versickerte im Hosenbund, wo der dünne Stoff vor Feuchtigkeit an seiner Haut klebte. Im nächsten Moment stand er auf, gab dem Bogen die größtmögliche Spannung und zielte zum Seerosenfeld. Ich starrte auf den Pfeil. Er war schwarz, spitz und lang, viel länger als ich. An seinem Ende hatte er kurze, kräftige Federn. Großvater bewegte sich nicht mehr. Sollte ich das Wasser nach dem Riesenfisch absuchen? Aber ich fürchtete mich vor dem Hinauslehnen. Dort unten, nur eine Handbreit von der Oberkante des Kanus entfernt, lauerten unheimliche Gefahren. Dort lebten Piranhas, Krokodile und Anakondas. Sie alle warteten auf kleine, unvorsichtige Kinder. Das wusste ich genau. Wenn ich mit meinen Geschwistern und den Nachbarskindern am Ufer spielte, stürzten sich nur die Mutigsten von den überhängenden Ästen ins Wasser und schwammen geschwind wieder ans Land. Aber auch ihnen stand die Angst vor einer Anakonda ins Gesicht geschrieben. Die Riesenschlangen liebten Kinder, sie erdrücken sie und verschlingen sie mit Haut und Haaren, in einem Stück. Und wer nicht schwimmen konnte, so wie ich, der hatte keine Chance.

Ich schaute auf Großvaters Hände. Blitzschnell hob er den Bogen ein Stück an, und mit einem Zischen flog der Pfeil davon. Am Rand des Seerosenfeldes stach er ins Wasser.

»Halt dich fest!«

Ich krallte meine Hände ins Holz. Ein Ruck ging durch das Boot. Großvater kniete auf den Planken und zog an dem Seil, das nun straff gespannt bis zum Seerosenfeld reichte.

»Wir haben ihn. Es ist ein kräftiges Tier. Hoffentlich hält der Pfeil.«

Im selben Moment brach der Pirarucu aus dem Wasser. Er schnappte nach Luft und schlug einen Haken. Der Pfeil hatte ihn in die Seite getroffen, und die Widerhaken schnitten in seinen mächtigen Leib. Der Fisch ist viel zu groß für unseren Einbaum, schoss es mir durch den Kopf. Seine Schuppen glänzten. Jede einzelne schien ein Eigenleben zu führen, blähte sich auf, und gemeinsam pressten sie sich schützend zurück an den bebenden Körper. Viele Male hatte ich solche Schuppen als Werkzeuge und Schmuck gesehen. Mutter rieb mit den getrockneten, harten Stücken ihre Fingernägel glatt. Sie liebte das raue Kratzen. Plötzlich lag das Seil schlaff auf dem Wasser. Ich glaubte schon, dass der Fisch sich befreit hatte, als im nächsten Moment wieder ein Ruck durch das Boot ging. Der Pirarucu zog uns mit sich, und das Kanu begann sich um die eigene Achse zu drehen. Großvater brauchte beide Hände, um das Seil zu halten.

»Du musst lenken!«, rief er.

Das Paddel war schwer. Wohin sollte ich lenken? Der Fisch zog uns mal in die eine, mal in die andere Richtung. Das Boot schaukelte, und Großvater beugte sich immer weiter über die Bordwand.

»Gegensteuern! Weg vom Ufer! Er muss sich müde schwimmen!«

Ich versuchte mein Bestes. Der Druck des Wassers presste mein Remo gegen das Kanu, ohne dass ich viel dagegen ausrichten konnte. Das Seil gab erneut nach. So schnell, wie er konnte, wickelte Großvater es um seine Hände. Der Fisch schwamm auf uns zu, und im Nu stieß er gegen das Boot. Er war jetzt ganz nah neben mir. Ich hätte auf ihm reiten können.

Sein Schuppenpanzer schillerte, und im nächsten Moment rieb er seinen Körper knirschend am Holz. Dann drehte er ab und zog uns in die Mitte des Wasserlaufs. Ohne zu wissen, was ich tat, stach ich das Paddel ein, versuchte das Boot zu stabilisieren und starrte Hilfe suchend zu Großvater hinüber. Mein Herz raste wie wild, und ich fürchtete mich vor einer Attacke des verletzten Tiers.

»Gut, sehr gut, Sueli, gleich haben wir es geschafft. Er wird langsamer.«

Anscheinend steckte der Pfeil sehr tief im Fleisch des Fisches. Er konnte sich nicht losreißen, und jeder neuerliche Versuch schwächte ihn zusätzlich.

Großvater wickelte das Seil um eine Halterung am Boot und nahm sein Remo in die Hand. Schwamm der Fisch nach links, ruderte er nach rechts. Zog uns das Tier zur Flussmitte, versuchte er, das Boot ans Ufer zu lenken. Bald machten wir kaum noch Fahrt, und wenige Minuten später verriet uns ein dunkler Schatten, eine Bootslänge entfernt, wo der Fisch sich befand. Noch einmal kam er an die Oberfläche. Ein letztes Mal blies er die Luft aus seinen Lungen. Es klang wie ein Stöhnen, und ich erschrak.

Vorsichtig drehte Großvater ihn auf die Seite. Der Pirarucu sah traurig aus. Sein Maul war halb geöffnet, und die stachelige Zunge schaute ein Stückchen heraus. Die Federn am Ende des tödlichen Pfeils ragten nass in die Höhe. Die Einschussstelle war klein. Der Fisch wirkte beinahe unverletzt. Mein Vovô zog ihn zu uns heran, und das Boot schwankte.

»Ein wunderbares Tier! Lehn dich auf die andere Seite, und nimm das Remo zu Hilfe. Ich werde versuchen, ihn an Bord zu ziehen.«

Das Schaukeln machte mir Angst. Großvaters Gewicht und das des gewaltigen Pirarucu konnte ich nicht ausgleichen. Wir drohten zu kentern. Immer wieder entglitt der Fang seinen Händen. Dort, wo der lebende Fisch seine Luft ausgeblasen hatte, griff Vovô hinein. Die Stelle schimmerte rötlich und sah unheimlich aus. Er versuchte ihn über die Bootswand zu heben. Schon lief Wasser herein. Schnell griff ich zur Schale und schöpfte, so schnell ich konnte. Alles schwankte, und es blieben kaum noch zwei Finger breit Abstand bis zur Wasserkante. Ich lehnte mich so weit wie möglich über die Bootswand, hantierte abwechselnd mit dem Remo, um zu steuern, und der Schale, um wieder Wasser zu schöpfen. Unter größter Anstrengung hievte Großvater endlich den Fang ins Kanu. Er atmete schwer, sprach ein paar unverständliche Worte und sah mich mit glücklichen Augen an. »Schau ihn dir an! Er wiegt viel mehr als du und sicher fast so viel wie ich. Ein Prachtstück! Sueli, das hast du gut gemacht.«

Ich zitterte und fühlte die Tränen kommen. Gleichzeitig lachte ich – noch nie war ich so stolz gewesen.

Vater bahnte sich einen Weg, indem er mich zur Seite schubste. Er versetzte mir die gleiche Art von grobem Stoß wie einer Hängematte, die jemand am Morgen nicht zusammengerollt hat und die unnötig Platz wegnimmt. Er musterte den Fang. »Sie waren lange unterwegs. Wo haben Sie ihn gefangen?«, fragte er Großvater.

»Oben beim Seerosenfeld, in der Nähe der Sümpfe. Er ist gleich beim ersten Mal auf unsere Köder hereingefallen. Muss hungrig gewesen sein.«

»Hm, wiegt sicher an die vierzig Kilo. Kein schlechter Fang. Wie sehen die Maniokfelder aus? Viel Wasser?«

»Es steht schon sehr hoch. Ohne Kanu ist kein Durchkommen mehr«, antwortete Großvater.

Tonio stand etwas abseits und staunte über unseren Pirarucu. Luara und Senaé eilten herbei, Mutter trug Francisca auf dem Arm und wollte ihren Augen nicht trauen.

»Den haben wir ganz allein gefangen. Er hat um sein Leben gekämpft«, sagte ich, und meine große Schwester schaute mich skeptisch an. Niemand wusste, wo wir den ganzen Tag über gesteckt hatten. Wir waren in der Dämmerung aufgebrochen, als die anderen noch schliefen. Wie immer hatte mein erster Blick dem Moskitonetz gegolten. Jeden Morgen sah ich nach, ob in der Nacht Feuerspinnen aus dem Strohdach auf mein Netz gefallen waren. Ihr Gift brannte wie Feuer, und jeder versuchte, ihnen aus dem Weg zu gehen. Ich musste nur ihren haarigen Körper mit den langen Beinen sehen, schon durchlief mich ein grausiger Schauer. Aber die größte Sorge galt allmorgendlich meiner Nachtschüssel. Sie war wieder einmal leer gewesen! Wieder hatte ich mich nass gemacht. Wieder war es nur ein Traum gewesen, dass ich aus meiner Hängematte gestiegen war und mich auf den Topf gesetzt hatte. Lautlos und geschwind hatte ich auch diesmal versucht, die Spuren zu verwischen, bevor Großmutter darauf aufmerksam werden konnte, denn wenn sie es entdeckte, schimpfte sie furchtbar mit mir und stieß mein Gesicht in die feuchte Hängematte. Dabei hielt sie meinen Kopf ganz fest in der einen Hand und drückte mit der anderen so stark zu, dass mir häufig die Nase davon blutete. Aber an diesem Morgen hatte ich schon mit meinem Vovô im Kanu gesessen, bevor Großmutter aufgewacht war.

Nur mich nahm Großvater auf diese Ausflüge mit. In der Trockenzeit gingen wir Kautschuk zapfen und in der Regenzeit auf Fischfang. Ich freute mich über jede Gelegenheit, mit ihm allein zu sein. Aber auch ich durfte ihn nicht immer begleiten. Ging er auf die Jagd nach einem Jaguar, der sich in der Gegend herumtrieb und Rinder angriff, oder fing er Aras, wozu er sich tagelang auf die Lauer legte, musste ich zu Hause bleiben. Das war immer eine schlimme Zeit für mich, und ich betete, dass er schnell und unversehrt zurückkommen möge.

Tonio und Großvater legten den Fisch auf den schwimmenden Steg. Jetzt, in der Regenzeit, gab es kaum Platz, um einen derart großen Fang abzulegen. Die Holzstämme, die sonst als unregelmäßige Stufen zum Flussufer führten, waren längst im schlammigen Wasser versunken, und selbst das Untergeschoss unseres Hauses, das uns als Lagerraum diente, war knietief überflutet. Der Wasserstand und die Strömung hatten zwar noch nicht ihren Höhepunkt erreicht, aber es würde nicht mehr lange dauern, bis man selbst den Hühnerstall nur noch per Kanu erreichen konnte. Erst weit oberhalb unserer Hütte, tief im Dschungel, endete das Überschwemmungsgebiet.

Irgendwie gelang es ihnen, den Pirarucu über die Außentreppe auf die trockene Veranda vor der oberen Etage zu bringen, wo er sogleich zerteilt wurde. Um die kostbaren Schuppen kümmerte sich Mutter. Die Zunge schnitt Vater heraus, um sie in der Sonne zu trocknen. Sicher wollte er sie in der Stadt verkaufen. Bald war der Boden voller Blut, das zwischen den Brettern hindurch ins Wasser tropfte und Piranhas anlockte. Jeder war mit einer anderen Aufgabe beschäftigt.

»Die Zunge bleibt hier«, sagte Großvater. »Damit werde ich Pfeile und Bogen polieren.«

Mit diesen Worten zog er sich in die Hütte zurück und gab mir ein Zeichen. Ich wusste genau, was er sich wünschte. Als er sich in die Hängematte legte, kletterte ich zu ihm und suchte seinen Rücken nach Mucuins ab. Die winzigen Tierchen lassen sich von Bäumen herabfallen und bohren sich in die Haut ihrer Opfer. Sie sind so klein, dass man sie erst entdecken kann, wenn sich die Stelle rötet, an der sie eingedrungen sind. Während einer langen Kanufahrt in Ufernähe konnte man von unzähligen dieser Plagegeister gepeinigt werden. Ich drückte sie einen nach dem anderen heraus, und mein Vovô schloss genüsslich die Augen. Zufrieden drehte er sich von einer Seite zur anderen und spannte seine Haut an. Selbst als die ersten Fischstücke auf dem Feuer schmorten und einen verlockenden Duft verbreiteten, wünschte er sich, dass ich weitermachte, und so zerquetschte ich jeden einzelnen Mucuin. Einer der Parasiten saß direkt neben seinem Mondfinsternismal, und behutsam strich ich mit der Hand über die dunkle, leicht erhabene Stelle. Sein Mondfinsternismal betrachtete ich immer mit großer Freude, denn wir beide trugen es als Einzige in der Familie.

»Kleine Sueca«, sagte er, »danke für deine Hilfe. Das machst du sehr gut. Ich hasse diese Viecher!«

Ich liebte es, wenn er mich Sueca nannte. Es war sein ganz besonderer Name für mich. Alle anderen nannten mich Sueli oder aber auch Manchico. Das war eigentlich der Name eines Mannes, der tief im Dschungel lebte. Er konnte die Stimmen aller Vögel nachmachen. Niemand vermochte zu sagen, ob es die Stimme eines Aras, einer Harpyie oder eines Tukans war oder ob Manchico mit dem Echo des Waldes sein Spiel trieb und im nächsten Moment hinter einem Kakaobaum auftauchte und in schallendes Gelächter ausbrach. Er hielt alle zum Narren und verwirrte die Papageienjäger. Alle Kinder versuchten sich im Imitieren, und als ich vier oder fünf Vogelstimmen nahezu perfekt nachmachen konnte, gab mein Bruder Nando mir den Beinamen Manchico. Aber Sueca wurde ich am liebsten gerufen.

Vater würdigte mich keines Blickes. Er streute Farinha über die Mahlzeit, schob einen Bissen nach dem anderen in seinen Mund und redete mit Großvater über den Fang. Vater war groß, größer als die meisten Männer in unserer Gegend, und er hatte eine tiefe Stimme. Wenn er etwas sagte, versuchte ich den Klang einzuordnen. Wichtiger als das, was er sagte, war für mich der Tonfall. Daran erkannte ich sofort, wie er aufgelegt war. Wenn er unzufrieden, verärgert oder gar zornig war, dann wurde seine Stimme zu einem schaurigen Brummen, und ich spürte, wie mir die Angst in die Glieder fuhr. Eine Angst, die mich selbst in meinen Träumen nicht losließ. Wenn ich aufwachte, hatten die Erinnerungen, die von meinem Traum übrig waren, häufig mit Vater zu tun. Und war der Traum besonders grausam, weil Vater mich geschlagen oder grundlos beschimpft hatte, konnte ich sicher sein, dass ich wieder einmal eingenässt hatte.

Wäre er doch nur einmal nett zu mir gewesen. Nie schenkte er mir ein liebes Wort, niemals würde er sagen: »Gut gemacht, kleine Sueli. Ein guter Fang.« Traurig aß ich von dem Fisch, der ohne meinen Vater ein Festmahl hätte sein können, als mir Vovô plötzlich aufmunternd zuzwinkerte und mir damit meinen Anteil am Pirarucu zurückgab. Alle leckten sich satt und zufrieden die Finger ab. Die Katzen und Hunde lauerten auf die Reste. Wir standen auf und überließen ihnen den Platz am Boden. Mit der Dämmerung kamen die Mückenschwärme. Je dunkler es wurde, umso heftiger fielen sie über uns her, und wir beeilten uns, unter die Moskitonetze zu kommen. Großvater legte sich als Erster in seine Hängematte, und er genoss sichtlich die Lobesworte, die Mutter für ihn übrig hatte. Meine Matte hing stets neben seiner. Nur so fühlte ich mich in der Regenzeit sicher. Aber jede Nacht sehnte ich den Zeitpunkt herbei, wo sich das Wasser so weit zurückgezogen hatte, dass ich wieder bei Großvater und Großmutter schlafen konnte. Noch war ihre Hütte am anderen Ende der Wiese überschwemmt.

Senaé und Luara, die zu meiner Linken lagen, stellten mir bohrende Fragen. Auch ohne die Gesichter meiner Schwestern sehen zu können, spürte ich, dass sie meinen Erzählungen nur widerwillig Glauben schenkten, zu viel Neid mischte sich unter ihre Worte. Und obwohl es mich ärgerte, konnte ich sie verstehen. Sicher wären sie auch gern mitgekommen, anstatt bei der Juteernte zu helfen, denn es war mühsam und kein bisschen spannend, die Fasern aus den Stöcken zu lösen. Als Vater sich in seine Hängematte legte, verstummte unser Gespräch. Er mochte es nicht, wenn wir ihn mit unserem Getuschel störten. Später in der Nacht schrak ich auf.

»Vovô, wachen Sie auf! Draußen ist irgendetwas los! «

Großvater kroch unter dem Moskitonetz hervor und lauschte. Er stieß Vater an, und gemeinsam gingen sie hinaus. Ich hörte ihre Schritte auf dem wackligen Steg zum Hühnerstall. Die Geräusche wurden lauter. Etwas schlug auf dem Wasser auf, die Hühner gackerten und flatterten mit wilden Flügelschlägen gegen die Wände. Plötzlich war es still. Ich starrte in die Dunkelheit, und endlich erkannte ich Großvaters Silhouette.

»Schlaf weiter, kleine Sueli«, flüsterte er, »das waren Krokodile. Sie wollten sich unsere Hühner holen. Wir haben sie alle verjagt.«

Bôtos

Ununterbrochen ergossen sich nun die Wolken über Amazonien. Das Labyrinth aus Flussläufen schwoll an und verwandelte den Wald in eine endlose Wasserlandschaft. Dort, wo in der Trockenzeit Menschen leben, wo Kinder spielen und Rinder grasen, wo Jute und Maniok wächst, wo Kautschuk gezapft wird und Männer auf die Jagd gehen, dort, wo Vögel zwischen den Bäumen umherfliegen und Affen von Ast zu Ast springen, schwammen nun Fische, Delfine, Krokodile, Anakondas und Schildkröten.

Das Wasser reichte bis kurz unter die Türschwelle des Haupthauses. Der untere Raum war überflutet, und der Fluss strömte durch Türen und Fenster hindurch. Trockenen Fußes blieb man nur noch im oben gelegenen Stockwerk. Vater war sehr stolz auf unser zweigeschossiges Haus. Es war seine Idee gewesen, und weit und breit gab es keine ähnliche Hütte. Wo die anderen Häuser nur aus Pfählen bestanden und der so gewonnene Raum als Lagerstätte diente, hatte er Wände eingezogen und im Inneren eine Treppe nach oben gebaut. Aber während der Regenzeit war auch unser Untergeschoss zu nichts nutze.

An Sonntagen und wenn der Himmel die Welt ohne Unterlass mit Wasser überschüttete, blieben wir in der Hütte und mussten nicht ins Kanu steigen, um zur Arbeit auf die höher gelegenen Felder zu fahren. In den verbliebenen zwei kleinen Räumen war dann nur wenig Platz, und alle mussten sehr brav sein, um Vaters Zorn nicht zu schüren. Die Hängematten hingen dicht nebeneinander. Wenn wir die Luke nach unten öffneten, blickten wir auf das Wasser, das bis zu den oberen Treppenstufen reichte. Unser Haus war nichts weiter als eine winzige Insel in den Fluten eines Stroms, der zum Meer geworden war. Alle Wege und Stege waren versunken, und Großmutter musste ein Kanu nehmen, um die Hühner zu füttern und nach den Eiern zu schauen.

Es gab Tage, an denen der Regen nicht enden wollte und die ganze Welt nur noch aus Wasser und Hitze bestand. Es waren keine Tropfen, die vom Himmel fielen. Es regnete silbrig schimmernde Sturzbäche, millionenfache Rinnsale, die sich aus den Wolken herabstürzten, dicht an dicht, aus einem tief hängenden Himmel, der eins geworden war mit dem Wasserspiegel des Flusses. Sie trommelten auf das Blattwerk der Dschungelriesen, aufs Strohdach unserer Hütte, auf den Hühnerstall, auf die Boote, und sie prasselten auf den Fluss, der uns umzingelt hielt. Der Strom wuchs mit jedem Tropfen und rauschte mit ungezügelter Kraft durch das Untergeschoss unserer Hütte. Selbst den Baumstamm, auf den wir uns hockten, um unsere Notdurft zu verrichten, gab es nicht mehr. Wir öffneten dazu jetzt einfach die Luke oder setzten uns an den Rand der schmalen Veranda. Manchmal machten wir uns darüber lustig und malten uns aus, dass wir damit die Fische anlockten.

War uns langweilig, überredeten wir unseren Großvater, uns eine Geschichte zu erzählen. Gebannt lagen wir dann in unseren Hängematten und hörten Vovô zu. Manchmal sprach er von Dingen, die wir uns nicht vorstellen konnten und die so fremd klangen, dass sie nur erfunden sein konnten. Häufig sprach er von einem Ort, der sich viele Tagesreisen hinter der Biegung des Flusses verbarg. Dort hatten die Menschen mehr als ein kurzes Baumwollhöschen und ein zerrissenes Hemd. Sie hatten so viel Kleidung, dass sie nicht jeden Tag das Gleiche anziehen mussten. Dort gab es nicht nur zu besonderen Festen Musik, wenn eine Kapelle aufspielte, sondern jeden Tag. Sie kam aus einem kleinen Apparat, den sie Radio nannten. Großvater hatte es mit eigenen Ohren gehört, und selbst Mutter nickte wissend, wenn er davon redete. Die Wege waren dort so breit, dass sich mehr als zwei Menschen begegnen konnten. Manche waren sogar breiter als der Fluss, und Hunderte von Menschen säumten die Wege und Plätze, die nachts funkelten, als sei es helllichter Tag. Nur Großvater, Vater und der Priester hatten das alles mit eigenen Augen gesehen. Ich liebte diese Geschichten, aber noch viel lieber hörte ich Großvater zu, wenn er über den Dschungel sprach. Über die unheimliche Welt, die gleich hinter unserer Hütte begann. Seine Erzählungen spielten dort, wo in der Dunkelheit die wilden Tiere brüllten, kreischten und jauchzten. Wenn Vovô sprach, legte ich mich zu ihm in die Hängematte und schmiegte mich an ihn. Besonders liebte ich die Legende vom Bôto:

Vor vielen Jahren war ich zu Gast bei einem Fest. Damals war euer Vater noch ein kleiner Junge. Viele Männer und Frauen waren mit ihren Booten von weit her gekommen. Alle saßen in einem großen Kreis beieinander. In meiner Nähe nahm die hübsche Tochter eines Seringueiro Platz. Sie hatte ihr schönstes Kleid angezogen, und ihr schwarzes Haar glänzte im Licht des Feuers. Vom Ufer her tauchte plötzlich ein fremder Mann auf, groß und von heller Hautfarbe. Niemand hatte gesehen, mit welchem Boot er gekommen war und wo er angelegt hatte. Er trug weiße Kleider und einen ungewöhnlichen Hut. Seine Augen leuchteten. Alle starrten ihn an. Er schien aus dem Nichts zu kommen, niemand kannte ihn, und er ging direkt auf das hübsche Mädchen zu. Im selben Moment stimmte die Kapelle ein Lied an, und er forderte sie zum Tanzen auf. Der Fremde hatte seinen Wunsch kaum ausgesprochen, da reichte sie ihm auch schon die Hand. Seinen Blicken konnte sie nicht widerstehen. Die beiden tanzten die ganze Nacht. Sie waren ein schönes Paar. Wenn er sie umfasste, ihre Hüfte hielt und sie sich tanzend um ihn drehte, dann wehte ihr langes Haar im Wind, und ihr Rock kreiste wie ein Reifen um ihre Beine. Sie wirbelte herum und schien davonzufliegen. Das Fest dauerte die ganze Nacht, und zu später Stunde leuchtete uns nur noch der Mondschein. Bier und Cachaça hatte die meisten Gäste betrunken gemacht. Viele schliefen an Ort und Stelle ein. Andere wankten singend davon. Als auch der Fremde gehen musste, begleitete das Mädchen ihn zum Flussufer, wo die Kanus der Gäste im Wasser schaukelten. Sie wartete darauf, dass auch der Fremde in ein Boot steigen würde, aber er blieb wortlos am Ufer stehen und schaute in den nächtlichen Fluss. Dann gab er ihr einen Abschiedskuss, nahm seinen Hut vom Kopf und sprang mit einem großen Satz ins Wasser. Entsetzt schrie sie auf und blickte in die Fluten. Sie hatte Angst. Mit ihren Blicken tastete sie die Oberfläche ab, sie suchte zwischen den Booten und starrte ins finstere Nass. Aber so lange sie auch schaute, der Fremde blieb verschwunden. Sie nahm den Hut in die Hände und betete um Hilfe. Plötzlich schnellte ein Delfin aus dem Wasser, ein weißer Bôto. Seine Haut glänzte im Mondschein und funkelte geheimnisvoll. Er sprang so hoch, wie sie es nie zuvor gesehen hatte, und machte einen Salto. Der Delfin sah glücklich aus und schien sie anzuschauen. Bis zum Morgengrauen wartete das Mädchen auf den Fremden, auch in den nächsten Tagen und Wochen ging sie, so oft sie konnte, zurück ans Ufer und hielt Ausschau nach ihrem vermissten Geliebten. Nach einer Weile wölbte sich ihr Bauch. Neun Monate nachdem der fremde Mann in den weißen Kleidern aufgetaucht war, gebar sie einen wunderschönen Jungen.

Einige Nächte später bebte unsere Hütte. Etwas Großes schlug gegen die Wände und schien sie zerschlagen zu wollen. Senaé und Luara schrien, und ich klammerte mich an Großvaters Arme. Das Ungetüm war ganz nah, direkt unter uns. Vater zündete eine Lampe an, und alle starrten auf die Luke, die gleich neben der Feuerstelle in den Boden eingelassen war. Wir Schwestern krochen eng zusammen, und selbst Tonio, der sich immer so furchtlos gab, war bleich.

»Das ist ein Bôto«, rief Vater. »Er findet keinen Ausweg! Die Strömung hat ihn hereingetrieben.« Gott sei Dank, kein Krokodil, dachte ich. Einen Bôto durfte man nicht fangen und töten, hatte Vovô mir erzählt. Wer so etwas tat, zu dem kam der Tod in die eigene Familie. Wie sollten sie ihn aus dem Untergeschoss befreien? Der Delfin stieß gegen einen tragenden Pfahl, dann gegen eine Wand und wurde immer wilder. Einen Bôto durfte man nicht einmal berühren, hieß es, denn jeder Kontakt mit dem Tier führe unweigerlich zu einer schlimmen Krankheit. Das gleiche Schicksal würde Vater ereilen, wenn er jetzt die Luke öffnete und den Delfin aus dem Fenster stieße. Ich hatte Angst, dass seine Hände von schmerzenden Wunden überzogen werden könnten, sobald er ihn anfasste. Vater würde klagen, könnte nicht arbeiten, säße den ganzen Tag in der Hütte und würde uns Kinder schlagen. Ich betete: »Bitte, Bôto, du musst den Weg nach draußen allein finden.« Einen Moment lang war es ruhig.

»Der schlägt uns noch die Hütte entzwei!«, rief Vater.

Dann war der Spuk auf einmal vorbei. Alle atmeten erleichtert auf. Mutter kicherte und schaute uns Schwestern an. »Der Bôto war in der falschen Hütte. Hier gibt es keine jungen Frauen. Er muss in ein paar Jahren wiederkommen. Nicht wahr, Luara?«

Meine große Schwester wusste nicht, ob sie lachen oder sich schämen sollte. Ihr Gesicht war bleich vor Angst.

»Es ist vorbei. Er hat sich befreit.«

Jetzt fand ich es auf einmal schade, dass der Bôto verschwunden war. Wer weiß, dachte ich, es hätte auch die Luke aufgehen können, und der schönste Mann vom Amazonas wäre über unsere Schwelle getreten. Ein Hut hätte sein Blasloch verdeckt, und seine hellen Augen hätten nur Blicke für mich gehabt. Für die schöne Sueca. Aber Bôtos sind fast blind, ging es mir durch den Kopf, das hatte Vovô mir ebenfalls gesagt. Irgendwas war merkwürdig an der Geschichte. Aber was?

Die Wolken brachen auf, und die Sonne stand strahlend am Himmel. Das gleißende Licht schmerzte in den Augen. Nasses Blattwerk funkelte, und der Fluss schimmerte wie die Schneide einer frisch geschärften Machete. Dann stieg der Dampf auf. Der Dschungel hüllte sich in dichten Nebel. Es war ein heißer Nebel, so als würde man Wasser kochen, und er machte das Atmen zur Qual. Wer nun mit dem Kanu unterwegs war, musste sich gut auskennen, denn es gab nichts weiter zu sehen als einen weißen, wabernden Vorhang. Das war die Zeit der bösen Geister. Sie griffen aus dem Nirgendwo nach den langen Haaren der Mädchen und verschwanden lachend und unerkannt im Dunst. Großvater lag in seiner Hängematte und sah sehr müde aus. Mutter saß auf dem Boden und stampfte Kräuter. Sie wurde immer dicker, und bald würde ein weiteres Baby kommen.

Schwimmen

Die Juteernte war beendet – eine der härtesten Arbeiten des Jahres. Jetzt kam die Zeit, in der alle darauf warteten, dass der gewaltige Strom abschwoll, sich in sein Bett zurückzog und das Land und die Felder wieder freigab. Maniokstauden mussten gesetzt und ein neues Stück Wald gerodet werden. Die Sonne brannte auf den Fluss und ließ ihn silbern glänzen. Es war still. Nur im Wasser regte sich Leben. Nicht weit entfernt von den Kautschukbäumen, die die gerodete Fläche unseres Grundstücks markierten, tauchten Bôtos auf. Sie zeigten mir ihre Rückenflossen, und manchmal streckte einer von ihnen sein freundliches, lang gezogenes Gesicht aus dem Wasser. Sie ließen sich mit der Strömung treiben und schwammen flussabwärts. Dorthin, wo eine Tagesreise entfernt die Stadt lag, die ich noch nie gesehen hatte. Es hieß, dort sei der Fluss viel breiter als bei uns. Er vereine sich mit anderen Flüssen und bilde eine gewaltige Fläche, über die man das andere Ufer kaum sehe. Die Strömung sei so stark, dass selbst der beste Schwimmer hilflos mitgerissen und von Strudeln verschluckt werde. Dort verkaufte Vater, seitdem er sein Motorboot hatte, die größten Fische, und gelegentlich brachte er Baumwollstoff mit, aus dem Mutter unsere Shorts nähte. Aus der Stadt kamen auch die Händler mit ihren großen Booten, die uns Jute, Farinha, Papageien, Schildkröten und, etwas seltener, ein Rind gegen Reis, Bohnen, Öl und Salz eintauschten. Sie bevorzugten die Trockenzeit, und auch das Fährboot, das einmal in der Woche von Westen kam, hielt nur, wenn der Fluss niedrig genug war. Bald war es wieder so weit.

Fische sprangen aus dem Wasser und jagten nach Insekten. Ein Aruanã machte einen gewaltigen Satz. Er schien einen Baum erklimmen zu wollen. Doch dann schnellte seine Zunge hervor, und er schnappte sich einen fetten Käfer, der auf einem der unteren Äste gesessen hatte. Mit einem lauten Knall verschwand er wieder in den trüben Fluten. Ein Schwarm kleiner Fische flog über die Oberfläche und funkelte im Sonnenlicht. Mit ihren Luftsprüngen versuchten sie den Raubfischen zu entkommen. Ich saß auf der Veranda und wehrte mich gegen eine bleierne Müdigkeit. Mutter lag in der Hängematte, gleich neben der weit geöffneten Tür. Ich hörte ihr schweres Atmen. Sie öffnete die Augen, schaute mich einen Moment lang fragend an und gab mir ein Zeichen. Sofort setzte ich mich zu ihr. Sie nahm mein Gesicht in die Hände, drehte meinen Haarschopf ins Licht und suchte nach Läusen. Ich hörte das feine Knacken, wenn sie eines der Tierchen zerquetschte, und freute mich. Ich hasste das ständige Kribbeln und Kratzen. Ohne fremde Hilfe war es kaum möglich, sich von den Blutsaugern zu befreien. Denn einen Spiegel besaßen wir nicht, und erst seit kurzem hatten wir Blechdosen, in deren Böden wir uns betrachten konnten. Vater hatte sie aus der Stadt mitgebracht. Darin war ein weißes Pulver, das man mit Wasser anrührte. Es sah aus wie Milch, und Mutter gab es Francisca, die es gierig trank. Aber schon bald verkauften auch die Händler am Fluss Dosen, die mit bunten Bildern bedruckt waren. Großmutter schnitt die Böden aus, feilte sie mit einer Pirarucuzunge glatt und benutzte sie ebenfalls dazu, Läuse darauf zu zerquetschen. Wenn der Panzer brach und das Blut herausspritzte, machte das Blech ein schauriges Geräusch. Die dicken Läuse nannten wir Stiere und die kleineren Kühe. Großmutter hatte uns erzählt, das Knacken eines Stiers auf einer Blechdose dringe bis in den Wald und vertreibe andere Läuse. Wenn sie das hörten, dann trauten sie sich nicht mehr heran. Das Spiegelbild in den Dosen war besser als das, was man sah, wenn man in die Pfütze vor dem Hühnerstall blickte. Beide aber waren viel zu undeutlich, um darin Läuse entdecken zu können. Dafür brauchte man Mutters Hilfe.

Aber die Dosen genügten, um die roten Linien und bunten Kreise zu bestaunen, die wir uns manchmal auf Wangen und Stirn malten. Mit dieser Maskierung wollten wir andere Kinder und Saci-Pererê erschrecken. Es gab Pflanzen, deren Rot so dunkel war wie Rinderblut.

Vater kam aus der Hütte und band das große Kanu los. »Luara, Senaé, Sueli! Rein ins Boot!«

Im Nu sprang ich auf, und auch meine Schwestern kamen angelaufen, um ins Kanu zu steigen. Wohin wollte er in der Mittagshitze mit uns fahren? Tonio und Nando folgten ihm und setzten sich nach vorn. Vater startete den Motor und drehte eine enge Schleife an den Kautschukbäumen vorbei. Dann waren wir auf dem Fluss, und der Fahrtwind verschaffte uns eine angenehme Kühlung. Seit der letzten Regenzeit lag stromabwärts ein Hausboot, das von einer fünfköpfigen Familie bewohnt wurde. Sie verkauften Benzin für die wenigen Kanus mit Motorbetrieb. Vater legte vor der Hintertür an und reichte einem kleinen Jungen zwei Flaschen. Sofort stach uns der beißende Geruch dieser seltsamen Flüssigkeit in die Nase, mit deren Hilfe das Boot viel schneller fuhr, als der schnellste Mann paddeln konnte. Der Junge füllte die Flaschen, Vater stellte wortlos einen Beutel Farinha auf den Steg des Hausbootes, und schon brausten wir davon.

Er wählte das verzweigte Netz der Seitenarme, um zum großen See zu gelangen. Wenn Großvater und ich hierher paddelten, dann brauchten wir dafür einen ganzen Vormittag. Der See war voller Raubfische und Krokodile. In der Regenzeit waren sie kaum aggressiv und lange nicht so gefräßig wie jetzt, da der See austrocknete und mancher Seitenarm zum Trampelpfad wurde. Als Vater den Motor abstellte, kamen die Hitze und die Geräusche des Dschungels zurück. Auch wenn die Ufer weit entfernt lagen, wehte das Brüllen eines Affen laut und klar über die spiegelglatte Oberfläche des Wassers zu uns herüber. Ich lauschte auf eine Antwort, die nicht kam.

»Wer von euch kann nicht schwimmen?«, fragte Vater. Luara und Senaé starrten mich mit weit aufgerissenen Augen an. Panik stieg auf.

»Ich habe euch etwas gefragt!«

Jeder kannte die Antwort, aber niemand sagte einen Ton. Tonio grinste, und ich hätte ihm gern die Augen ausgekratzt. Im hinteren Teil des Bootes, gleich neben dem Motor, hatte Vater ein Seil verstaut, das er nun hervorholte.

»Senaé und Sueli, kommt her!«

Mein Herz raste. Er band das Seil zuerst um meine Brust, machte einen festen Knoten und wickelte es dann Senaé um ihren zitternden Körper.

»Los, rein mit euch ins Wasser. Jetzt werdet ihr schwimmen lernen.«

Senaé umschlang meine Hüfte, und ich klammerte mich an ihre Arme. Auch als Vaters große Hände uns packten, ließen wir nicht los. Er warf uns wortlos über Bord. Senaé schrie

31

ganz nah an meinem Ohr, und ihre schrille Stimme hallte über den See. Der Wald warf ein Echo zurück, das mit meinen eigenen Schreien verschmolz. Wir suchten Halt am Boot, krallten uns an der Bordwand fest, aber Tonio löste unsere Finger, und Vater startete den Motor. Das Boot raste davon, das Seil zerrte an unseren Körpern, und wir schlugen um uns. Ich schluckte Wasser, hustete und schrie. Überall war Wasser. Es schäumte auf, schlug über meinen Kopf zusammen, ich wurde herumgewirbelt, und das Seil schnitt sich immer tiefer in die Haut. Senaé starrte zum Boot hinüber, aber schon im nächsten Moment konnte ich sie nicht mehr sehen. Sie war untergetaucht. Ich drehte mich auf den Rücken. Endlich konnte ich ein wenig Luft holen.

»Dreh dich um, Senaé dreh dich auf den Rücken!«, schrie ich.

Vater zog uns über den See wie einen fetten Tambaqui, der am Haken hing. Das Kanu fuhr einen großen Bogen, wurde langsamer und kam näher. Warum fuhr es nicht schneller? Warum holten sie uns nicht heraus? Senaé packte mich, riss an meinem Arm, und ich zog am Seil, das plötzlich schlaff herunterhing. An meinen Beinen spürte ich etwas Raues. Ein Fisch? Piranhas? Ich zappelte und wollte nach Luft schnappen, aber da schlug das Wasser erneut über uns zusammen. Vor meinen Augen tauchte eine blühende Vitória-Régia auf. Ob ich, ob wir, ob Senaé und ich wohl in eine Seerose verwandelt würden, jetzt, wo wir sterben mussten? Meine Arme wurden schwer, mein Körper sank immer tiefer. Ich schaute in eine andere Welt. Plötzlich griff eine Hand in mein Haar und zog mich hinauf. Ich landete auf dem Boden des Kanus und erbrach mich. Ich japste, spuckte, rang nach Luft und wurde von Senaés Körper zur Seite gedrückt. Tonio lachte. Vater stimmte in sein Gelächter ein, und ich sah seine kleinen, blitzenden, kalten Augen.

»Wie war das? Wollt ihr noch mal? Habt ihr endlich schwimmen gelernt?«

Senaé hustete und keuchte. Tränen liefen ihr über die Wangen. Tonio lachte immer noch.

»Ein Wort zu eurem Vovô, und ich stecke euch in die Maniokpresse! Verstanden?«

Wir nickten stumm. Luara sah wie ein Geist aus. Sie starrte uns mit einem irren Blick an. Wie von Sinnen, mit offenem Mund, schaute sie von Senaé zu mir, dann zu Vater und wieder zu uns. Ihr Blick blieb schließlich an dem Seil haften. Vater versuchte vergeblich, es aufzuknoten, und ich fühlte seine groben Hände an meinem abgeschürften Rücken. Jede seiner Bewegungen tat höllisch weh. Nando kam ihm zur Hilfe, und endlich waren wir frei. Mein Kopf glühte. Eine Mischung aus Todesangst und Hass erfüllte mich. Heute weiß ich, dass der Hass mir in diesem Moment die Kraft gab, meine Tränen zu verbergen.

Wenn sich das Wasser weit genug zurückgezogen hat, schimmert zunächst der schlammige Uferstreifen hervor, und allmählich gibt der Fluss die steil abfallende Böschung frei. Sobald die Kautschukbäume wieder im Trockenen stehen, beginnt die neue Jahreszeit. Fast über Nacht überzieht ein zarter grüner Flaum die feuchten Böden, und die Sumpfgebiete hinter dem Haus trocknen aus. Zurück bleibt ein Bewuchs aus flachen, riesenhaften Blättern, der nun selbst die größten Männer überragt. Wie Käscher baumeln die Blätter dann an langen, biegsamen Stielen. Dies alles geschieht so schnell, dass selbst die Fische in Panik geraten, weil sich ihr Lebensraum dramatisch verengt. Eine gute Zeit für Fischer.

Sandbänke tauchen unvermutet aus dem Fluss auf und ziehen Schildkröten an. Nachts kriechen sie an Land, graben tiefe Löcher und legen ihre Eier ab. Eine leichte und wohlschmeckende Beute, die jedes Jahr aufs Neue unsere Körbe füllt. Wenn der Fluss sich dann vollkommen in sein Bett zurückgezogen hat und die Stufen der Ufertreppe auftauchen, gibt es wieder genug Weideflächen für die ausgemergelten

Rinder und für die Kinder ausreichend Platz zum Spielen. Die große Wiese wird innerhalb weniger Tage von der Sonne getrocknet und ist kurze Zeit später saftig grün. Alle Wege, selbst die zu den entferntesten Gummibäumen, zum Defumador und zu den Maniok- und Bananenstauden, sind wieder passierbar. Nur der Pfad zu den Sümpfen, dort, wo die Krokodile leben, bleibt noch lange feucht. Dorthin traut sich kein Kind.

Auch unsere Abenteuerlust endete stets dort, wo der Dschungel begann, und jeder weitere Schritt war eine Mutprobe, bei der auch die Größeren wenige Schritte später aufgaben. Denn Vovô hatte uns sehr eindringlich vor Saci-Pererê gewarnt. Allein schon sein Name machte uns Angst.

Saci-Pererê, hatte er uns erzählt, war ein kleiner Junge, der nicht auf die Worte der Erwachsenen hörte. Er ging in den Wald und kam nie wieder zurück. Auch die Jäger erzählten uns manchmal, sie hätten den kleinen Jungen gesehen. Sein Körper sei entstellt, er habe nur noch ein Bein und trage ein rotes Tuch auf dem Kopf. Kein Wort dieser Legende habe ich vergessen. *Saci-Pererê tritt laut gegen die Bäume, damit alle wissen, dass er der Herr im Wald ist. Er ist alt, aber noch immer klein wie ein Kind. Überall wachsen ihm Haare. Oft hat er eine Pfeife im Mundwinkel. Aus seiner Caximbo stößt er Rauchschwaden aus, die dicht wie Morgennebel in den Himmel aufsteigen. Dadurch ist man schon von weitem vor ihm gewarnt. Wenn man ihm aber trotzdem im Wald begegnet und er einem direkt in die Augen sieht, dann kann man von seinen Blicken gelähmt werden. Er passt auf, dass niemand ein Tier tötet, ohne hungrig zu sein, und dass niemand grundlos einen Baum fällt. Dann wird Saci-Pererê sehr böse, und er verhext den Schuldigen. Man sagt, dass derjenige, der ihn eines Tages tötet, anstelle von Saci-Pererê den Menschen tot vor sich haben wird, den er am meisten liebt. In manchen Nächten, wenn die Einsamkeit ihn quält und die Morgenkühle ihn frieren lässt, schleicht sich Saci-Pererê unentdeckt in die Hütten und nimmt den Kindern die Schlafdecken weg.* Ich hatte große Angst vor ihm und hielt meine Decke immer ganz fest.

Fremder

An einem sonnigen Nachmittag war aus der Ferne ein Brummen und Dröhnen zu vernehmen, das immer lauter und bedrohlicher wurde. Das Geräusch kam von oben. Wir starrten in den Himmel, und ich hatte Angst, dass ein Teil von ihm einbrechen und auf die Erde niederfallen könnte. Mutter war gerade im Haus und rief nach uns. Sie musste schreien, um den Lärm zu übertönen. Verschreckt rannten wir die Stufen hinauf. Durch die Fensterluke entdeckten wir ein unheimliches Flugzeug. Es war keines von denen, die manchmal eine weiße Spur am Himmel hinterließen und still dahinglitten. Das hier flog dicht über den Baumwipfeln und sah aus wie ein dicker Käfer. Ich spürte die Vibrationen in meinem Bauch und hielt mir die Ohren zu. Immer wieder drehte es seine Runden am Ende der Wiese, dort, wo der Dschungel begann. Hinter einer durchsichtigen Hülle, die im Sonnenlicht schimmerte, sahen wir zwei Menschen mit sonderbaren Hüten auf dem Kopf. Ein heftiger Wind kam auf, so stark, dass sich die Bäume bogen. Mutter betete laut und hastig ein Vaterunser. Dabei zitterte sie am ganzen Leib. Das Flugzeug sank immer tiefer und setzte schließlich auf unserer Wiese auf. Ein Mann sprang heraus, bückte sich und lief auf unsere Hütte zu. Er hatte weißes Haar. Nie zuvor hatte ich einen Menschen mit derart hellen Haaren gesehen. Sie wirbelten um seinen Kopf, und sein Hemd und seine Hose flatterten im Wind. Der Mann winkte und lächelte, und schon kam Vater hinter der Hütte hervor und drückte ihm die Hand. Dann legte sich der Wind. Über dem Flugzeug drehte sich etwas im Kreis, wurde immer langsamer und leiser, und schließlich stand es still. Was eben noch ausgesehen hatte wie die Flügel einer Libelle, waren nichts weiter als verbogene Bretter, die auf dem Kopf des Käfer-Flugzeugs saßen.

»Mein Name ist Émile. Guten Tag!«, rief der Mann und schaute zu uns herüber.

»Das ist Emilio«, wiederholte Vater. »Er ist von Petrobrás. Die Männer suchen Öl.«

»Ihr bleibt hier«, flüsterte Mutter, »keiner geht hinaus. Das Ding sieht gefährlich aus, ein Ungeheuer. Da hat der Satan seine Finger im Spiel.«

»Kommt raus!«, sagte Vater. »Keine Angst. Ich kenne den Mann.«

Unentwegt schaute Vater sich das seltsame Fluggerät an, und er schien genauso überrascht wie wir.

»Araní!«, rief Mutter ihm zu. »Wer sind die Fremden? Woher kommen sie? Was wollen sie?«

»Wir kennen Ihren Mann von der Bohrstelle im Dschungel. Der Pilot und ich sind nur auf einen kurzen Besuch hier«, sagte der Weißhaarige, und seine Worte klangen fremdartig, aber sehr deutlich in meinen Ohren. Er sprach langsam, viel langsamer als alle anderen Menschen, die ich bisher reden gehört hatte. Jedes einzelne seiner Worte kam ihm über die Lippen, als müsse er beim Sprechen danach suchen. Dabei lächelte er, als sei er froh, das richtige gefunden zu haben. Mir gefiel seine Art zu reden, und ich nahm mir vor, es ihm nachzumachen.

Mutter hielt uns nicht länger zurück, und so rannten wir die Treppe hinunter. Vater und der Mann redeten über die Bohrstelle und die Größe unseres Grundstücks, und auch Großvater sagte ab und zu ein Wort. Der Fremde hatte helle Augen, und wir konnten nicht aufhören, ihn anzustarren. Er lächelte uns freundlich an, und irgendwann nahm er Francisca auf den Arm, schaukelte sie und redete mit Worten, die ich noch nie gehört hatte, auf sie ein. Mutter erschrak und entriss sie ihm schnell wieder. Im Kochtopf dampfte eine Fischsuppe, und Vater lud die Fremden ein, mit uns zu essen. Der Mann, den der Weißhaarige »Pilot« nannte, blieb beim Flugzeug, das ein Helikopter war, wie er uns erklärte. Als er die Hütte betrat, schaute er sich fragend um. Umständlich setzte er sich auf den Boden. Seine Beine schienen zu lang und zu steif zu sein, um sich hinzuhocken. Mutter gab ihm eine Schale und einen Löffel. Er steckte ihn in die Schale und führte ihn langsam zum Mund. So langsam hatte ich noch niemanden essen sehen. Sicher hatte er keinen Hunger. Verwundert stellte ich fest, dass er nicht kleckerte, wenn er den nächsten Löffel Suppe nahm. Sprach er, schluckte er alles hinunter und wischte sich mit den Fingerspitzen die Lippen ab. In seinem Gesicht klebte keine Farinha, wie es bei uns der Fall war, wenn wir hungrig aßen. Schließlich bedankte er sich bei Mutter und Großmutter, die daraufhin Vater fragend anschauten.

»Mein Name ist Émile«, wiederholte der Fremde, »aber ihr könnt mich auch Emilio nennen. Das machen fast alle Brasilianer.«

Er holte etwas aus einer Tasche hervor und reichte es Vater. Es war ein Licht, das auf Knopfdruck leuchtete. Wir staunten, und Vater machte es immer wieder an und aus. Dann nahm Vovô das Licht in die Hand und lachte über das ganze Gesicht. »Macht die Tür und die Fensterläden zu!«, sagte er, und Nando und Tonio sprangen auf. Nun war es dunkel in der Hütte, aber die Lampe erleuchtete den ganzen Raum. Alle lachten und schrien durcheinander. Jeder wollte das Ding berühren. Dann reichte Emilio uns Kindern kleine Packungen, zeigte uns, wie man sie am besten öffnete, und steckte sich den Inhalt in den Mund. Wir machten es ihm nach, und der graue Streifen verwandelte sich in etwas sehr Süßes und sehr Leckeres. Ein weicher Klumpen, der sich mit der Zunge formen ließ. Fasziniert kaute ich darauf herum und schluckte es dann hinunter.

»Nein«, sagte Emilio, »das ist Kaugummi. Ihr könnt es lange im Mund behalten. Ein paar Stunden, bis es nicht mehr schmeckt, und dann spuckt ihr es aus. Nicht runterschlucken, sonst klebt euch der Magen zu.«

Wir kauten voller Begeisterung, und Emilio machte aus seinem Kaugummi eine große Blase. Sie kam direkt aus seinem Mund, verdeckte seine Nase und platzte schließlich. Wir

37

quietschten vor Vergnügen und versuchten, es ihm nachzutun. Ich setzte mich in seine Nähe und beobachtete, wie er seine Lippen formte und Luft durch das Kaugummi blies. Es sei sehr schwer, aber mit ein wenig Übung würden wir es schaffen, sagte er. Ich sagte *obrigado*, danke, und er strich mir durch das Haar und dann sogar über meine Wange. So hatte das noch nie jemand gemacht. Es fühlte sich schön an, und ich hoffte, dass er meine Läuse nicht bemerkte. Am liebsten hätte ich ihn gebeten, es noch einmal zu tun.

Kurz vor der Dämmerung warf der Pilot den Motor wieder an, und Emilio verabschiedete sich, nachdem er uns das automatische Licht geschenkt hatte, das »Taschenlampe« hieß. »Ich komme bald wieder!« Mit lautem Getöse verschwand der Helikopter hinter den Baumwipfeln, und wir stritten so lange um die Taschenlampe, bis Vater sie uns wegnahm. Nach Einbruch der Dunkelheit leuchtete er mit ihr in den Wald hinein, und viele Augenpaare leuchteten zurück. Vater und Großvater erkannten die Tiere, die zu den Augen gehörten, und wechselten sich mit dem Leuchten ab. Trotz der Dunkelheit gingen sie in Richtung Sumpf. Wir folgten ihnen, obwohl die Mücken über uns herfielen.

»Schaut her!«, sagte Vater. »So können wir die Biester im Dunkeln ganz leicht finden.«

Aus der Finsternis stachen zwei grüngelbe Augenpaare hervor, und ich erschrak. Die Krokodile lauerten auf nächtliche Beute. Schnell gingen wir wieder hinein.

Ich kaute noch lange auf meinem Kaugummi und übte das Blasenmachen. Dabei verklebten meine Haare, und die kostbare Süßigkeit wurde immer kleiner. Ein paarmal strich ich über meine Wange, so wie Émile es getan hatte, dann schlief ich selig ein.

Strafe

Niemand wusste, wann Émile zurückkommen würde. Sein Kaugummi drückte ich jeden Morgen mit den Fingern flach und streute Rohrzucker in die Mitte. So wurde es wieder süß und fast so lecker wie zu Beginn. Damit es in der Nacht nicht verloren ging, klebte ich es zwischen meine Finger.

Großvater schnürte sein Bündel. Ich wusste, was das bedeutete. Tagelang würde er fortgehen, nachts im Dschungel schlafen und erst wieder auftauchen, wenn er reiche Beute gemacht hatte. Zum Abschied lächelte er und verschwand hinter dem Mangobaum am Ende der Wiese. Nur noch einmal, für einen kurzen Moment, konnte ich seinen braunen Rücken im Dickicht des Waldes erkennen, dann wurde er vom Grün verschluckt. Ich schickte ein Gebet zum Himmel: Möge er schlauer sein als die Jaguare und ihnen aus dem Weg gehen!

Mutters Bauch wurde immer größer. Nur mit Mühe konnte sie die rutschigen Stufen hinuntergehen und am Fluss ein Bad nehmen. Während sie schwerfällig auf dem schaukelnden Steg saß, trugen wir Wäsche und Geschirr hinunter. Viel langsamer als sonst seifte sie die schmutzigen Töpfe und Schalen ein und spülte den Schaum mit einem Schwall Flusswasser ab. Immer wieder strich sie sich den Schweiß von der Stirn.

»Euer Vater hat mir das angetan«, sagte sie manchmal, aber ich verstand nicht, was sie damit meinte. »Wir haben doch schon sechs Kinder. Ist das nicht genug? Ich kann nicht mehr.«

Als sie eines Tages auch am Mittag noch in der Hängematte lag, nahm Vater das Kanu und fuhr davon. Später kam er mit einer Frau zurück, die überall am Fluss die Kinder aus den Bäuchen der Mütter holte. Mit einem flinken Satz sprang die Alte auf den Steg und nahm die Stufen so schnell, dass Vater ihr kaum folgen konnte.

Ich hörte Mutters Schmerzensschreie und lief voran. Großmutter setzte gerade einen Wasserkessel auf die Feuerstelle. Als sie die Hebamme sah, atmete sie erleichtert auf und zeigte auf das halb geöffnete Moskitonetz, unter dem Mutter auf dem Boden hockte. Sie hielt sich an der Hängematte fest und wiegte ihren Körper in unregelmäßigen Bewegungen.

Vater und meine Geschwister waren der Frau gefolgt und warteten darauf, dass etwas passierte. Neugierig starrten sie zu Mutter hinüber.

»Nando, Tonio, Luara, Senaé, Sueli! Raus mit euch! Und nehmt Francisca mit! Hier ist kein Platz für Kinder. Verschwindet nach draußen!«

Eigentlich wollte ich nur schnell meine Hängematte umschlagen, damit sie besser trocknete und in der Nacht angenehmer roch, und so verschwand ich unter meinem Netz. In der Aufregung übersah Großmutter mich. Als ich merkte, dass ich mich in einem Versteck befand, überlegte ich nicht lange und blieb, wo ich war. Schemenhaft erkannte ich Großmutters Gestalt, als sie an die Feuerstelle zurückkehrte. Sie konnte mich nicht sehen, denn die gemusterten Baumwolltücher waren von außen undurchsichtig. Mutter lag nur wenige Schritte neben mir und war trotzdem vollkommen verborgen. Ihre Schreie wurden immer lauter.

»Ich halte es nicht aus! Es zerreißt mich! Diese verdammten Schmerzen! Den Kerl werde ich nie wieder an mich ranlassen!«

»Bald hast du es überstanden, Cleia«, sagte die Hebamme. »Mach die Beine breit! So ist es gut. Ich fühle schon den Kopf. Hol tief Luft! Alles andere machen wir gemeinsam.«

»Hört es denn nie auf? So viele Kinder und immer dieser Schmerz«, klagte Mutter.

»Ach, Cleia, das ist unser Schicksal. Ich habe neun. Das wirst du sicher auch noch schaffen. Du bist stark und gesund.«

»Niemals!«

»Wir haben doch keine Wahl, oder willst du ihm sein Ding abschneiden?«

»Soll er sich doch mit anderen amüsieren.«

Die Hebamme lachte.

»Das würde dir auch nicht gefallen!«

»Meinetwegen kann er machen, was er will. Er soll nur die Finger von mir lassen.«

»Die Finger sind wohl nicht das Problem.«

Jetzt versuchte auch Mutter zu lachen, aber es wollte nicht recht gelingen.

»Araní!«, schrie sie plötzlich. »Komm herein! Araní!«

Mein Herz schlug bis zum Hals. Ich traute mich kaum zu atmen. Wenn er mich entdeckte! Schon hörte ich, wie er herbeigelaufen kam und Mutters Netz zurückschlug.

»Was ist?«

»Ich halte es nicht aus. Schau dir an, was du getan hast. Gleich platzt mein Bauch. Dies ist das letzte Mal.«

Vater sagte nichts. Etwas verschlug ihm die Sprache. So hatte ich ihn noch nie erlebt. Warum schwieg er? Dann schrie Mutter wieder laut auf, und die Hebamme nahm Vaters Platz ein. Ich hörte, wie Großmutter Wasser in eine Schüssel goss, und verkroch mich noch tiefer in die Hängematte. Warum schrie Mutter nur so entsetzlich? Woher kamen diese Schmerzen, und warum konnte ihr niemand helfen? Am liebsten wäre ich zu ihr gerannt, um ihr beizustehen. Aber ich hatte Angst und war wie gelähmt. Einmal schrie sie besonders laut, und die Hebamme rief, dass es gut sei. Dann wimmerte ein Baby. Sein Stimmchen war schwach, aber dennoch war es deutlich zu hören. Plötzlich lachten alle. Auch Mutter lachte, und ich war verwirrt. Ich hörte viele Schritte auf dem Holzboden, alle sprachen aufgeregt durcheinander. Ich sprang aus meiner Hängematte und kroch unterm Netz hervor. Vater stand direkt vor mir.

»Ist das Baby da?«, fragte ich ihn. Im nächsten Moment fühlte ich einen heftigen Schlag auf meinem Gesicht. Meine

Wange glühte. Dann folgte ein zweiter Schlag, und ich fiel auf den Boden. Das Letzte, was ich spürte, war ein seltsames Knirschen in meinen Ohren. Dann wurde alles schwarz.

Als ich erwachte, war die Hebamme bei mir und hielt Kerosin an meine Nase. Mein Kopf schmerzte, und es pfiff in meinen Ohren. Ich sah die Lippenbewegungen der alten Frau, konnte aber ihre Worte kaum hören. Sie wollte, dass ich aufstand. Mühsam schleppte ich mich zu meiner Hängematte. Es war sehr schwer hineinzuklettern. Als ich endlich lag, drehte sich mein Magen um, und ich musste mich übergeben. Es war ein warmer Schwall, der sich über meine Brust und meinen Bauch ergoss. Wieder und wieder erbrach ich mich, wischte mit meinen Fingern über meine nassen Lippen und versuchte, die ekelhafte Flüssigkeit beiseite zu schieben. Sie klebte und stank. Wenn mein Vovô doch nur da wäre! Dann hätte Vater mich niemals so hart geschlagen. Warum musste Vovô ausgerechnet jetzt auf der Jagd sein? Vovô! Vovô!, jammerte ich. Wenn ein Jaguar ihn frisst und er nie wiederkommt! Dann muss auch ich sterben! Ich konnte kaum etwas hören, wusste nicht, was um mich herum geschah, und weinte. Jede Bewegung schmerzte, und durch meinen Kopf zog ein dumpfes Pfeifen.

Am nächsten Morgen versammelten sich alle um Mutters Hängematte und schauten sich das Baby an. Ich versuchte, sie zu verstehen, aber mein rechtes Ohr war taub. Immerhin bekam ich mit, dass es ein Junge war, der Minho heißen sollte. Mir war kalt, und immer wieder weinte ich, aber niemand kümmerte sich darum. Ich stank fürchterlich und hatte Angst. Nicht einmal aufstehen konnte ich. Vor meinen Augen drehte sich die Welt. Immer mehr Leute kamen in unsere Hütte, um das Baby zu sehen. Ich hatte Schwierigkeiten, die Stimmen auseinander zu halten. Dann schlug jemand mein Moskitonetz hoch und schaute mich an. Es war Dona Iracema. Sonntags las sie manchmal aus der Bibel vor, weil sie die einzige

Person in unserer Gegend war, die lesen konnte. Sie kam aus der Stadt. Ich tat so, als schliefe ich. Wie kann sie nur den Gestank ertragen, überlegte ich.

»Sueli, deine Großmutter hat mir erzählt, was passiert ist.« Sie legte ihre Hand auf meine Stirn. »Mein Gott!«, rief sie. »Cleia! Cleia! Sueli brennt, sie hat hohes Fieber. Mein Gott, und sie liegt in ihrem Erbrochenen. Sie ist nicht mehr ganz bei Sinnen. Sie verdreht schon die Augen.«

Aber meine Mutter konnte nichts tun. Am Abend zuvor hatte sie selber die größten Schmerzen ertragen müssen. Eine Mutter muss nach der Geburt einen Monat lang in ihrer Hängematte liegen bleiben. Das hatte ich schon von vielen Frauen gehört. *Bis dahin wird mein Vovô zurück sein und mich gesund machen. Oder ob ich dann schon tot bin?* Beinahe teilnahmslos, als ob ich nichts damit zu tun hätte, wog ich diese beiden Möglichkeiten gegeneinander ab.

»Jemand muss sie sauber machen und ihr etwas zu essen bringen. Das Mädchen ist schwer krank«, hörte ich Dona Iracema sagen.

Endlich kam Großmutter. Sie zog mich hoch, setzte mich auf den Boden und goss mir Wasser über den Körper. Ich zitterte vor Kälte und Schwäche. In meiner linken Wange pochte es, und sie war geschwollen. Großmutter wechselte die Hängematte und schimpfte über den Gestank. Ich bekam das alles nur wie aus weiter Ferne mit. Mit allergrößter Kraftanstrengung kletterte ich zurück auf mein Lager und nahm den Maniokfladen, die Banane und den Tee, den Luara mir reichte. Kurz vor der Dämmerung kam Dona Iracema noch einmal zu mir. Sie lächelte mich an, und im Halbdunkel sah ich ihre schönen Zähne.

»Geht es dir jetzt besser, kleine Sueli?«

Ich nickte und wünschte, dass sie ging. Sie sollte mich nicht so sehen. Niemand sollte mich so sehen. Nur mein Vovô. Sie deckte mich zu und verabschiedete sich. Die Leute redeten schlecht über Dona Iracema. Manche behaupteten, sie trinke jeden Tag Alkohol. Einmal hatte ich jemanden sagen hören, sie würde sich im Wald mit meinem Vater treffen. Aber konnte das sein? Meine Mutter mochte sie. Die beiden plauderten stundenlang miteinander und lachten. Bevor Dona Iracema in eine eigene Hütte gezogen war, hatte sie angeblich sogar bei uns geschlafen. Aber das lag viele Jahre zurück, war in der Zeit vor meiner Geburt gewesen.

Am nächsten Tag hörte ich Senaés Rufe. »Unser Vovô ist da! Vovô ist zurück!«

Mein Herz hüpfte vor Freude, und ich versuchte aufzustehen. Aber meine Beine wollten mich nicht tragen. Ich lauschte auf jedes Geräusch. *Wann kommt er endlich zu mir?* Draußen redeten alle durcheinander, aber ich verstand nur die Hälfte. Sie erzählten ihm vom kleinen Minho. Und auch von mir? Dann hörte ich seine Schritte auf der Treppe.

»Wo ist Sueli? Warum ist sie nicht draußen?«

Keiner sagte ein Wort. Endlich sah ich ihn. Mein Moskitonetz war hochgeschoben, und so entdeckte auch er mich sofort. Einen kurzen Moment lang schien er zu überlegen, ob er zu Mutter und dem Baby gehen sollte oder zu mir. Dann kam er auf mich zu. Seine Augen füllten sich mit Tränen. Ohne ein Wort hob er mich hoch und trug mich in seine Hütte.

»Vovô! Ich habe gebetet, dass Sie kommen und dass kein Jaguar Sie angreift!«

»Ich weiß, meine kleine Sueca. Deshalb bin ich jetzt hier bei dir. Ich habe dein Rufen gehört.«

»Ich kann auf einem Ohr nichts hören. Er hat darauf geschlagen. Mein Kopf tut weh. Mir ist kalt und heiß.«

Dann versagte meine Stimme.

»Weine ruhig, meine arme Sueca. Lass die Tränen fließen. Wenn dein Vater nach Hause kommt, dann wird er mich kennen lernen. Jetzt laufe ich schnell in den Wald und suche Kräuter für dich. Ich bin bald wieder zurück.«

Ich nickte und war glücklich. Es dauerte nicht lange, und Vovô kam mit Bündeln frischer Pflanzen und Blüten zurück.

Manches kaute er und spukte es in einen Napf, anderes schnitt und stampfte er und verrührte es zu einem Brei, den er über dem Feuer erwärmte. Dann strich er die Paste auf mein krankes Ohr. Aus heißem Wasser, Maniokmehl und Salz bereitete er eine Suppe, die das Fieber bekämpfen sollte.

Erst dann ging er zu Mutter und Minho. Großmutter schaute er nicht einmal an. Er wusste, dass sie mir nicht geholfen hatte. Was er dann zu ihr sagte, habe ich nie vergessen: »Wenn er sie noch einmal schlägt und wenn du es nicht verhinderst, ihr nicht hilfst, dann nehme ich unsere kleine Sueli und verschwinde von hier. Und ihr werdet uns nie wiedersehen!«

Schokolade

Mit jedem Tag konnte ich wieder besser hören, aber mir war noch immer schwindelig. Das Essen schmeckte mir nicht, und Vovô sagte, ich sähe aus wie ein mageres Äffchen, braun und dürr. Wenn ich an meinen Beinen hinunterschaute, sah ich meine Knie spitz hervorstechen. Ich pinkelte wieder jede Nacht in die Hängematte und hatte morgens Angst vor Großmutters Zorn. Aber solange mein Vovô in der Nähe war, wagte sie nicht, mir den rauen Stoff unter die Nase zu reiben.

Dann endlich, an einem heißen Nachmittag, hörten wir den Helikopter. Wir rannten hinaus und winkten und schrien. Der Hubschrauber senkte sich immer tiefer, und deutlich erkannten wir Émile und den Piloten. Wieder zitterte die Luft, und unter dem Wind bogen sich die Bäume. Es war nicht ganz so unheimlich wie beim ersten Mal, aber die dunkle Maschine machte mir noch immer Angst. Tonio und Nando trauten sich bis auf die Wiese, aber dann merkten sie, dass der Pilot nicht landen konnte, wenn sie den Platz nicht freigaben. Erst als alle in sicherer Entfernung waren, setzte er auf.

»Emilio! Emilio!«, riefen wir, und ich hatte schon den Geschmack von frischem Kaugummi im Mund. Als er aus dem Hubschrauber stieg und das Haar wirr um seinen Kopf wirbelte, war ich glücklich. Er ist zurückgekommen, genau so, wie er es versprochen hat, jubelte ich innerlich. Luara, Senaé und ich liefen ihm entgegen und umringten ihn. Er drückte mich an sich, und ich fühlte den weichen Stoff seines Hemdes an meinem Gesicht. Es roch sehr gut. Hoffentlich hüpfen meine Läuse nicht in diese schöne Kleidung, überlegte ich.

»Sueli, was ist denn mit dir geschehen?«

Ich schaute ihn fragend an. Was sollte ich sagen? Er beugte sich herunter und tastete über meine linke Wange, die noch immer geschwollen war.

»Du hast einen blauen Fleck im Gesicht. Wie ist das passiert?«

Ich schwieg.

»Er hat sie verprügelt, sonst nichts«, sagte Senaé und schaute dabei auf Emilios Tasche, die prall neben ihm stand.

»Wer hat das gemacht?«

Mein Mund war wie zugeklebt. Er sollte nicht mehr fragen. Er sollte uns Kaugummis geben.

»Schauen Sie sich Minho an«, sagte ich schließlich. »Wir haben einen kleinen Bruder bekommen.«

Vater und Großvater waren mit dem Kanu unterwegs, und Emilio schien nicht zu wissen, ob er in die Hütte gehen durfte. Immer wieder schaute er mich an und strich vorsichtig über meine Wange. Ich nahm all meinen Mut zusammen, griff nach seiner Hand und führte ihn die Stufen hinauf.

»Minho liegt mit Mutter in der Hängematte. Er ist ganz klein und niedlich. Er kann lachen und weinen.«

»Guten Tag! Herzlichen Glückwunsch«, sagte er zu Mutter und blieb im Türrahmen stehen.

»Danke,« sagte Mutter und schaute Großmutter an.

»Ich habe ein paar Kleinigkeiten mitgebracht, für die Kinder. Aber Sie können gern auch davon probieren.« Er holte ein buntes Päckchen aus der Tasche und öffnete es. »Das sind Kekse. Vielleicht schmecken sie Ihnen.«

Mutter biss hinein und lächelte. Dann hielt er auch uns die Schachtel hin. »Schokoladenkekse! Probiert mal!«

Nie zuvor hatte ich so etwas Köstliches im Mund gehabt. Es war genauso süß wie ein Kaugummi, aber es schmeckte viel besser und schmolz auf der Zunge. Im Mund bildete es eine köstliche Masse, die ich begierig hinunterschluckte. Emilio hatte auch Kaugummis mitgebracht und etwas, das er Batterie nannte und das die Taschenlampe wieder zum Leuchten brachte.

Wenig später kamen Vovô und Vater zurück. Emilio erzählte ihnen, dass die Probebohrungen zu Ende gingen. Auf unserem Land sei nichts gefunden worden. Sie würden nun flussaufwärts ziehen. In der nächsten Woche zögen sie die Maschinen ab, und er müsse jeden Tag aus der Stadt geflogen kommen, um die Arbeit zu beaufsichtigen. Vater lud ihn und den Piloten ein, bis dahin bei uns zu bleiben. Dann könnten sie sich die Flüge sparen und hätten mehr Zeit für die Arbeit. Emilio nickte und schien zu überlegen.

Wenn er bald flussaufwärts zieht, dachte ich traurig, dann kommt er uns sicher nicht mehr besuchen. Das gefiel mir gar nicht.

Vovô entfachte ein Feuer und teilte einen fetten Tambaqui in zwei Hälften. Er salzte das Fleisch, träufelte Zitrone darüber und machte Emilio ein Zeichen, dass es etwas Leckeres zu essen gab.

»Der ist lange vor Sonnenuntergang fertig«, sagte er, und Emilio nickte.

»Sie können auch heute schon bei uns übernachten. Dann müssen Sie nicht mehr in die Stadt fliegen. Für zwei Hängematten findet sich immer ein Platz.«

»Vielen Dank, wenn es Ihnen keine Umstände macht. Es würde uns sehr helfen, wenn wir mit dem Hubschrauber auf der Wiese stehen könnten. Dort ist es sicherer als bei den Bohrstellen.«

»Ich weiß, dort streunt ein trächtiges Jaguarweibchen herum. Mit der ist nicht zu spaßen«, sagte Vovô.

»Nicht nur das. Es sind auch Jäger unterwegs, die keinen guten Eindruck machen.«

»Fremde? Ich weiß nicht, wen Sie meinen.«

»Junge Burschen, vermutlich von weit her. Sie sind auf der Jagd nach Fellen, Aras und Krokodilen. Sie haben ein schnelles Motorkanu. Waren vorher sicher Goldsucher, so wie die ausschauen. Nicht sehr vertrauenswürdig.«

»Sie können in meiner Hütte übernachten«, sagte mein Vovô. »Dort ist es ruhiger, kein Babygeschrei. Nur Sueli ist bei uns.«

Er zeigte auf seine Strohhütte gleich neben dem Mangobaum.

»Das ist nett von Ihnen. Vielen Dank. Der Pilot bleibt sicher in der Maschine, aber mir wäre es sehr recht, wenn ich ein Moskitonetz und meine Hängematte in einer Hütte aufhängen könnte.«

»Es gibt Platz für alle.«

»Lebensmittel haben wir auch mitgebracht.«

»Alles, was man braucht, gibt es im Fluss«, sagte Vovô.

»Aber kein Bier«, rief Emilio und lachte.

»Sie haben Bier dabei?«

»Eine ganze Kiste an der Bohrstelle. Da haben wir sogar einen Kühlschrank. Das Wichtigste bei der Hitze. Ich bringe morgen nach der Arbeit ein paar Flaschen mit. Gekühlt!«

Vovô schaute ihn fragend an und schwieg.

Emilio bleibt hier!, jubelte es in mir. Ich konnte es kaum glauben. Die ganze Nacht. Mehrere Tage sogar, wenn ich alles richtig verstanden hatte.

Der Geruch von gegrilltem Tambaqui erfüllte die Luft. Im selben Moment sah Vater, dass Luara mit der Taschenlampe

48

spielte. Er riss sie ihr aus den Händen und schlug ihr ins Gesicht. Emilio zuckte zusammen und starrte Vater an. Luara weinte und rannte ins Haus.

»Danke für die Batterien«, sagte Vater.

Emilio schaute mich an. Er sah sehr traurig aus. Das war ein seltsamer Anblick, weil er doch ein Mann war. Ein Mann, der ein Gesicht zeigte, wie Luara oder Senaé es machten, wenn Vater sie geschlagen hatte und sie mit dem Heulen fertig waren.

Alles war anders, seitdem Émile bei uns wohnte. Er brachte Bier für Vater und Vovô und Schokolade für uns. Schokolade war das Beste, was es auf der Welt gab. Besser als Kaugummi und Kekse. Er erklärte uns, man mache sie aus Kakao, aus den Früchten, die bei uns hinter der Hütte wuchsen, aber das mochte ihm keiner glauben. Manchmal nahm er mich in seine Arme und erzählte mir Geschichten. Er kam aus Europa. Das sei weit weg, auf der anderen Seite eines großes Meeres, erzählte er. Ich muss ihn fragend angeschaut haben, denn er zeichnete mit einem Stock verschiedene Linien und Kreise in den Sand, sprach vom Amazonas, von Manaus, Santarém, Belém, einem Ozean, hohen Wellen und Europa. Dort war es kalt, und es gab keine Krokodile, nicht einmal Feuerspinnen und auch keine Hängematten. Ich verstand nicht viel davon, aber trotzdem sagte er, ich sei ein sehr kluges Mädchen. Er lobte mich und strich mir über den Kopf. Als ich im zeigte, wie man ein Kanu steuert, manövriert und bremst, klatschte er sogar in die Hände. »Bravo!«, rief er. »Du machst es wunderbar, so geschickt und flink. Das könnte ich nie!«

Er war ganz außer sich vor Freude, dabei fuhr ich ihn nur auf die andere Seite des Flusses, wo ich frische Schildkröteneier sammeln wollte. Es war ganz einfach, aber für ihn schien es etwas Besonderes zu sein. Alle Kinder am Fluss konnten das. Wir lernten es, sobald wir genug Kraft hatten, ein Remo zu halten. Meines hatte Vovô mir geschnitzt. Émile wusste auch nicht, dass ein Kind, noch bevor es den ersten Zahn verliert, ein Kanu auch bei Regen und starker Strömung beherrschen können muss.

»Du hast fast noch alle Milchzähne, Sueli«, sagte er.

»Einer ist rausgefallen, und der nächste ist locker.«

Er wollte alles über die Menschen und Tiere an unserem Fluss wissen. Er war begeistert, wenn ich einen Fisch an seiner Flosse erkannte und ihm sagen konnte, wie man ihn am besten fängt. Émile stellte mir Fragen über den Dschungel. Ich erzählte ihm, was ich über die Affen, Krokodile, Aras und Schlangen wusste.

»Dein Vovô hat dich sehr lieb, nicht wahr?«, sagte er an dem Tag, als ich ihm den größten Mangobaum der Gegend zeigen wollte.

»Ja, er sagt, ich bin sein liebstes Mädchen. Er nennt mich Sueca.«

»Und du hast ihn sicher auch ganz lieb.«

»Und wie! Ich habe Angst, wenn er nicht da ist. Wenn er auf Jagd geht, kann mir was passieren. Mein Vovô beschützt mich.«

»Wovor beschützt er dich?«

»Na … vor etwas Schlimmem.«

»Vor Schlägen?«

»Wenn mein Vovô da ist, dann werde ich nicht geschlagen.«

»Ich habe gesehen, dass dein Vater euch schlägt. Dein Gesicht … ich meine, dass es dick und blau ist … hat er das auch getan?«

Ich nickte und hatte Angst. Vater wollte sicher nicht, dass ich darüber sprach. Aber Émile hatte es selbst herausgefunden. Ich hatte nichts verraten.

»Sueli, hör mir gut zu. Ich möchte dich etwas Wichtiges fragen. Ich habe gesehen, dass du es nicht gut hast und dass du manchmal traurig bist und Angst hast. Wenn dein Vovô nicht bei dir ist, passt niemand auf dich auf. Keiner beschützt dich. Das ist nicht gut für ein kleines Mädchen. Ich habe mir etwas überlegt, und wenn du einverstanden bist … ich meine, wenn meine Idee dir gefällt … und wenn deine Eltern auch einverstanden sind … dann … dann möchte ich dich gern mitnehmen. Willst du mit mir nach Manaus kommen? Möchtest du mit mir in der Stadt leben?«

Mein Herz klopfte gegen die Brust. Émile schaute mich an. Was hatte er da gesagt? Mit ihm gehen? Aber wohin? Was war Manaus? Wortlos ging ich weiter, aber meine Knie zitterten. Émile schwieg ebenfalls und wartete auf eine Antwort. Wir hatten den Mangobaum erreicht. Ich kletterte die Äste hinauf und schaute auf den Fluss. In der Stadt leben? Weg von hier? Mit Émile? *Dort gibt es immer Kaugummis, Kekse und Schokolade. Und dort werde ich nicht geschlagen.*

»Du kannst immer wieder hierher zu Besuch kommen. In den Ferien.«

»Ferien?«

»Du wirst dort zur Schule gehen, lesen und schreiben lernen und vieles mehr. Ein paar Monate im Jahr ist die Schule geschlossen. Das sind die Ferien.«

»Ach so.«

»Und ich werde mich wie ein richtiger Vater um dich kümmern.«

Was hatte das zu bedeuten? Ich war verwirrt. *Wie kümmert sich ein richtiger Vater? Und mein Vovô? Was wird er dazu sagen?* Aber dann nickte ich. Es kam ganz wie von selbst.

»Heißt das, du willst?«

»Mmm.«

»Ja?«

»Sim, ja!«

»Sueli, du ahnst nicht, wie sehr ich mich freue. Komm runter vom Baum! Lass uns gleich mit deinen Eltern sprechen.«

Wir saßen in der Hütte, und Émile redete. Er erzählte meinen Eltern alles über sich. Woher er kam, welche Aufgabe er bei Petrobrás hatte, wo er wohnte und dass er mich gut versorgen würde, wenn ich mit ihm ginge. Er sagte sogar, dass mein Vater mich jederzeit in Manaus besuchen könne und dass ich in den Ferien an den Fluss kommen würde.

»Nehmen Sie sie mit«, sagte Vater.

»Danke! Danke für Ihr Vertrauen!«

»Aber eines muss klar sein. Wenn sie kräftig genug ist, muss sie bei der Juteernte helfen.«

»In den Ferien kann sie zwei Monate bei Ihnen verbringen.«

Ich schaute Vovô an. Er hatte die ganze Zeit kein Wort gesagt. Als er meinen Blick sah, räusperte er sich.

»Meinetwegen kann unsere Sueli mit Ihnen gehen, aber sie muss uns oft besuchen kommen. Das müssen Sie mir versprechen. Ich möchte Sie so oft wie möglich sehen.«

»Das verspreche ich«, sagte Émile.

Abschied

Zwei Tage später bereitete Émile die Abreise vor. Er gab Vater ein Stück Papier. Darauf stand, wo er wohnte, und auch eine Telefonnummer, »für den Notfall«, wie er sagte. Er zeigte auf die schwarze Schrift, sprach über eine Straße, die einen Namen hatte, und sagte, sie sei nicht weit entfernt von der Oper. Manaus sei sehr groß, wiederholte er, die Oper kenne jeder, man könne danach fragen, und meine Eltern sollten die Adresse nicht verlieren. Ratlos drehte Vater das Papier in der Hand, und dann verschwand es unbeachtet in seinem Hosenbund.

Ich hatte die ganze Nacht nicht geschlafen. Mir war übel. Ich konnte nichts essen. Émile fragte nach meiner Tasche, aber ich hatte keine. Mutter schlug drei Höschen und zwei Hemden in ein Tuch ein. In ein zweites Tuch legte sie Maniokfladen und Bananen. Mit nackten Füßen stand ich vor Émile. Er lächelte und nickte mir aufmunternd zu. Der Pilot startete den Motor. Schon drehten sich die Rotoren. Der Lärm klopfte in meinem Bauch. Alle standen vor der Hütte und starrten mich an. Émile gab allen die Hand, nahm seine Tasche und meine Bündel und lief gebückt über die Wiese. Er stieg in die Maschine, winkte mir zu und rief, ich solle nachkommen. Alle warteten. Ich sah meine Geschwister und meine Eltern an und hielt Ausschau nach meinem Vovô. Er war nirgends zu entdecken. Wieder winkte Émile. Ich bewegte mich nicht von der Stelle. Es ging nicht.

»Vovô!«, schrie ich so laut, wie ich konnte, aber meine Stimme verflog im dröhnenden Wind. Haarsträhnen wehten vor mein Gesicht. Der Hubschrauber sah furchtbar aus, wie ein hungriger Geier. Ich rannte hinter die Hütte und musste mich übergeben. Tonio und Nando lachten. Dann fühlte ich Émiles Hand auf meiner Schulter.

»Sueli, ist dir nicht gut? Warum steigst du nicht ein? Wir wollen losfliegen.«

»Ich habe Angst.«

»Vor dem Hubschrauber?«

Ich nickte.

»Nur vor dem Hubschrauber?«

Wieder nickte ich und schaute suchend nach Großvater. Wo steckte er nur?

»Möchtest du wirklich mit mir nach Manaus kommen, Sueli? Oder möchtest du doch lieber bei deiner Familie bleiben? Es ist nicht schlimm, wenn du es dir anders überlegt hast.«

Noch immer war mir übel. Hier bleiben? Wie konnte Émile das nur denken? Er war so lieb zu mir. Natürlich wollte ich mit ihm gehen. Aber nicht in dem schrecklich lauten Hubschrauber.

»Können wir meinen Vovô nicht mitnehmen?«

»Deinem Großvater würde es in der Stadt nicht gefallen. Da

gibt es keinen Dschungel, er kann nicht auf die Jagd gehen und auch nicht fischen. Das würde ihn traurig machen.«

Mein Vovô sollte nicht traurig sein. Was sollte ich nur tun? Ich stand wie angewurzelt da.

»Willst du mitkommen?«

»Ich … ja … das will ich.«

»Steigst du jetzt ein? Mit mir zusammen?«

Ich schüttelte den Kopf.

»Was ist denn nun?«, fragte Vater von weitem. »Will das kleine Biest nicht? Soll ich nachhelfen?«

»Kein Problem«, rief Émile ihm zu und sprach dann wieder ganz ruhig mit mir. »Möchtest du lieber mit dem Schiff nach Manaus fahren? Du hast doch keine Angst vor dem Schiff, oder?«

Ich schüttelte den Kopf. Schon immer hatte ich davon geträumt, eines Tages an Bord zu gehen. Jeden Sonntag in der Frühe legte der Flussdampfer an. Manchmal brachte er einen Pastor zu uns, der aus der Bibel vorlas, Kinder taufte oder Paare traute, aber die meisten Passagiere waren Händler und Menschen aus der Gegend, die etwas in der Stadt erledigt hatten. Das Schiff war bunt, hatte rote Streifen und ein blaues Dach. Es fuhr den Fluss hinunter, bis dorthin, wo unser Wasser in den Rio Solimões mündet. So hatte mein Vovô es mir erklärt. Am frühen Abend kam es zurück und fuhr auf dem Solimões und dann auf dem Rio Negro wieder in die große Stadt, nach Manaus. Dort heiße der Fluss Amazonas, hatte Émile gesagt. Immer wenn das Schiff am Sonntagabend hinter der Biegung des Flusses verschwunden war, dauerte es eine ganze Woche, bis es wieder auftauchte. Wie sieht es hinter der Biegung aus, hatte ich mich gefragt, wie weit ist die Stadt entfernt? Was ist überhaupt eine Stadt?

»Wollen wir mit dem Schiff fahren? Es kommt am Abend. Morgen sind wir dann in Manaus. Der Pilot kann allein fliegen, und wir beide nehmen das Schiff. Möchtest du das?«

»Sim.«

Bis zur Abfahrt wartete ich auf meinen Vovô. Immer wieder hielt ich nach ihm Ausschau, versuchte, durch das Dickicht des Dschungels zu spähen und seinen braunen Rücken zwischen den Bäumen und Lianen zu entdecken. Aber er blieb verschwunden.

»Das Schiff kommt!«, rief Vater und wirbelte mit einem Tuch, damit es unseren Steg ansteuerte. An Bord tummelten sich viele Menschen, und Émile hatte Mühe, einen Platz für unsere Hängematten zu finden. Ein Mädchen kannte ich sogar. Mein Vovô und ich hatten sie beim Fischen am großen See getroffen. Sie lächelte mir zu, und fast vergaß ich, meiner Familie zum Abschied zu winken. Manche Passagiere standen an der Reling, aber die meisten dösten in ihren Hängematten. Überall lagerten Kisten und Säcke mit Obst und Gemüse. An einem Ende des Schiffes stapelten sich Bananenstauden, am anderen Säcke, voll mit Kokosnüssen. Als wir unsere Hängematten befestigt hatten und ich zurückschaute, war unser Anleger bereits hinter der Biegung des Flusses verschwunden. Die Sonne stand tief und färbte das Wasser rot. Zwei Bôtos sprangen hoch aus dem Wasser, und die Flussmenschen stachen ihre Remos ein, um rechtzeitig vor Einbruch der Dunkelheit ihre Hütten zu erreichen. Auch die Vögel kehrten von der letzten Jagd zurück und flogen zu ihren Nestern. Ich entdeckte einen Baum, der inmitten einer gerodeten Fläche hoch in den Himmel ragte. Sein Stamm war hell und glatt und das Blätterdach dicht und dunkel. Ich sah Hausboote und blickte in fremde Gesichter. Dann kam die Nacht, und der Uferstreifen färbte sich schwarz. Vor dem dunklen Wald, der an manchen Stellen bis in den Fluss ragte, tanzten die Vagalumes. Ihre Schwanzspitzen leuchteten wie vom Himmel gefallene Sterne. Nie zuvor war ich an ihnen vorbeigezogen. Ich brauchte mich nicht zu bewegen, um dem Funkeln näher zu kommen. Als der Mond aufging, glänzte das Wasser. Émile setzte sich neben mich und nahm mich in den Arm. Einen kurzen Moment lang fühlte ich seine geschlossenen

Lippen auf meiner Stirn. »Meine kleine Sueli«, sagte er. »Alles wird gut!«

Solch einen Kuss hatte ich noch nie bekommen. Vielleicht als Baby, überlegte ich, als ich so klein war wie Minho. Ihm gab Mutter auch manchmal Küsse.

Als wir schon sehr weit gefahren waren, tauchte ein Licht aus der Dunkelheit auf. Es schaukelte hin und her und kam immer näher. Das Schiff wurde langsamer, und bald erkannte man einen Steg und einen Jungen, der eine Kerosinlampe schwang. Wir legten an, und ein alter Mann kam an Bord. Im ersten Moment sah er aus wie mein Vovô, und es versetzte mir einen Stich. Nur mit Mühe fand der Alte einen Platz für seine Hängematte. Langsam wurden meine Lider schwer, aber ich hatte Angst einzuschlafen. Was würde passieren, wenn ich in die Hängematte pinkelte? Was würde Émile dazu sagen? Ich durfte nicht einschlafen. Es wurde kalt. Émile deckte mich zu, und als ich die Wärme spürte und seine schützende Hand auf meiner Wange fühlte, konnte ich die Augen nicht mehr offen halten. Ob mein Vovô auch schon schlief?

Manaus

Unbekannte Stimmen und Geräusche weckten mich. Menschen liefen durcheinander. Jemand stieß gegen meine Hängematte. Wo war ich? Warum war es so laut? Aber schon stand Émile vor mir und lächelte. »Guten Morgen und willkommen in Manaus!«, sagte er.

Ich kletterte aus meiner Hängematte und schaute auf den Boden. Kein Malheur – trocken.

Ein großer schwarzer Mann griff nach unserem Gepäck! Er schulterte Émiles Tasche, meine Bündel und nahm gleich noch eine Bananenstaude und einen Sack Kokosnüsse in die Hand. Wir gingen hinter ihm her. Vor lauter Menschen konnte ich kaum etwas sehen. Ich wurde hin und her geschubst und krallte mich in Émiles Hand. Dann sah ich die Häuser. Sie waren überall! Groß und mächtig drängten sie sich aneinander! Ein Wald aus Häusern, dicht und undurchdringlich wie der Dschungel. In der Luft waberten unzählige Düfte. Über allem lag der stechende Geruch von Benzin. Es roch nach gebratenem Fisch, nach faulen Bananen, nach Schlamm. Wie erstarrt stand ich auf dem Anleger. Der Boden war hart. Wir gingen eine Treppe hinauf. Große steinerne Stufen führten uns vom Fluss fort, dessen Wasser eine seltsame Farbe hatte. Es war nicht braun wie bei uns, sondern schwarz. Das andere Ufer war sehr weit entfernt und nur schemenhaft zu erkennen. Unzählige Schiffe lagen im Hafen, und eines war größer und bunter als das andere. Aber wieder wurde mir die Sicht genommen. Was war das? Am Ende der Treppe rauschten Maschinen vorbei. Sie waren schnell und laut und stanken wie der Motor unseres Bootes. Im Innern dieser Ungetüme saßen Menschen. Das mussten die Autos sein, von denen Émile gesprochen hatte. Und der Fluss, auf dem sie fuhren, war die Straße. Eine schwarze Straße, dunkel wie das Wasser am Hafen von Manaus.

Émile streckte eine Hand aus und winkte. Ein Auto hielt direkt vor unseren Füßen. Es sah irgendwie lustig aus, ein bisschen wie ein schwarzer Käfer. Vorn saß ein Mann, der einen Sitz umklappte. Émile schob mich hinein. »Hab keine Angst, es ist wie in einem Kanu!«

Der fremde Mann und Émile lachten. Ich sagte kein Wort. Das Auto schaukelte, und die Stadt raste an uns vorbei. Wir bewegten uns im Strom der anderen Autos, und an jeder Abzweigung blieben wir laut hupend stehen, um kurz darauf wieder Fahrt aufzunehmen.

Der Wagen hielt vor einer hohen Mauer. Émile gab dem Fahrer zwei Blatt Papier und bekam einige Metallstücke zurück. Das große Tor war verschlossen, aber Émile konnte es leicht öffnen. Er zeigte mir den Schlüssel und erklärte mir, wie man damit umging. Ich konnte ihm kaum zuhören, denn ich starrte das Haus an. Es gab eine weitere Tür und einen anderen Schlüssel. Wir betraten einen großen Raum, der mit Steinplatten ausgelegt war. Eine breite Treppe führte nach oben. Der Boden, die Wände, alles, was es in dem Zimmer gab, war sauber, glatt und fremdartig. Aus einem hinteren Raum kam eine kleine Frau.

»Dona Iara«, sagte Émile, »guten Tag. Das ist Sueli. Ich habe sie aus dem Dschungel mitgebracht. Sie wird jetzt bei mir wohnen.«

Die Frau schaute mich an und lächelte. Sie sieht nicht anders aus als die Menschen am Fluss, dachte ich und war froh.

»Dona Iara kommt jeden Tag zu uns ins Haus. Sie kocht und putzt für uns, und nun wird sie sich auch um dich kümmern.«

Émile sagte ihr, welches mein Zimmer war und dass sie mir alles zeigen und erklären sollte. Mein Auftauchen schien sie nicht zu überraschen. Sie schaute mich freundlich an, nahm meine Hand und führte mich nach oben. Dort gab es noch mehr Türen, und Dona Iara erklärte mir, was sich dahinter befand, aber ich verstand es nicht. Schlafzimmer, Arbeitszimmer, Gästezimmer, Bad, Toilette, Balkon.

»Und das ist dein Zimmer«, sagte sie und öffnete eine weitere Tür. Die Sonne schien herein, es war hell, aber etwas war anders. Das Fenster schien kein normales Fenster zu sein, nicht so wie in unserer Hütte. Es war fast so wie in dem Auto, in dem wir gesessen hatten. Dona Iara sah meinen fragenden Blick, und sie schob es auf. Jetzt war es gut. Jetzt hörte ich die Geräusche der Stadt.

»Ich bring dir ein paar Sachen«, sagte Dona Iara.

Ganz langsam ging ich im Zimmer umher. An der einen Wand stand ein Bett. Ich hatte noch nie in einem Bett geschlafen, aber Vater hatte davon erzählt. Es gab noch einen Kasten mit Türen. Ich traute mich nicht, etwas zu berühren, und blieb einfach stehen. Die Wände waren weiß.

»Sueli! Du stehst ja noch immer da«, rief Dona Iara, als sie zurückkam. »Hast du Hunger? Möchtest du etwas essen?«

»Nein, aber ich muss Pipi.«

»Komm mit, ich zeige dir die Toilette.«

Sie führte mich in ein Zimmer mit grünen Wänden. Sie glänzten wie nasse Blätter. Ich berührte sie, und im selben Moment durchfuhr mich ein furchtbarer Schreck. Ein Mädchen starrte mich an. Aber schon verstand ich, dass es mein Spiegelbild war. So deutlich hatte ich mich noch nie gesehen. Ich lachte, aber dann fühlte ich auch schon wieder den heftigen Druck in meinem Bauch. Wohin sollte ich mich hocken? Es gab zwei seltsame weiße Schalen, größer noch als ein Stuhl, die auf dem Boden standen, und eine weitere an der Wand. Wie sollte ich pinkeln? Auf den Boden? Aber das war sicher nicht richtig. Ich presste meine Beine zusammen. Nach einer Weile kam Dona Iara zurück.

»Ich weiß nicht … ich kann nicht«, sagte ich.

»Ach, du kleines Dschungelkind! Hast du denn noch nie eine Toilette gesehen?«

Ich schüttelte den Kopf, und sie lächelte. Dann zog sie ihren Rock hoch und ihre Unterhose bis zu den Knien hinab und ließ sich auf einem der merkwürdigen Sitze nieder. Ich hörte, wie sie pinkelte. Dann drückte sie auf einen Knopf an der Wand, und ein lautes Geräusch erfüllte den Raum.

»Jetzt setz du dich drauf. Keine Angst, es ist ganz einfach.«

Ganz vorsichtig schob sie mich zur Toilette. Ich hatte keine Wahl. Ich fühlte die Erleichterung. Es funktionierte wunderbar. Der Knopf an der Wand gefiel mir besonders gut.

Dona Iara erklärte mir alles. Das Waschbecken, die Handtücher, die Dusche, die Lichtschalter und den Schlüssel für

die Tür. Émile gesellte sich zu uns und lachte über mein un-
gläubiges Staunen. »Ich muss jetzt arbeiten«, sagte er. »Am
Abend komm ich zurück. Dona Iara wird bei dir bleiben. Ich
bringe dir was zum Anziehen mit. Welche Schuhgröße hast
du?«

»Sagen Sie einfach: für ein sechsjähriges Mädchen«, riet
Dona Iara ihm. »Das wird schon passen. Oder wie alt bist du,
mein Kleines?«

Ich schaute sie nur an. Nicht einmal das wusste ich. Den
ganzen Tag erforschte ich das Haus. Immer wieder ging ich in
das Badezimmer und drückte den Spülknopf und bewunderte
das Toilettenpapier. Später stellte Dona Iara mich unter die
Dusche und seifte mich ein. Das Wasser kam ganz klar aus
der Wand. Es war durchsichtig und warm. Ich brauchte nur
an einem Knopf zu drehen, und schon kam es aus der Wand.
Es floss an mir hinunter und verschwand in einem Loch. Der
Schaum färbte sich braun. Immer wieder goss Dona Iara
etwas ganz Spezielles, wie sie es nannte, in mein Haar, und
sie knetete es wie schmutzige Wäsche. Ich war ihr unendlich
dankbar, denn ich hoffte, dass keine einzige Laus diese Prozedur überstand. Dabei redete sie ununterbrochen mit mir. Später führte sie mich auf den Balkon, die Terrasse, in die Waschküche, und selbst in der Garage erklärte sie mir jeden einzelnen
Gegenstand, jede Apparatur und jeden Schalter. Ich versuchte
mir alles zu merken. Sie sprach auch über Émile. Woher sie
ihn kannte. Warum sie für ihn arbeitete. Dass er ein sehr guter
Mensch sei und das Leben manchmal ungerecht und hart. Sie
sagte, ich hätte Glück und Chancen, die ich nutzen müsse,
denn ein mageres Mädchen aus dem Dschungel, eine halbe Indianerin, bekomme nicht oft einen Schutzheiligen an die Seite
gestellt. Ich schaute sie fragend an. Es passierte so viel, und
der Tag verging so schnell, dass ich nicht ein einziges Mal an
meine Familie dachte. Émile brachte Kleidung mit, die angenehm roch und farbig schillerte wie das Gefieder eines Papa-
geis. Sogar Schuhe hatte er gekauft. Sie glänzten und hatten

eine Schnalle in Form einer Blüte. In dem Rot konnte man sich beinah spiegeln. Émile half mir, sie anzuziehen, und ich rutschte auf dem glatten Boden aus und lachte. Am besten gefiel mir aber die Puppe. Sie sah aus wie ein kleiner Mensch, und Émile sagte, ich solle ihr einen Namen geben. Mir fiel keiner ein. Das habe Zeit, sagte er lächelnd. »Morgen wirst du es wissen.«

Zum Abendessen trug ich meine neuen Kleider. Émile und Dona Iara aßen mit Messer und Gabel. Ich wusste nicht, wie man das macht, und Émile sagte, ich solle ruhig meine Finger nehmen. Es gab viel zu essen, und ich probierte von allem. Es schmeckte mir, und Dona Iara strich mir übers Haar.

Bevor sie gehen musste, brachte sie mich zu Bett. Es fühlte sich ganz weich an.

Dann kam Émile ins Zimmer. Er setzte sich zu mir aufs Bett und rückte meine Decke zurecht. Ich hatte meine Nase hineingesteckt, weil sie so gut roch.

»Ich habe eine Woche Urlaub genommen, damit ich mich um dich kümmern kann. Gleich morgen werden wir eine Schule für dich suchen. Das wird dir sicher gefallen. Dort sind viele andere Kinder, mit denen du spielen kannst. Und du sollst wissen, dass ich immer für dich da sein werde. Wenn du etwas brauchst oder dich etwas bedrückt, dann sag es mir bitte. Und wenn du heute Nacht nicht allein sein magst, dann komm einfach in mein Zimmer. Ich lasse das Licht im Flur brennen. Schlaf gut.«

Ich wusste nicht, was ich sagen sollte, aber ich hatte ein schönes, warmes Gefühl in meinem Bauch. Dona Iara hatte davon gesprochen. Es war sicher das Glück! Ich war glücklich!

Dona Iara fand mich schlafend auf dem Fußboden.

»Guten Morgen, kleines Mädchen! Bist du hinausgefallen? Émile hat dich heute Nacht auch schon einmal ins Bett gehoben.«

Verwirrt schaute ich sie an. Mein Rücken tat ein bisschen weh, aber ich war trocken. Nie wieder würde ich mich nass machen! Das nahm ich mir fest vor, und es erschien mir zum ersten Mal ganz leicht.

»Kommst du mit mir Brot holen?«

Ich schlüpfte in meine neuen Sachen, zog die Schuhe an und rannte zur Tür. Die Bäckerei war nicht weit entfernt, aber wir mussten eine große Straße überqueren. Autos in allen Größen und Farben sausten an uns vorüber. Einige hatten große Ladeflächen, auf denen sich Holz oder Kokosnüsse stapelten. Andere transportierten ausschließlich Menschen. Dutzende fanden in den großen Fahrzeugen Platz. Dicht gedrängt saßen oder standen sie in den qualmenden Ungeheuern, und ich fragte mich, ob sie wohl alle das gleiche Ziel hatten. Dona Iara nahm mich an die Hand. Dicke Schweißperlen standen ihr auf der Stirn, und ihre Hand war feucht. Die andere Seite schien mir so unerreichbar wie ein fernes Flussufer ohne Kanu. Die Luft war stickig, und Staub knirschte zwischen meinen Zähnen. Meine Augen tränten.

»Du musst zuerst nach links schauen. Wenn von dort keiner kommt, dann laufen wir bis zur Mitte.«

Ich nickte, konnte aber keine Lücke entdecken.

»Jetzt!«, rief sie, obwohl ich ein riesengroßes Auto heranrasen sah.

»Komm schon! Noch vor dem Bus!«

Ich ließ mich ziehen, und wie durch ein Wunder erreichten wir die andere Seite. Auch wenn ich erleichtert war, musste ich gleich an den Rückweg denken. Dann lieber vor einer Feuerspinne davonlaufen! Die Bäckerei wurde von einem Italiener betrieben, aber ich traute mich nicht zu fragen, was das bedeutete. Er war der erste Fremde, den ich in Manaus kennen lernte.

Einige Tage später, als mir die Überquerung der Straße bereits wie ein Spiel vorkam, entschied Dona Iara, dass ich von nun an allein zu Marco gehen durfte, um das helle, duftende Brot zu kaufen, das Émile so liebte.

62

Jeden Morgen sagte Marco »Ciao, bella« zu mir. Er war lustig und trug einen dicken Schnurrbart, der auf und nieder wippte, wenn er mit den Kundinnen sprach. Die jungen Mädchen kicherten, und die Frauen lächelten, wenn er ihnen Komplimente machte. Bald kannte ich auch den Gemüsehändler und den Fleischer und kaufte ein, was mir aufgetragen wurde. Ich half bei der Hausarbeit und lernte, wie man den Herd bedient und Kaffee zubereitet. Wenn Émile am Abend von der Arbeit nach Hause kam, brachte er mir oft etwas mit. Mal war es Schokolade, mal ein Kleid für mich oder meine Puppe, und einmal holte er ein Malbuch aus seiner Tasche. Die bunten Stifte wollten mir zuerst nicht gehorchen und rutschten mir aus den Fingern, aber schon bald lernte ich, mit ihnen umzugehen. Ich malte die Bilder aus, auf denen Tiere zu sehen waren, die ich aus dem Dschungel kannte. Es gab auch einen Indianer. Er trug einen großen Federhut auf dem Kopf. So etwas hatte ich noch nie gesehen, und ich fragte Émile, welche Farben ich wählen sollte. An einem Sonntag ging er mit mir spazieren. Er zeigte mir ein sehr großes Haus, das er Oper nannte. Und dann kaufte er mir mein erstes Eis. Das Gefühl war überwältigend. Kalt, süß und weich. Wenn ich nicht aufpasste, dann lief das Eis auf den Boden.

»Sueli, ich bin froh, dass du bei mir lebst, und auch Dona Iara hat große Freude an dir. Sie sagt, du bist schon eine richtige Doméstica, ein kleines Dienstmädchen.«

Ich strahlte und nahm mir vor, noch mehr Dinge zu lernen.

»Es wäre aber viel besser, wenn du zur Schule gingest. Ich habe alles versucht, um dich anzumelden, aber es gibt Schwierigkeiten. Weil ich nicht dein Vater bin, bekommen wir keinen Schulplatz.«

»Sagen Sie doch einfach, dass Sie mein Vater sind. Keiner merkt es. Dona Iara wird niemandem etwas verraten.«

Émile lachte und legte seinen Arm um mich.

»Wie gern hätte ich wieder eine Tochter wie dich.«

Ich verstand nicht, was das Problem war und warum Émile beim Sprechen die Stirn runzelte. Ich war auch ohne Schule glücklich. Ich lebte in der Stadt, hatte keine Läuse mehr und ein eigenes Bett. Ich kannte den Weg zum Bäcker und zu einigen anderen Geschäften. Ich konnte sogar schon Geldscheine abzählen und passte auf, dass das Wechselgeld stimmte.

»Es ist nicht ganz einfach«, sagte Émile. »Deine Eltern müssen nach Manaus kommen und Dokumente beantragen. Sie müssen unterschreiben, dass du ihre Tochter bist und dass du bei mir leben und die Schule besuchen darfst. Ich habe gestern einen Boten aufs Schiff geschickt, damit er deinen Eltern alles erklärt. Ich hoffe, dass sie morgen oder nächsten Montag schon hier sind.«

Ich würde Mutter sehen! Mein Herz hüpfte vor Freude. Aber Vater? Wenn er böse wird? Wenn er sagt, ich soll wieder in den Dschungel zurück?

»Und was ist mit meinem Vovô? Kann er nicht kommen? Ich will nicht … ich habe Angst … wenn Vater mich wieder mitnimmt? Bitte lassen Sie das nicht zu!«

»Keine Angst! Keiner wird dich mir wegnehmen. Aber die Dokumente können nur von deinen Eltern unterschrieben werden. So will es das Gesetz.«

»Dann will ich nicht zur Schule gehen.«

»Aber Sueli. Du bist ein kluges Mädchen, du wirst die Erste in eurer Familie sein, die lesen und schreiben kann. Es ist etwas ganz Besonderes, in die Schule gehen zu dürfen. Mit deinem Wissen kannst du später anderen Menschen helfen. Wir brauchen nur noch die Dokumente. Eine Schule in der Nähe habe ich schon gefunden. Dort gibt es sehr gute Lehrerinnen. Es wird dir gefallen.«

Plötzlich kam ich mir sehr wichtig vor. Wenn ich etwas Besonderes war und etwas Besonderes lernen konnte, dann durfte ich auch keine Angst vor dem Besuch meines Vaters haben.

Schule

Émile holte meine Eltern vom Hafen ab. Als sie ins Haus kamen, stand ich im Wohnzimmer. Mutter sah sehr müde aus. Sie sagte kein Wort und schaute erst mich und dann den Raum verwundert an. Vater redete mit Émile. Seine Stimme war leiser als sonst. Auch er sah sich überrascht um. Ich lachte Mutter an, und sie lächelte zurück.

»Mama!«

»Sueli!«

Ich führte meine Eltern durch das Haus, zeigte ihnen mein Zimmer. Vater ging schnell wieder hinunter und sprach mit Émile.

»Schau her, ich habe ein Bett, und nachts mache ich mich nicht mehr nass. Wenn ich muss, gehe ich auf die Toilette.«

»Das ist schön, Sueli. Du hast es gut hier.«

Sie nahm einen Schuh in die Hand und bewunderte ihn. Ihre Gummisandalen waren alt und die Sohlen abgelaufen. Zum ersten Mal schaute ich mir Mutters Füße und Sandalen an. Warum waren sie so schmutzig? Am liebsten hätte ich Mutter umarmt, wie Émile mich umarmte, aber das hatten wir nie zuvor gemacht, und ich traute mich nicht.

Noch am selben Tag fuhren meine Eltern mit Émile zu einer Behörde. Als sie zurückkamen, hatte ich eine Geburtsurkunde.

»Nun gibt es dich auch ganz offiziell«, sagte Émile. »Wir haben uns ein schönes Datum ausgesucht. Du bist sechs Jahre alt und hast am selben Tag Geburtstag wie ich. Dann können wir zusammen feiern. Marco wird uns eine große Torte backen.«

Ich freute mich und klatschte in die Hände, bis ich merkte, dass meine Eltern betreten schwiegen. Als wir am Esstisch saßen und Dona Iara die dampfenden Schüsseln brachte, schauten sie fragend auf die glänzenden Gabeln und Messer.

»Guten Appetit!«, sagte Émile.

Dona Iara brachte schnell noch ein paar Löffel. Dann nahmen sie sich endlich von dem Fleisch. Vater gab seine Zurückhaltung auf und legte den Löffel erst aus der Hand, als die Fleischschüssel leer war. Im Dschungel war Fleisch etwas Besonderes. Man aß es nur an Festtagen. Unsere eigenen Rinder hatten wir stets an die Händler verkauft.

Am nächsten Tag verabschiedeten sie sich, und ich war beruhigt. Émile gab mir Geld, von dem ich Süßigkeiten für Vovô und meine Geschwister kaufte. Ich überreichte Mutter eine große Tasche voller Kekse, Lutscher und Kaugummis. Zu gern hätte ich die Gesichter der Beschenkten gesehen und die Freude Senaés, für die ich eine bunte Bluse in die Tasche gelegt hatte. Sie passte ihr sicher genau.

Das Gebäude war alt und groß. Émile hatte es mir bei einem unserer Sonntagsspaziergänge gezeigt. Hohe Mauern umgrenzten das Grundstück. Hier würde ich also zur Schule gehen. Einige Tage später holten wir meine Schuluniform ab. Sie bestand aus einem blauen Faltenrock, der die Knie bedeckte, und einer langärmligen weißen Bluse. Ich protestierte, als Dona Iara mir sagte, ich solle sie wieder ausziehen, sonst wäre sie vor meinem ersten Schultag ruiniert.

Dann war es endlich so weit. Mädchen schrien durcheinander und tobten über den Hof, als ich mit Émile das Schulgelände betrat. Wie lange hatte ich nicht mehr mit anderen Kindern gespielt! Ich brannte darauf, mit ihnen über das Pflaster zu rennen.

Émile lieferte mich bei einer der Nonnen ab, die auf dem Hof standen. Zum Abschied strich er mir übers Haar. Die Frau trug ein schwarzes, langes Kleid und einen weißen Schleier. Während sie auf mich einredete, starrte ich auf ihre dicke Nase. Sie heiße Irmã Elena, Schwester Elena, und sei die Direktorin der Schule. Ich müsse zunächst lesen und schreiben lernen. Ich nickte und hielt meine Mappe mit dem weißen Papier und dem schönen Stift fest umklammert. Wir gingen eine Treppe hinauf, und ich warf einen Blick zurück über den Schulhof. Schwester Elena zeigte mir einen Raum mit einem gekreuzigten Jesus. Seine Hände und Füße waren von Nägeln durchstochen. Blut trat zwischen seinen Rippen hervor, und an der Stirn hatte der Dornenkranz schlimme Wunden gerissen. Dann deutete sie auf eine Tür und sagte *lavatório*, Waschraum. Schließlich lieferte sie mich in einem Klassenraum ab, in dem ein Dutzend Mädchen saßen. Alle waren viel kleiner als ich, und ich stellte mit Bedauern fest, dass sie mit ihren Stiften geschickter hantieren konnten als ich.

»Hier lernst du das Alphabet. Lesen und schreiben, verstehst du? Wenn du das beherrschst, dann kommst du in eine reguläre Klasse. Dort sind ältere Schülerinnen.«

Meine Lehrerin hieß Irmã Marcia. Sie zeigte mir meinen Platz. Als ich mich auf die Holzbank gesetzt hatte, sollte ich meinen Namen nennen.

»Lauter! Sag es so laut, dass auch die anderen dich verstehen können!«

»Sueli!«

Schwester Marcia sprach ein Gebet, und wir Mädchen sollten es nachsprechen. Aber mir fehlten bereits nach der ersten Zeile des Vaterunsers die Worte. Ich schaute auf das Holzkreuz, das direkt hinter der Nonne an der Wand hing, und versuchte mich zu erinnern. Mutter hatte es oft genug vor sich hin gemurmelt. Um nicht aufzufallen, bewegte ich die Lippen und versuchte mir einzuprägen, was die meisten Mädchen bereits auswendig konnten.

Dona Iara flocht mir jeden Morgen zwei Zöpfe und ermahnte mich, im Unterricht still zu sitzen und nur ja gut aufzupassen. Aber das brauchte sie mir nicht zu sagen. Die Nonnen waren streng. Obwohl sie uns nicht schlugen, gehorchten wir Mädchen ihnen. Die Gebete taten ihr Übriges. Wenn sie über die Hölle und den Teufel sprachen, bekam ich Angst. Es gab so viele Sünden auf der Welt, dass ich bald den Überblick verlor.

Mit den Buchstaben freundete ich mich schnell an, und nach wenigen Wochen lobten Irmã Marcia und Émile meine schöne Schrift. Mein Kugelschreiber hieß BIC und lag locker in der Hand. Er machte genau das, was ich wollte. Émile hatte ihn mir gekauft. Es war ein besonderes Fabrikat, und die anderen Mädchen probierten ihn neidisch aus. Er hatte vier Farben, und ich brauchte nur auf einen Knopf zu drücken, und schon wechselte er von Grün auf Rot, Blau oder Schwarz. Die drei Buchstaben auf der Hülle konnte ich schon an meinem zweiten Schultag entziffern. Nur das lange Stillsitzen auf den Holzbänken fiel mir anfangs schwer, und ich mochte es auch nicht, dass wir nur sprechen durften, wenn wir gefragt wurden. Umso schöner waren die Pausen. Wir tobten über den Schulhof, und ich spielte meistens mit einem Mädchen namens Soraia. Sie war genauso groß wie ich, aber während ich noch in der Vorbereitungsklasse saß, besuchte sie schon die zweite Klasse.

Meine Mitschülerinnen dachten, Émile sei mein Vater, und mir gefiel die Vorstellung so gut, dass ich den Irrtum nicht aufklärte. Es gab Momente, da glaubte ich selbst daran. Einmal sagte ich: »Mein Vater arbeitet bei Petrobrás«, und niemand sagte: Sueli, du lügst, dein Vater lebt im Dschungel und jagt Affen. Es war ganz einfach, und irgendwann war die Geschichte nicht mehr zu ändern. Manche Mädchen wurden von Domésticas oder gar einem Fahrer abgeholt. Sie wohnten in Häusern, die noch größer waren als Émiles. Eines Tages erzählte Soraia mir, dass ihre Familie gar nicht in Manaus lebte, sondern in einer kleinen Stadt am Solimões. Man hatte sie zu einer Tante geschickt, damit sie hier zur Schule gehen konnte. Daraufhin nahm ich all meinen Mut zusammen und erzählte Soraia die Wahrheit über meine Herkunft. Wir versprachen uns gegenseitig, das Geheimnis zu hüten, und so waren wir, wie alle anderen in der Schule, Mädchen aus der berühmten Stadt Manaus. Mit dem Dschungel, den giftigen Schlangen und wilden Indianern hatten wir nichts mehr zu tun.

Als die Regenzeit einsetzte, feierten wir das Weihnachtsfest und wurden anschließend für die nächsten zwei Monate in die Ferien entlassen.

Jute

Émile brachte mich zum Hafen und sagte dem Comandante, wo er mich absetzen sollte. Er hatte mir einen Kalender gegeben, der mir zeigte, wann die Zeit vorüber war und ich zurückkehren konnte. An Bord suchte er einen Platz für meine Hängematte, bat eine junge Frau darum, ein wenig auf mich zu achten, und verstaute mein Gepäck. Ich hatte viele Geschenke für meine Geschwister gesammelt. Zum Abschied hatte Dona Iara mir Süßigkeiten und Malstifte gegeben. Auch wenn ich mich auf meinen Vovô freute und sogar ein wenig auf meine Schwestern, so hatte ich doch ein mulmiges Gefühl.

»Und wenn er mich nicht zurückfahren lässt?«, fragte ich Émile.

»Dann komme ich und hole dich. Versprochen!«

Zum Abschied gab ich ihm einen Kuss auf die Wange, schlang meine Arme um seinen Hals und versuchte, nicht zu weinen. Wenn Émile ein Versprechen gibt, dann hält er es auch, beruhigte ich mich.

Als die Sonne aufging, wurde ich wach und hatte sofort den vertrauten Duft in meiner Nase. Es roch nach Urwald und Fluss. Ich kletterte aus meiner Hängematte und lehnte mich über die Reling. So viele Bäume, Vögel und so viel Wasser! Wir hatten den Solimões verlassen und fuhren auf dem Seitenarm, der nach Parana do Paratari führte. Der Fluss war über die Ufer getreten, Hütten standen im Wasser, und Stege waren versunken. Die aufgehende Sonne tauchte alles in ein warmes Licht, und ich sehnte den Moment herbei, da ich meinen Vovô wiedersehen würde. Niemand wusste, dass ich kam. Ich suchte das Land nach Vertrautem ab, aber erst, als wir die Biegung des Flusses erreichten und unser Uferabschnitt auftauchte, entdeckte ich, dass wir kurz vor dem Ziel waren. Der Comandante drosselte den Motor und fuhr langsam an unsere Hütte heran. Es war noch sehr früh. Sicher waren sie alle daheim. Das Schiff hielt direkt an unserer kleinen Veranda im ersten Stock. Mein Vovô schaute als Erster aus dem Fenster, kam herausgelaufen und nahm dem Schiffsjungen meine Tasche ab.

»Sueca! Meine Sueca! Du bist wieder da!«

»Vovô! Vovô!«, rief ich und umschlang seinen Bauch.

Alle waren überrascht und lachten. Selbst Vater zeigte ein freundliches Gesicht. Luara und Senaé zupften an meiner Kleidung und zogen an meinen Zöpfen. Dann fragten sie nach Geschenken, und ich gab jedem das, was ich vorher ausgesucht hatte. Meinem Vovô hatte ich Tabak mitgebracht. Das war Émiles Idee gewesen. »Der wird ihm schmecken!« Großvater lachte mit den Augen und mit dem Mund, genau so, wie ich es in Erinnerung hatte. Aber etwas war trotzdem anders geworden. Er sah kleiner aus, ging ein wenig gebeugt, und er schien Haare verloren zu haben. Ob er krank war? Vater überreichte ich Batterien für seine Taschenlampe.

Den ganzen Tag erzählte ich Geschichten aus der Stadt, erklärte, wie es in der Schule zuging und dass ich schon lesen und schreiben konnte. Ich hatte sogar ein Buch mitgebracht und schlug vor, dass wir Schule spielten. In dem Buch gab es Fotos von Dingen, die meine Geschwister noch nie gesehen hatten. Ich zeigte ihnen Autos, Omnibusse und sogar Flugzeuge. Meine Schwestern waren begeistert, und selbst Tonio und Nando stellten mir Fragen. Großvater schien stolz auf mich zu sein.

»Dort gibt es einen Kasten mit einer Glasscheibe, und darin sind Menschen, die sich bewegen. Das nennt man Fernsehen. Es werden Filme gezeigt. Alles kann man in dem Kasten sehen, auch Fußball.«

»Unsere Sueli ist verrückt geworden! Sie sieht Gespenster«, sagte Tonio, und alle lachten.

»Es ist wahr. Viele Leute haben einen Fernsehapparat im Wohnzimmer. In der Stadt ist das ganz normal.«

»Du denkst wohl, wir glauben dir jeden Quatsch, den du uns erzählst, was? Auch wenn du in Manaus lebst, brauchst du dich noch lange nicht so aufzuspielen.«

Warum nur war Tonio so gemein zu mir? Und warum schaute er mich so wütend an? Manchmal ballte er sogar seine Hände zu Fäusten und presste grimmig seine Kiefer zusammen. Der Ausdruck in seinem Gesicht machte mir Angst. Solange er in der Nähe war, redete ich nicht mehr von der Stadt. Soraia hatte mir gesagt, dass ihre Familie im Dschungel auch nie verstand, worüber sie sprach. Bei jedem Besuch erzählte sie ihnen weniger, und manchmal wollte sie gar nicht mehr dorthin zurückkehren.

Schon am nächsten Tag musste ich bei der Juteernte helfen. Für Senaé und mich war es die erste Ernte, aber meine Schwester hatte wenigstens schon einige Tage Übung. Vater fuhr mit uns zur Plantage. Noch vor der Flussbiegung steuerte er unser Kanu in einen schmalen Igarapé. Nur er konnte zwischen den tief hängenden Ästen die Richtung erkennen. Die Jute lag im ruhigen Wasser, an einer Stelle, wo die Strömung kaum zu spüren war. Kurz vor Beginn der Regenzeit hatten sie die hoch aufgeschossenen Stiele geschnitten, zu Bündeln verschnürt und an einer tiefer gelegenen Stelle zwischen Bambusstämmen aufgestapelt. Darauf hatten sie einen großen Baumstamm gelegt, der ein Auftreiben verhindern sollte. Dieser Stamm war nun das Einzige, was aus dem Wasser ragte. Die Bündel waren aufgeweicht, nun mussten die Fasern abgezogen werden. Ich hatte es im letzten Jahr schon gesehen, war aber noch zu schwach gewesen, um im Wasser zu stehen und die voll gesogenen Jutefasern zu bündeln. Jeder von uns bekam ein Paar Gummistiefel als Schutz vor Schlangen, Stachelrochen und anderen gefährlichen Tieren.

»Nun springt schon rein!«, sagte Vater. Das Wasser war erschreckend tief. Es reichte mir bis zur Brust. Ich fühlte die aufgeweichten Bündel an meinen Beinen.

»Komm rüber«, sagte Senaé. »Wir müssen uns auf einen Stamm hocken.«

Wir wateten durchs Wasser, das mir an einer Stelle bis zum Kinn reichte. Es war schwierig, an dem glitschigen Stamm Halt zu finden. Was würde geschehen, wenn ich abrutschte? Sicher gab es hier Schlangen.

»Sueli, du setzt dich neben Tonio und schaust zu, wie er es macht!«, sagte Vater.

Er brachte jedem ein Bündel, und ich strengte mich an, alles richtig zu machen. Mit dem Daumennagel mussten wir die Rinde von den langen und geraden Stielen lösen und dann die Fasern herausziehen, die wie ein Pferdeschweif hervorquollen. Das Wasser machte sie sehr schwer. Tonio öffnete einen Stiel nach dem anderen und bündelte die Fasern. Er war sehr geschickt, und bald türmte sich ein großer Haufen vor ihm auf. Sosehr ich auch versuchte, es ihm nachzumachen, es wollte mir nicht gelingen. Mal war die Rinde zu dick, mal fiel mir der Jutezweig aus der Hand. Nach einer Weile waren meine Hände wund, besonders mein rechter Daumen. Mit jeder neuen Rinde wurde der Schmerz schlimmer, und vom Hocken auf dem Baumstamm taten mir die Beine weh. Mein Faserbündel wollte einfach nicht wachsen, während selbst Senaé schon eine ganze Menge zustande gebracht hatte.

»Sueli, mach schneller! So werden wir nie fertig!«, schrie Vater. »Jedes Kleinkind ist schneller als du! Willst du deinen Vater ärgern?«

Ich sagte kein Wort. Aus Erfahrung wusste ich, es war besser zu schweigen. Nun fingen meine Beine auch noch an zu kribbeln. Ich konnte nicht länger sitzen. Mir war alles egal. Sollte er mich doch anschreien und fluchen, ich brauchte eine Pause und ließ mich vom Stamm rutschen. Mein Körper fühlte sich im Wasser ganz leicht an. Ich streckte meine Beine, und langsam kam wieder Gefühl hinein.

»Was fällt dir ein, du verwöhnte Göre? Zurück an die Arbeit! *Ich* sage, wann wir Pause machen. Im Dschungel ist das Leben anders als in deinem feinen Manaus.«

Meine Geschwister kicherten und machten sich über mich lustig. Ich schwor mir, ihnen nie wieder etwas aus der Stadt mitzubringen. Keine Schokolade und keine Kaugummis. Sie waren nicht viel besser als mein Vater. Ich hockte mich wieder auf den Stamm und mühte mich ab, die Fasern aus den Jutestielen zu reißen. Manchmal setzte ich mich auch hin, aber dann baumelten meine Beine im Wasser, und ich bekam Angst vor den Tieren, die dort umherschwammen. Endlich gab Vater das Zeichen zur Mittagspause. Wir kletterten ins Kanu und waren froh, für eine Weile auf dem Trockenen zu sitzen und die Beine auszustrecken. Die Hitze war inzwischen unerträglich geworden. Wir trugen lange Hosen und Hemden und einen Strohhut, damit die Sonne uns nicht verbrannte, aber am liebsten hätte ich alles ausgezogen, besonders die Gummistiefel. Meine Füße waren vollkommen aufgeweicht, und ich musste an meine roten Lackschuhe denken. Als wir gerade unsere Maniokfladen und den getrockneten Fisch auspackten, schütteten sich die dunklen Wolken über uns aus. Binnen weniger Minuten war das Kanu halb voll gelaufen, und wir mussten schöpfen. Es war ein Regen, der nicht aufhören wollte. Auf das Ende hätten wir nicht warten können, und deshalb trieb Vater uns unter den prasselnden Tropfen zum Weiterarbeiten an.

»Sueli, willst du es nicht endlich richtig machen, so wie die anderen? Oder willst du den ganzen Tag nur träumen und Löcher in die Luft starren?«

Ohne auf die wunde Haut unter meinem Daumennagel zu achten, schlitzte ich die Rinde auf und pulte die Fasern heraus.

»Haben sie dir in deiner Schule nicht beigebracht, wie man arbeitet? Wie man Jute erntet? Glotzt ihr dort nur in die Bücher und macht euch die Finger nicht schmutzig?«

Er redete und redete und wurde immer lauter.

»Antworte mir! Wenn ich dich etwas frage, dann verlange ich eine Antwort! Verstanden?«

»Ich kann nicht schneller, weil ich es heute zum ersten Mal mache und meine Finger wehtun.«

»Pass mal auf, wie schnell du gleich arbeiten wirst.«

Er nahm einen Jutezweig und schlug mir auf den Rücken.

»Na, geht es jetzt schneller?«

Der Schmerz war furchtbar, aber ich kämpfte gegen meine Tränen.

»Zieh dein Hemd aus! Los, mach schon!«

Tonio und Nando lachten, selbst Luara amüsierte sich. Nur Senaé blieb ruhig und blickte mich mitleidig an. Auf der bloßen Haut waren die Schläge unerträglich. Immer wieder holte er aus. Es brannte wie Feuer, und ich fing an zu weinen. Ich weinte und weinte, immer lauter. Ich tauchte unter, aber das regte ihn nur noch mehr auf. Er riss mich an den Haaren aus dem Wasser und schrie.

»Hör auf zu heulen, du kleines Biest. Hör auf, habe ich gesagt.«

Aber das konnte ich nicht. Ich weinte unter Krämpfen. Mein Rücken schmerzte, und eine Wut, wie ich sie noch nie erlebt hatte, kochte in mir.

»So, jetzt hast du es wohl kapiert, du schlaues Mädchen. Und eines sage ich dir. Wenn du Großvater auch nur ein Wort davon erzählst, dann wird dir beim nächsten Mal Hören und Sehen vergehen. Hast du mich verstanden?«

Ich nickte und versuchte, mein Hemd anzuziehen, aber meine Hände zitterten so erbärmlich, dass es mir zunächst nicht gelang. Ich musste doch so schnell wie möglich weiterarbeiten, sonst würde er mich womöglich noch einmal schlagen oder sich gar etwas Schlimmeres ausdenken. Am Ende des Tages hatte ich trotzdem nur einen kläglichen Haufen geschafft.

»Wenn du weiterhin so schlecht arbeitest, dann kannst du deinen Émile vergessen, dann bleibst du hier und lernst Parieren!«

Auf der Rückfahrt war das Kanu voll beladen mit den Jutebündeln meiner Geschwister. Damit mussten wir ins Trockengebiet fahren und dort die nassen Stöße auseinander teilen und bei einem Unterstand aufhängen. Sie waren sehr schwer, aber Senaé und ich mühten uns nach Kräften, sie auf den Schultern zu tragen.

Als wir endlich unsere Hütte erreichten, wollte ich mich nur noch auf den Bauch legen. Mein Rücken brannte wie Feuer. Als ich das Hemd auszog, schrie ich vor Entsetzen auf. Mein ganzer Körper war voller Blutegel.

»Sueli, warte, warte, bleib stehen! Ich helfe dir!«, rief Mutter. »Ganz ruhig!«

Ich drehte mich um und sah, dass am Rücken noch mehr Tiere hingen als auf meiner Brust und meinem Bauch. Es war unerträglich. Mutter träufelte Salz und Zitronensaft auf die Blutegel und pflückte sie ab. Das Salz brannte auf den Wunden, aber das war besser, als die Tiere zu spüren. Als mein Vovô nach Hause kam, lag ich schon in der Hängematte. Ich erzählte ihm kein Wort.

Besonders am Abend, wenn es dunkel wurde und die Sterne leuchteten, musste ich an Émile und Dona Iara denken. Um diese Zeit saßen wir immer gemeinsam am Tisch und aßen, Émile am Tischende, Dona Iara an der Seite, die der Küche am nächsten lag, und ich ihr gegenüber. Sie stand während des Essens ständig auf, um die Schüsseln aufzufüllen, Émile ein gekühltes Bier zu bringen oder Eiswürfel ins Wasser zu geben. Eine Doméstica wie sie sitze normalerweise nicht gemein-

75

sam mit dem Hausherrn am Tisch, hatte sie mir erklärt. Hausmädchen speisten gewöhnlich später allein in der Küche. Aber Émile bat sie immer zu Tisch. Sie hatte es gut bei ihm. »So einen findet man nicht wieder«, war einer der häufigsten Sätze, die ich von ihr hörte. Sie fehlte mir so sehr. Ich dachte auch an Soraia, an mein Zimmer, an den morgendlichen Schulweg und sogar an die Nonnen und ihre Geschichten über Sünde und Vergebung. Ständig ging mir eine Frage durch den Kopf: Wie lang sind zwei Monate? Jeden Abend strich ich einen Tag aus dem Kalender und schaute mir die verbliebenen Tage an. Es waren sehr viele. Ich betete, dass die Zeit schnell vergehen möge. Nachts schreckte ich manchmal schreiend hoch, und mein Vovô hatte Mühe, mich zu beruhigen. Ich hatte Alpträume, die alle damit endeten, dass Vater mich nicht zurück nach Manaus fahren ließ. Immer häufiger machte ich mich wieder nass, und wenn Großmutter eine Gelegenheit fand, dann drückte sie mir die feuchte Hängematte ins Gesicht. Großvater tat, was er konnte, um mir zu helfen und möglichst oft in meiner Nähe zu sein. Aber während der Erntezeit war er für den Fischfang zuständig, und ich durfte ihn nur selten begleiten. In der Juteplantage wurden alle Hände gebraucht. Einmal brachte Vovô einen seltsamen Fisch mit. Sein Kopf war sehr groß und sein Körper eher winzig. Als Mahlzeit schien er nicht geeignet. Vor meinen Augen öffnete er den Kopf und schnitt vorsichtig etwas heraus. Er rieb es zwischen seinen Fingern, spülte es ab und zeigte mir eine Perle, die gelblich schimmerte. Dann schnitt er dem Fisch die Zunge heraus und legte sie zum Trocknen in die Sonne.

»Die Perle wird dir helfen, kleine Sueca. Wir warten, bis der Mond ganz voll ist, dann rufen wir die guten Geister zu Hilfe. Es dauert nicht mehr lange, und wenn es sein soll, bleibt deine Hängematte anschließend für immer trocken.«

»Wann ist Vollmond?«

»Wir schauen später gemeinsam zum Himmel, dann zeige ich dir, wie oft du noch schlafen musst.«

Jeden Abend wurde die Sichel des Mondes ein wenig runder, und jeden Abend konnte ich in meinem Kalender einen Tag ausstreichen. Der Mond stand senkrecht über uns, und vom vielen Beobachten tat mein Nacken weh. Ich entdeckte auf seiner Oberfläche Linien und Schatten, die sich zu bewegen schienen. Ein leuchtender Kreis umrahmte die wachsende Scheibe. In der Schule hatte ich gelernt, dass Menschen auf dem Mond spazieren gegangen waren. Als ich von den Astronauten erzählte, wollte es keiner glauben.

»Das ist nicht wahr! Das kann überhaupt nicht wahr sein!«, rief Mutter. »Nur Gott kann auf dem Mond sein! Er allein ist dort oben im Himmel, verstehst du? Sag so etwas nie wieder!« Ich wusste nicht, was ich antworten sollte. Eine der Nonnen hatte uns von der Mondlandung erzählt, und Émile hatte mir Bilder gezeigt, auf denen zwei Astronauten in weißen Anzügen mit großen Helmen zu sehen waren.

»Aber Mama … Das haben die Nonnen gesagt. Sie haben doch immer Recht! Sie sprechen immer die Wahrheit!«

»Aber das ist eine Lüge! Ich will nichts mehr davon hören.«

Ich hielt lieber meinen Mund und wartete auf den Vollmond. Zur selben Zeit fuhr Vater mit dem Motorkanu in die Stadt, um unsere Jute zu verkaufen. Ich hoffte, dass er lange fortbliebe, und auch Luara und Senaé atmeten auf, als er mit Tonio hinter der Biegung des Flusses verschwunden war.

Kurz vor Sonnenuntergang tauchte eine Frau mit zwei Kindern auf. Sie bat meinen Vovô um Hilfe. Als die Vollmondnacht anbrach, kribbelte es in meinem Bauch. Was hatte er mit uns vor?

»Legt euch auf den Boden«, sagte Großvater zu uns dreien. Die Frau blieb in ihrem Kanu, und Großvater holte die Fischzunge und die Perle aus der Hütte. Meinen Geschwistern sagte er, sie sollten sich ruhig verhalten. Dann kniete er sich neben uns.

»Öffnet eure Augen, und schaut in den Mond«, sagte er und verfiel dann in ein Murmeln, Summen und Singen, bei dem sich unbekannte Laute und fremdartige Worte miteinander vermischten. Es war eine eigentümliche Zeremonie, und anstatt den Mond anzuschauen, blinzelte ich zu meinem Vovô hinüber. Er streckte sich, dann schlug er behutsam mit der Fischzunge auf meinen Bauch und rollte anschließend die Perle über dieselben Stellen. Mit den beiden anderen Kindern tat er ähnliche Dinge und trällerte dabei in hohen Tönen. Manchmal klang es wie ein Gebet, manchmal nach den Tieren des Dschungels. Mein Vovô schaute mit offenen Augen zum Himmel und dann zum Fluss. Er tauchte die Perle ins Wasser und strich damit abermals über unsere Bäuche. Einen kurzen Moment lang hatte ich das Gefühl, seinen Singsang zu verstehen. Er schien den Fluss darum zu bitten, unsere Leiden mit sich zu nehmen. Immer wieder sprach er meinen Namen aus. Ich hörte sein geflüstertes »Sueca, Sueca« und schloss die Augen. Am Ende der Behandlung bedankte die Frau sich bei ihm und lud ihre Kinder ins Kanu. Das Leuchten ihrer Kerosinlampe über dem Fluss war noch lange zu sehen.

Tatsächlich! Am nächsten Morgen war meine Hängematte trocken, und ich strahlte Großvater an. Es war ein Sonntag, und weil die Kirche unter Wasser stand und auch die Wiese ein einziger See geworden war, setzten wir uns ins Kanu und fuhren zu Tante Vera ins Trockengebiet. Dort gab es eine kleine Ansiedlung, die seit dem letzten Jahr sogar eine Schule hatte, in der Dona Iracema die Lehrerin war. Luara hatte mir erzählt, sie gehe mit Senaé, Nando und Tonio zum Unterricht, sooft Vater es ihr erlaube. Allerdings hatten sie weder Hefte noch Bücher, und bisher konnte Luara auch nicht viel mehr als ihren Namen schreiben und das Alphabet aufsagen. Während der Erntezeit war die Schule geschlossen, weil alle Kinder arbeiten mussten. Das Haus von Tante Vera lag in der Nähe einer Quelle, und wir genossen das klare und kühle Nass. Mutter seifte sich ein und übergoss sich mit vielen Kalebassen voll frischem Wasser. Wir spielten mit unseren Cousins und Cousinen und den Nachbarskindern. Eine der Hütten gehörte Dona Iracema. Als sie mich sah, erkundigte sie sich, ob mir mein neues Leben gefalle. Das hatte bisher noch niemand gefragt, und ich wusste nicht, was ich ihr antworten sollte. Schon an dem Morgen nach Minhos Geburt hatte sie sich um mich gekümmert. Sie lächelte mich an, und ich verstand nicht, warum sie sich für mich interessierte.

»Sueli, ich habe dich etwas gefragt. Geht es dir gut dort, wo du jetzt bist? Wie ist es bei dem weißhaarigen Gringo?«

»Gut!«, sagte ich und rannte den anderen Kindern hinterher, die mit einer Schweinsblase Fußball spielten.

Caboclo

Endlich waren alle Tage auf meinem Kalender ausgestrichen. Zwei Monate sind eine sehr lange Zeit! Schon am frühen Morgen packte ich meine Tasche. Dabei hatte ich einen furchtbaren Druck im Bauch. Ich freute mich riesig darauf, zurück nach Manaus zu fahren, und hatte gleichzeitig Angst, es könnte noch etwas dazwischenkommen. Wenn doch nur schon Abend wäre! Wenn ich doch endlich an Bord gehen könnte! Wird mein Vovô mir helfen, wenn Vater mich nicht gehen lässt? Ich blieb immer in seiner Nähe. Eigentlich konnte jetzt nichts Schlimmes mehr geschehen. Als das Schiff in der Ferne erschien und Tonio mit einem Tuch winkte, wäre ich vor Freude am liebsten in die Luft gesprungen. Großvater sah traurig aus. Zum Abschied strich er mir übers Haar. Das war ein schönes Gefühl, und noch Stunden später glaubte ich, seine Hand zu spüren.

79

Als ich Émile am Hafen entdeckte, schrie ich laut seinen Namen und wedelte mit meinen Armen. Sobald das Schiff angelegt hatte, kämpfte er gegen den Menschenstrom an und kam mir entgegen. Er hob mich hoch und drückte mich fest an sich. Ich lachte und spürte, wie mir die Tränen übers Gesicht liefen. Ich brauchte ihm nichts zu erklären.

»Du bist leicht wie eine Feder, meine kleine Sueli. Schön, dass du wieder da bist.«

»Ich will nie wieder Ferien haben.«

»Wie kannst du so was sagen? Kein Kind wünscht sich das. Warte ab – wenn die Nonnen dich wieder mit ihren Aufgaben ärgern, wirst du dich danach sehnen.«

Dona Iara stellte mich unter die Dusche und schrubbte mich ab. Dabei zählte sie meine Rippen und schüttelte den Kopf. Sie wusch mir das Haar und reichte mir ein gebügeltes Kleid. Im Spiegel bemerkte ich die dunklen Schatten unter meinen Augen, die sie so besorgt betrachtet hatte. Sie glaubte, ich hätte Malaria oder eine andere schlimme Krankheit, aber als ich wieder sauber war und sie sah, mit welchem Appetit ich mich auf das Essen stürzte, schien sie beruhigt. Émile saß an meiner Seite und schaute mich ununterbrochen an. Er kniff mir zart in die Wange und tippte mir auf die Nase.

»Meine Kleine. Willkommen zu Hause!«

»Darf ich in den nächsten Ferien in Manaus bleiben?«

»Wie kommst du denn darauf? Und was ist mit deinem Vovô?«

»Er kann hierher kommen. Er soll mich besuchen. Er kann in meinem Bett schlafen.«

»Du weißt, was wir deinem Vater versprochen haben. Sonst hätte er dich nicht gehen lassen. In den Ferien musst zu nach Parana do Paratari und bei der Ernte helfen. Und dein Vovô hat sich auch gewünscht, dass du ihn so oft wie möglich besuchst.«

»Aber ich mag nicht mehr.«

»Sueli, es wird wohl nicht anders gehen. Außerdem werde ich dann selbst auch verreisen. Ich mache weit weg von hier Urlaub, weil ich das Amazonasklima nicht so gut vertrage. Später, wenn du groß bist, kannst du selbst entscheiden, wo du sein möchtest. Jetzt geht das leider noch nicht.«

»Wann bin ich groß?«

»Das geht schneller, als du denkst. War es denn so schlimm?«

Ich nickte und dachte an die vielen Jutezweige, die dicken Schwielen auf meinen Daumen und die Schläge meines Vaters. Die Erinnerung an die Schmerzen ließ mich erschaudern. Als könne er meine Gedanken lesen, nahm Émile meine Hand und streichelte sie.

»Aber trotzdem dauert es einige Jahre, bis aus einem kleinen und klugen Mädchen eine junge Dame wird.«

Viele Mädchen hatten ihre Ferien am Meer verbracht. Sie erzählten von den Sommerhäusern ihrer Eltern, von meterhohen Wellen, in die sie sich gestürzt hatten, und von den weißen Stränden, die nur einen Steinwurf entfernt lagen. Silvester hatten sie Tänzer in bunten Kostümen gesehen und Dinge gegessen, von denen ich noch nie etwas gehört hatte. Wenn sie auch nur geahnt hätten, wo ich meine Zeit verbracht hatte, dann hätten sie mich sicher verachtet. Fast alle redeten schlecht über die Indianer. Sie seien nicht viel besser als wilde Tiere, hätten keine Kultur und keine Religion, hieß es. Oft erzählten uns die Nonnen, ihre Glaubensschwestern brächen in den Dschungel auf, um fernen Indianerstämmen das Wort Gottes zu bringen. Von Émile wusste ich allerdings, dass der Besuch der Missionare und Nonnen über manche Stämme unheilbare Krankheiten brachte, an denen sie zugrunde gingen, und dass sie somit oft mehr Schaden anrichteten, als Gutes zu tun. Mein Vovô war früher sicher auch ein richtiger Indianer gewesen. Woher sonst kannte er diese fremde Sprache? Und er verstand sich auf Heilmethoden, die niemand außer ihm beherrschte. Als ich einmal sehr traurig war, weil Vater mich verprügelt hatte, erzählte er mir die Geschichte eines Indianerjungen, der seiner Familie gestohlen worden war. Der Junge hatte seinen Vater und ein paar andere Männer auf die Jagd begleitet, als sie von Fremden angegriffen wurden. Die Eindringlinge hatten Gewehre und erschossen alle, die nicht fliehen konnten. Den Jungen nahmen sie mit und lieferten ihn auf einer Kautschukplantage ab. Damals war er noch klein, kleiner als ich, und er musste sehr hart arbeiten. Seine Familie hat er nie wiedergesehen. Aber er hat nie vergessen, was sein Stamm ihn gelehrt hatte. Er blieb immer ein Indianer, auch wenn er nie wieder in einem Indianerdorf lebte. Als ich wissen wollte, ob die Plantage irgendwo in der Nähe sei, sagte meine Vovô nur, dass es solche Orte und solche Geschichten in ganz Amazonien gebe. »An seinen Ufern hat unser Fluss schon großes Leid gesehen und sieht es immer noch. Sehr viel Indianerblut ist hineingeflossen.« Dabei schaute er mich traurig an, und ich verstand, dass auch unsere Herkunft etwas war, auf das man stolz sein konnte. Mein Vovô wusste alles über Kräuter, Blätter, Blüten und Gifte. Er kannte alle Geheimnisse des Dschungels und des Flusses und wusste, welche Teile von Fischen, Echsen und Schlangen hilfreich für den Menschen waren. Er konnte die guten Geister rufen. Und er war einer der wenigen, die mit Pfeil und Bogen jagten. Manchmal benutzte er sogar Giftpfeile, die das Opfer lähmten. All das hatte er als kleiner Junge gelernt, und er gab sein Wissen an mich weiter. Er war traurig darüber, dass er mir das Schwimmen nicht beibringen konnte, aber nie hat er danach gefragt, warum mein Körper sofort steif wurde, wenn meine Füße keinen Boden mehr berührten. Auch dagegen versuchte er mit Kräutern anzukämpfen. Ich hatte ihm nicht erzählt, dass Großmutter mich einmal absichtlich vom Steg geschubst hatte. Damals hatte Nando mich an den Haaren herausgezogen, während Großmutter

82

unbeteiligt zugesehen hatte, wie ich um mein Leben strampelte. Und er ahnte auch nicht, dass Senaé und ich beinah gemeinsam am Seil ertrunken wären. »Alle Kinder am Fluss müssen so früh wie möglich schwimmen lernen«, sagte er immer wieder. »Unser Leben ist das Wasser. Das Wasser ist unser Leben. Davor dürfen wir keine Angst haben.« Sosehr ich mich auch bemühte und sooft ich es auch versuchte, ich schaffte es nicht, mich vom Wasser tragen zu lassen. Großvaters Name war Taori. Es gibt einen Fluss gleichen Namens, der in den Bergen entspringt und sich mit dem Amazonas vereint. Seit ich bei Émile lebte, wusste ich, wie Berge aussehen. In seinem Wohnzimmer hing ein prachtvolles Bild, auf dem die Alpen zu sehen waren. Aber ich konnte mir nicht vorstellen, dass der Amazonas seinen Ursprung in einer solchen Landschaft hatte. An unserem Fluss gab es nicht einmal einen Hügel, und ich kannte die ganze Strecke von Manaus bis zur Hütte meiner Eltern. Dort, wo Berge sind, gebe es Eis, hatte Émile mir erzählt, und das gab es bei uns nur im Kühlschrank.

Vovôs erstes kaltes Bier kam aus Émiles Kühlkiste. Etwas derart Kaltes hatte er niemals zuvor getrunken. Fasziniert hatte er damals das Bier in den Händen gehalten, aber schon nach kurzer Zeit war die Kälte davongeflogen, geschluckt von der Hitze des Tages.

Erst in der Schule lernte ich, dass Menschen wie wir Caboclos genannt wurden. Alle, die am Fluss lebten, aber keinem Indianerstamm angehörten, hießen Caboclos. In ihren Adern fließe Mischlingsblut, und sie seien ebenso primitiv wie die Eingeborenen. Als ich das hörte, wurde mir ganz heiß. Ich traute mich nicht, etwas zu sagen. Sicher hatten alle an meinem Gesichtsausdruck erkannt, dass auch ich eine von denen war. Eine Caboclo: eine Mischung aus Indianern, Portugiesen, Afrikanern, Kariben und allen anderen, die auf dem Amazonas ihr Schicksal herausgefordert hatten.

Auch wenn die anderen nicht viel von den Indianern und Caboclos hielten, spürte ich tief in meinem Innern, dass ich nichts anderes sein wollte als das, was ich war: ein Mädchen aus dem Dschungel, das Indianerblut in seinen Adern hatte. Nur mochte ich das niemandem sagen. Allmählich wurde diese Wahrheit zu einem schönen Geheimnis, das mich mit meinem Vovô verband.

TRÄNEN UND TROST

Manacapuru

»Jetzt bist du kein kleines Mädchen mehr«, sagte Dona Iara, als sie das blutige Laken sah. Ich stand sprachlos neben ihr. »Tut dir was weh?«

»Nein, eigentlich nicht … aber es ist ein seltsames Gefühl. Ist das auch wirklich normal? Ich meine … kann da nicht zu viel rauskommen? Es ist richtiges Blut, oder?«

»Keine Angst, Sueli. Das haben alle Frauen.«

»Ich bin die Erste in meiner Klasse. Die anderen tun nur so, als ob sie schon bluten.«

»Du weißt Bescheid? Ihr habt darüber geredet?«

»Meine Schwester hat mir alles erzählt, und Soraia hat auch schon viel von diesen Dingen gehört. Manche Mädchen in der Schule können es kaum erwarten.«

»So sind junge Mädchen.«

»Ich will das nicht. Ich will nicht bluten. Es ist schrecklich.«

»Aber Sueli, warum weinst du denn?«

Ich lief ins Bad, setzte mich auf die Toilette und starrte auf die glänzende Meerjungfrau, die an der Wand hing und als Handtuchhalter diente. Sie hatte ihre Hände in die Hüften gestemmt und schlug mit der Flosse. Ihre Brüste waren klein und zeigten spitz nach oben. Das Haar fiel in Wellen über die Schulter. Wie oft hatte ich Émile gefragt, ob es diese Frau wirklich gebe? Und wie oft hatte er gesagt: »Aber ja, sie lebt im Meer. Manchmal kommt sie an Land, sucht sich einen

Mann aus und verzaubert ihn. Er folgt ihr in die Fluten, er kann nicht anders. Gemeinsam mit ihr verschwindet er im Meer und kehrt nie wieder zurück. Dort, wo die Meerjungfrau lebt, tief unter der Oberfläche, gibt es verborgene Städte aus Gold und Silber. Sie hat ein wunderschönes Zuhause. Manchmal ist sie aber auch traurig, weil sie nicht an Land leben kann.«

In meiner Fantasie lag dieses besondere Meer im fernen Europa. Irgendwo dort, wo Émile den Sommer verbrachte. Jedes Mal, wenn wir am Anleger standen und uns Au revoir sagten, hatte ich Angst, dass er nicht nach Amazonien zurückkäme, doch bei jedem Ferienende stand er zum verabredeten Zeitpunkt am Hafen von Manaus und holte mich ab. Und jedes Mal erwartete mich zu Hause ein Geschenk. Von allen schönen Dingen, die er mir von seinen Reisen mitgebracht hatte, gefiel mir der Eiffelturm am besten. Er steckte in einer Halbkugel, die man schütteln musste, damit es auf den Turm schneite. Ich war vernarrt in die weißen Flöckchen, die langsam und wie von Zauberhand herunterrieselten. Émile hatte die Schneekugel in Paris gekauft, und ich gab ihr den schönsten Platz in meinem Zimmer, direkt neben meinem Bett. Ein Foto vom Eiffelturm hing auch im Treppenhaus. Anfangs hatte ich Émile nicht glauben wollen, dass es eine richtige Fotografie war und dass dieser Turm tatsächlich existierte. Aber es war genau wie mit der Mondlandung: Man hält es für erfunden, bis man im Fernsehen sieht, dass es wahr ist. Lief ein europäischer Film im Fernsehen, saß ich mit Émile auf dem Sofa, und er beantwortete mir all die Fragen, die mir zu diesem Zauberland in den Sinn kamen. Er nannte mich schon lange nicht mehr kleine Sueli, sondern seine Große. Bald würde er nicht mehr arbeiten müssen, hatte er vor kurzem gesagt. Das gefiel mir nicht, weil ich mir ausmalte, dass er nach Europa zurückkehren würde, sobald er pensioniert war. Von dort schwärmte er mir doch immer vor. Dort könne man richtig durchatmen, sagte er. Die Luft sei frischer und die

Wärme angenehmer. In meinen Träumen irrte ich durch fremde Länder, um ihn zu suchen. Wenn ich doch nur schon größer wäre, dann bräuchte ich keine Angst mehr zu haben.

Dona Iara brachte mir frische Wäsche und eine Binde. Es war ein sonderbares Gefühl mit dem watteartigen Stoff zwischen den Beinen, und ich versuchte, so normal wie möglich zu gehen. In der Schule erzählte ich Soraia davon. Sie klatschte in die Hände und lachte. Leider hatte sie nichts Besseres zu tun, als es sofort den anderen Mädchen zu erzählen. Das war ein Fehler, denn in der großen Pause umringte mich die halbe Klasse und wollte einen Beweis sehen. Sie schoben mich in die Toilette und wollten, dass ich ihnen nicht nur meine Binde zeigte, sondern ich sollte mit einem Stück Toilettenpapier an meiner Scheide reiben und das frische Blut zeigen. Sie umringten mich und wollten Beweise sehen. Ich presste meine Beine zusammen und schämte mich furchtbar.

Wie immer hatte ich Süßigkeiten für meine Geschwister in der Tasche. Ich zog mein rotes Kleid und die weißen Sandalen an, band mir eine Schleife ins Haar und nahm den Bus zum Fähranleger. Der Kartenkontrolleur kannte mich gut, denn seit zwei Jahren überquerte ich regelmäßig den Rio Negro. Auf dem Fluss wehte eine frische Brise, und ich atmete tief durch. Nach einer halben Stunde erreichten wir das andere Ufer, wo bereits der Bus nach Manacapuru wartete. Ich grüßte den Fahrer.

»Na, Kleines! Fährst du wieder zu deiner Mama?«

»Und zu meinen Schwestern!«

»Ich weiß. Im vorigen Bus war dein großer Bruder. Will wohl auch das Wochenende dort verbringen.«

Ich nickte und suchte mir einen Platz. Wie gut, dass sie nach Manacapuru gezogen sind, dachte ich. In zwei Stunden bin ich schon bei ihnen. Dann kann ich mit Luara und Senaé spielen und den ganzen Tag mit ihnen verbringen. Was sie wohl sagen werden, wenn ich von dem Blut erzähle?

Es war Mutters Wunsch gewesen, nach Manacapuru zu ziehen. Nachdem sie häufiger mit dem Motorkanu in der kleinen Stadt gewesen war, hatte sie von einem Leben außerhalb des Dschungels geträumt. Dort war alles leichter. Bei der Umsetzung ihres Vorhabens hatte Émile ihr geholfen. Er hatte das einfache Holzhaus mit dem schmalen Grundstück gekauft und auf den Namen meiner Mutter eintragen lassen. Es mache ihm Freude, und leisten könne er es sich auch, sagte er, und ich war glücklich, dass jetzt auch meine Familie von seiner Großherzigkeit profitierte. Das Haus bestand nur aus zwei kleinen Zimmern, aber die meiste Zeit verbrachte man ohnehin auf dem Hof und im Garten. In Manacapuru konnten meine Geschwister eine richtige Schule besuchen. Bei Dona Iracema hatten sie kaum etwas gelernt. Mutter gefiel das neue Leben auf Anhieb. Direkt hinterm Haus hatten sie einen Brunnen gebohrt und eine Pumpe installiert. So gab es immer frisches Wasser. Es war klar und schmeckte gut. Eine Waschstelle im Hof ersparte ihr eine Menge Arbeit, und meistens funktionierte auch die Stromversorgung. Neuerdings gab es sogar einen Fernsehapparat im Ort. Der Besitzer war großzügig und stellte das Gerät abends vor die Tür, damit die halbe Stadt zuschauen konnte. Nun sahen sie mit eigenen Augen, was ich ihnen so oft erzählt hatte. Es gab auch drei Volkswagen, die, wann immer sie auf der einzigen asphaltierten Straße auftauchten, eine Schar Bewunderer vor die Häuser lockten. Nur auf den Sandwegen nahm man lieber Reißaus vor dem roten Staub, den sie aufwirbelten. In der Regenzeit sah man sie selten, weil der Schlamm so tief war, dass sie darin versanken. Manacapuru liegt am Solimões und hatte damals einen kleinen Hafen, eine Kirche, ein Postamt, eine Jutefabrik, eine Markthalle und eine Reihe kleiner Läden und Bars. Das Beste an dem neuen Zuhause war jedoch, dass Vater weiterhin im Dschungel lebte. Er tauchte nur hin und wieder in der Stadt auf, um seinen Geschäften nachzugehen. Nur zur Erntezeit mussten wir nach Parana do Paratari und seine Nähe ertragen. Für andere Arbeiten konnte er es sich mittlerweile leisten, Helfer einzustellen. Seine Geschäftstüchtigkeit garantierte der Familie ein gewisses Auskommen. Seitdem er ein großes Boot gebaut und mit einem starken Yamaha-Motor ausgerüstet hatte, brachte er seine Waren ohne Zwischenhändler nach Manacapuru. Hier zahlte man ihm einen guten Preis für Jute und Farinha. Inzwischen baute er sogar Tabak, Mais, Melonen, Kürbis und Paprika an.

An der Abzweigung nach Iranduba blieb der Bus eine Weile stehen, und ich schaute aus dem Fenster. Hier hatten die Menschen das Gesicht des Dschungels schon sehr verändert. Plantagen und Viehweiden säumten den Wegesrand. An vielen Orten stieg der Rauch der Holzkohlefabriken in den Himmel. Die gewonnene Kohle wurde nach Manaus verkauft. In der Nähe gab es auch eine Ziegelei, vor der sich gefällte Urwaldriesen stapelten. Eine kurze Zeit später passierten wir ein Ausflugslokal. Am Wochenende kamen die Großstädter hierher, aßen gegrillten Tambaqui und schwammen im See. Die Straße endete in Manacapuru, am Rande des Dschungels. Von hier aus ging es nur per Boot weiter.

Zu meinem großen Kummer war auch mein Vovô im Dschungel geblieben, sodass ich ihn noch seltener traf als zuvor. Aber manchmal kam auch er in die Stadt und erfreute uns mit seinen Geschichten und seinem Lachen.

In Manacapuru hatten meine Schwestern neue Freunde gefunden, mit denen auch ich gern spielte. Sie waren anders als die Kinder in Manaus, und ich brauchte niemandem Lügengeschichten zu erzählen. Zweimal hatte Soraia mich übers Wochenende begleitet. Ihr gefiel es bei uns. Nicht weit von unserem Haus entfernt begann ein Sumpfgebiet, in dem es von Krokodilen wimmelte. Die Straße bog dort scharf ab und endete nach wenigen Metern im Dickicht. In der Regenzeit reichte der Solimões bis an diese Stelle. Es war eine besondere Mutprobe, sich dorthin zu trauen und nach Krokodilen Ausschau zu halten.

In der Zwischenzeit hatten wir noch eine Schwester bekommen. Tainá war ein zartes und aufgewecktes Mädchen, das ununterbrochen redete – das Gegenteil von Francisca, die sehr still und verschlossen war. Stundenlang spielten wir mit den Nachbarskindern in unserem Garten. Dort gab es zahlreiche Bäume mit Avocados, Guaven, Kakao und Kaju. In ihrem Schatten verbrachten wir die Zeit mit unserem Lieblingsspiel. Es hieß »Familie«, und jeder übernahm eine Rolle. Obwohl Minho der kleinste Junge war, wollte er immer der große Tonio sein. Minho liebte diese Rolle, weil er dann Francisca und Tainá schlagen konnte. Wenn aber Tonio die Familie in Manacapuru besuchte – was selten vorkam, meistens war er bei Vater – und mitspielen wollte, dann ging uns das gegen den Strich. Er war viel zu groß zum Spielen und wollte nur die Rolle des Ehemanns übernehmen, der mit seiner Ehefrau hinter einem Baum verschwand. Dabei zog er uns Mädchen die Hemden hoch und fasste in unsere Höschen. Das habe er bei unserem Vater gesehen, sagte er. So mache man das im Dschungel!

José war ein Nachbarjunge in meinem Alter, der am Ende der Straße wohnte. Er wollte immer die Großmutter oder die Mutter spielen und drängte mich so lange, bis ich ihm eines meiner schönen Kleider gab. José war eine sehr liebe Großmutter, die für uns Kokoskekse backte, Hängematten bestickte und den Mädchen die Haare frisierte. Er probierte alles aus, was er im Fernsehapparat gesehen hatte. José hatte gut aufgepasst und kannte sich sogar mit den Frisuren berühmter Schauspielerinnen aus. Fast jeden Abend stand er auf der Straße, um einen Blick auf den wundersamen Fernseher zu erhaschen. Ich spielte am liebsten den Vovô. Dann mixte ich Kräuterpasten, mit denen ich Kranke versorgte und sie schnell wieder gesund machte. Luara spielte manchmal den Vater und Senaé die Mutter. Wenn Luara anfing, die Kinder zu schlagen, dann stürzten Senaé und ich uns auf sie und prügelten sie nieder. Sie hatte als Vater keine Chance, denn meistens fesselten wir sie und banden ihr den Mund zu. In der Rolle des Großvaters braute ich einen Zaubertrunk, der den Vater wochenlang in Tiefschlaf versetzte. Nachdem er aufwachen durfte, musste er ganz lieb sein und uns Kaugummis kaufen. Luara hasste diesen Teil des Spiels, und so übernahm manchmal ein Nachbarsjunge die Rolle des Vaters. Francisca hingegen wollte immer »das Mädchen aus der Stadt« sein. Für diese Rolle erwachte sie aus ihrer Schweigsamkeit. Sie zog meine Schuhe und die weißen Söckchen an, die ihr viel zu groß waren. »Das Mädchen aus der Stadt« schenkte allen Süßigkeiten und erklärte ihnen, dass man keinen Müll in den Fluss werfen dürfe, nicht mit den Fingern esse und sich nach dem Essen den Mund abwische. Sie zeigte uns, wie man eine große Straße überquert, ohne von Autos und Bussen überrollt zu werden.

»Da wären wir, kleines Fräulein!«, sagte der Busfahrer, und ich schreckte aus meinen Träumen hoch. Ich nahm meine Tasche und ging die staubige Hauptstraße hinunter. Hoffentlich, dachte ich, kommt Vater dieses Wochenende nicht zu Besuch.

Reisepläne

Im Mai nahm der Regen kein Ende. Durch mein Fenster blickte ich auf die silbrig schimmernden Bänder, die auf das flache Garagendach trommelten und die Straße unter Wasser setzten. Ich lauschte dem Geräusch der Autoreifen auf nassem Asphalt. Ein Bus fuhr vorbei und spritzte einen Schwall Regenwasser bis an das Gartentor.

Als Émile nach Hause kam, setzte er sich neben mich auf das große Sofa im Wohnzimmer. »An diesen Regen werde ich mich nie gewöhnen«, sagte er. »Wenn die Luft in der Trockenzeit heiß und klebrig ist, erwartet man ihn sehnsüchtig. Stürzt endlich das Wasser herunter, hat man für einen Moment Erleichterung. Und dann? Nichts als heiße, feuchte Luft! Wie in einer Waschküche. In meiner Heimat ist der Mai der schönste Monat. Alles steht in Blüte, die Sonne wärmt, ohne zu brennen. Der Regen ist weich und frisch.« Er schloss die Augen und schien die ferne Welt vor sich zu sehen. »Im Juli fliege ich wieder hin. Dann hast du auch Ferien. Ich würde dich gern mitnehmen. Möchtest du mit mir kommen?«

Meinte er das ernst? Mich mitnehmen nach Europa? Mit dem Flugzeug? Über den Ozean?

»Darf ich wirklich?«

»Wenn du willst. Ich würde dir das alles sehr gern zeigen. Es wird dir gefallen. Dort fahren wir dann mit dem Zug. Du wolltest doch schon immer eine Eisenbahn sehen. Und die Berge.«

»Ich will nichts lieber als das, Émile.«

»Dann müssen wir einen Pass für dich beantragen.«

Aber damit fingen die Probleme auch schon an. Einen Pass bekam ich nur mit der Unterschrift meiner Eltern. Émile fuhr mit mir nach Manacapuru, wo wir ein ganzes Wochenende vergeblich auf meinen Vater warteten. Mutter versprach uns, ihm auszurichten, was wir vorhatten, und mit ihm gemeinsam nach Manaus zu kommen. Zwei Wochen später erfuhren wir, dass er mir niemals seine Einwilligung geben würde, ins Ausland zu reisen. Wir wussten, dass es nichts gab, was ihn umstimmen konnte.

Ich versuchte, nicht daran zu denken, wie schön so eine Tour mit Émile gewesen wäre. Er hatte mir so viel erzählt, und die europäischen Filme hatten mich noch neugieriger gemacht. Ich hätte alles dafür gegeben, diese Wunderwelt mit eigenen Augen zu sehen.

Stattdessen half ich Dona Iara immer häufiger im Haushalt. Wenn sie nach Cachaça roch, dann wusste ich, dass sie die Arbeit nicht allein bewältigen konnte. Trank sie so viel, dass sie nicht mehr in der Lage war, das Abendessen zu kochen, dann übernahm ich diese Aufgabe. Inzwischen konnte ich sogar die komplizierten europäischen Gerichte zubereiten. Émile aß Dinge, die man in Brasilien nicht kannte. Aus Europa hatte er einmal Hasenleberpastete mitgebracht. Als er mir erklärte, was genau das sei, wurde mir ein wenig übel. Aber später schmeckte sie mir. Es waren nur wenige kleine Gläser, und Émile genoss den Pâté mit dem italienischen Brot von Marco.

Vieles war so ungewöhnlich, dass Dona Iara sich weigerte, es zu kochen. Er liebte Rinderzunge und versuchte gar nicht erst, Dona Iara zu zeigen, wie man die feste Hautschicht löste, die Zunge in Streifen schnitt, garte und mit einer hellen, scharfen Soße servierte. Solche Spezialitäten wurden aufgetischt, wenn ausländische Gäste zu Besuch kamen. Manchmal war unter ihnen ein Japaner, mit dem alle englisch sprachen, weil niemand sein Portugiesisch verstand. Mit seinen kleinen Augen und der weißen Haut sah er irgendwie lustig aus. Er nickte eifrig, wenn ich ihm etwas erzählte. Tashiko brachte mir jedes Mal ein Geschenk mit. Aber am häufigsten besuchte uns Claude. Er war Franzose und ein Kollege von Émile. Claude schien Brasilien nicht zu mögen. Unentwegt schimpfte er über die Hitze und darüber, dass die Brasilianer nur drei Dinge im Kopf hätten: Bier, Frauen und Hängematten. Meine Landsleute seien faul und allesamt Analphabeten, sagte er. Seine Ausführungen endeten meistens mit der Feststellung, dass in Frankreich alles besser sei. Er konnte sich so heftig in Rage reden, dass sein dichter Schnurrbart auf und ab hüpfte und sein Hemd schweißnass an seinem runden Bauch klebte. Wenn Émile mit Claude allein war, redeten sie französisch miteinander, und ich verstand kein Wort. Claude war mit einer Brasilianerin verheiratet, die eine Tochter in meinem Alter hatte. Als Émile wieder einmal für mehrere Tage nach São Paulo zur Zentrale seiner Firma reisen musste, ließ er mich bei Claude zurück. Émile wusste, dass ich viel lieber mit Dona Iara bei uns zu Hause blieb, aber er meinte, es sei gut für mich, wenn ich Claudes Familie näher kennen lernte.

Zu allem Überfluss tauchte nun Tonio regelmäßig bei uns auf. Er absolvierte seinen Militärdienst in Manaus und klingelte meistens am Wochenende an unserem Tor. Ich hasste es, wenn er sich auf dem Sofa ausstreckte und so tat, als hätte er das Recht dazu. Von mir verlangte er, dass ich ihm gekühltes Bier reichte, bis er zu lallen begann. Wenn Émile nicht zu Hause war, nutzte er die Gelegenheit, um mir Angst zu machen. »Émile ist einer von diesen europäischen Kerlen, die sich Brasilianerinnen holen. Zum Ficken! Du verstehst? Er hat dich nur mitgenommen, damit er dich irgendwann ficken kann. Was glaubst du, warum er mit dir nach Europa wollte? Du bist bald reif. Kriegst doch schon Titten. Der hätte dich nie wieder hierher zurückgelassen. Gut, dass unser Vater seine Unterschrift verweigert hat. Vielleicht hättest du da in einem Puff arbeiten müssen. Sei froh, dass unser Vater so schlau war und es verhindert hat. Jeden Tag steht so etwas in der Zeitung. Die Europäer sind ganz wild auf unsere Frauen.«

Ich verstand nicht, wovon er sprach. Ich wollte nur, dass er endlich verschwand. Dona Iara machte sich in der Küche zu schaffen und lauschte. Ich war froh, dass sie in der Nähe war. Tonio wurde mir immer unheimlicher. Alles an ihm erinnerte mich an Vater.

Flammenmeer

Nachdem wir die Maniokknollen aus der Erde gezogen hatten, mussten wir sie zum so genannten Feuerplatz transportieren. Das war eine anstrengende Plackerei, und unsere Rücken schmerzten. Wir schütteten die Säcke aus und türmten einen

Haufen auf. Er wurde so hoch, dass ich nicht hinüberschauen konnte. Jeder suchte sich einen Platz am Boden und begann mit dem Schälen. Ich saß neben Vovô und Senaé. Mit Macheten und Messern schnitten und schabten wir die braune Schale ab. Manche Knollen hatten lustige Formen, und wir erfanden Geschichten von Waldgeistern, die sich in Maniok verwandelt hatten. Vovô gab ihnen Namen. Manche sahen angeblich aus wie ein Penis. Mutter, eine Nachbarsfrau und Luara kicherten und hielten abwechselnd ein ungewöhnlich gerade gewachsenes Exemplar in die Höhe. Eine andere, stark verkrümmte Knolle sollte ein Pärchen beim Liebemachen darstellen. Ein Junge zwinkerte Luara zu und machte dabei merkwürdige Bewegungen mit der geschälten Maniokknolle. Stunde um Stunde schälten wir, und trotzdem schrumpfte der Haufen nur sehr langsam.

Nach dem Schälen folgte das Reiben. Das war eine mühsame Prozedur, bei der man sich leicht verletzen konnte. Später wurde die geriebene Masse gepresst. Ich hatte Angst vor der Maniokpresse. Nur Großmutter beherrschte das komplizierte Flechtwerk aus unzähligen Palmenfasern, das zur Herstellung einer Presse nötig war. Aber auch sie war dankbar, wenn Vater einen der mannshohen Tipití kaufte, die die Händler von tief im Dschungel lebenden Indianerstämmen anfertigen ließen. Ihre Maniokpressen waren die besten. Zum Einfüllen der Maniokmasse stauchte man den geflochtenen Schlauch zusammen. An einem Ende klaffte dann eine Öffnung, die so groß war, dass ein Kind bequem hineingepasst hätte. Dann wurde die Presse aufgespannt. An einer Seite wurde eine Seilwinde befestigt. Ein starker Mann drehte die Kurbel, und der geflochtene Schlauch wurde länger und schmaler. Schon tropfte der Saft in eine Blechwanne. In meinen schlimmsten Träumen war ich im Tipití gefangen und hörte das Knarren der Seile in der Winde. In manchen Nächten wandelte sich die Presse zu einer Anakonda, aus deren Leib ich nicht entkommen konnte. Erst das Aufwachen brachte Rettung, und ich stürzte mich entweder in Vovôs Arme oder rannte in Émiles Schlafzimmer.

Beim Pressen trat ein übel riechender Saft heraus, der zu Alkohol vergoren und unter den Männern aufgeteilt wurde. Die gepresste Masse musste gesiebt werden. Dafür gab es Siebe in verschiedenen Größen. Mutter hatte sie selbst geflochten und die Löcher unterschiedlich groß gearbeitet. So ließ sich feines bis grobes Maniokmehl aussieben. Vovô kümmerte sich um das Feuer. Er warf große Holzscheite hinein, die furchtbar qualmten. Alles wurde in Rauch gehüllt, der sich unterm Dach verfing und in unseren Augen brannte. Großvater lief der Schweiß in Strömen. Seine kurze Hose war nass und klebte am Hintern.

Die Pfanne zum Rösten des Mehls war so groß, »dass man drei Mädchen gleichzeitig darin braten kann«, wie Vater manchmal sagte.

Am Amazonas essen die Menschen zu jeder Mahlzeit Farinha. Meine Lieblingssorte war kräftig geröstet und grob. Man konnte sie zwischen den Zähnen spüren. Ich streute sie mir über Reis, Bohnen und Fischsuppe. Maniok wächst auf gerodeten Anbauflächen. Das Land meiner Familie war groß genug, um dem Urwald regelmäßig eine neues Stückchen abzutrotzen und Pflanzungen anzulegen. Meistens ernteten wir so viel Maniok, dass ein Teil der Ernte verkauft werden konnte. Von den Einnahmen kaufte Vater Saatgut und manchmal sogar ein Kalb.

Es war ein windstiller Tag. Vovô schaute in den wolkenlosen Himmel und schien in dem ebenmäßigen Blau etwas ablesen zu können, was allen anderen verborgen blieb. »Es ist so weit. Das richtige Wetter. Später wird es regnen«, sagte er, und wir staunten. Wir wussten, was er meinte, aber niemand außer ihm konnte die Zeichen deuten. Das ausgewählte Landstück war zur Brandrodung vorbereitet. Schon vor Tagen hatten die Männer einen großen Baum gefällt, eine harte und gefährliche Arbeit. Einen ganzen Tag lang hatten sie gesägt und geschlagen, um den Riesen zu Fall zu bringen. Zwei starke Männer aus der Nachbarschaft und meine großen Brüder mussten all ihre Kraft aufwenden, um ihn zu zerteilen, in Stücke zu sägen und das schwere Holz zur Weide zu tragen. Gut geratene Bohlen eigneten sich für die Böden der Hütten und Hausboote, andere für den Bootsbau, und wieder andere waren nur tauglich zur Holzkohlegewinnung. Kleine Bäume und Büsche hatten sie mit der Machete geschlagen und an Ort und Stelle liegen gelassen. Inzwischen waren sie getrocknet. Mutter, Luara, Senaé und ich türmten das Astwerk in der Mitte der Rodungsfläche auf, während Vovô, Nando und Tonio in einiger Entfernung eine Rinne aushoben. An zwei gegenüberliegenden Stellen werden Feuer entzündet, damit es sich zu einem Flammenmeer vereint. Als alles vorbereitet war, kontrollierte Vovô die Arbeiten. Er schickte uns in sichere Entfernung. Die kreisförmige Rinne war für das Kerosin bestimmt, und im letzten Jahr hatte ich beobachtet, dass Vovô an einer Stelle eine Lücke gelassen hatte, um aus dem Inneren hinauszulaufen.

Von weitem sah ich, wie er zum Himmel schaute. Dann öffnete er den Kanister und vergoss den Brennstoff. Der beißende Geruch drang bis zu uns herüber. Zunächst zündete er den Haufen trockenen Gestrüpps an und dann den Kerosinring. Im Nu loderten die Flammen, und der Qualm verschluckte meinen Vovô. Ich fragte mich gerade, wo er wohl die Lücke zum Hinauslaufen gelassen hatte, als wir seine Schreie hörten. Wo war er? Wir rannten zum Feuer, aber die Hitze schlug uns entgegen. »Vovô, Vovô!«, schrien wir. »Wo bist du?«

Taumelnd und mit von Ruß geschwärztem Körper tauchte er plötzlich aus dem dichten Qualm auf. Ich hörte Senaés Schrei ganz nah an meinem Ohr. Vovô schleppte sich noch ein paar Schritte vom Feuerring fort, dann brach er zusammen.

Mein Herz pochte wild, und eine furchtbare Hitze stieg mir ins Gesicht. »Vovô, Vovô!«, schrie ich. »Aufwachen! Bitte! Wachen Sie auf!«

»O mein Gott! Er hat sich verbrannt«, sagte Mutter.

Nando und Tonio trugen ihn zum Haus. Er hatte seine Augen geschlossen. Was war nur mit seinen Füßen? Die Haut schien sich gelöst zu haben. Als er auf dem blanken Boden lag, wachte er auf und schaute an seinem schwarzen Körper hinunter. Mutter untersuchte die Wunden, und ich sah, wie ihre Hände zitterten. Dabei betete sie laut und flehte Jesus Christus, die Heilige Maria und sämtliche Heiligen um Hilfe an. Großmutter schürte das Feuer im Herd und setzte einen Wasserkessel auf. »Bitte steht uns bei!«, flehte sie. »Wir haben sonst niemanden. Lasst ihn gesund werden. Lasst alle seine Wunden heilen.«

Er muss zum Arzt, schoss es mir durch den Kopf. Vater war mit dem Motorkanu unterwegs, das Fährboot wurde erst in drei Tagen erwartet. Wenn ich doch nur Émile erreichen könnte, dachte ich. Er wüsste, was zu tun wäre. Mit dem Helikopter könnten sie meinen Vovô ins Krankenhaus bringen.

»Ich habe zum heiligen São Francisco gebetet«, sagte Vovô mit schwacher Stimme. »Er hat mich vor den Flammen gerettet. Ohne ihn wäre ich jetzt nicht mehr am Leben. Ich habe ein Gelübde abgelegt.«

»Vovô«, rief ich, »ich bete auch zum heiligen São Francisco.«

»Mach das, meine kleine Sueca.«

Dann rannte ich in den Dschungel und sammelte Kräuter. Ganz so, wie mein Vovô es mir gezeigt hatte. Sie mussten gekaut und gestampft werden. Dann wurde die Paste auf seine Haut aufgetragen. Ich war nicht wirklich sicher, ob ich die richtigen Pflanzen gefunden hatte, aber Vovô schienen sie Linderung zu verschaffen.

Am späten Nachmittag setzte ein kurzer und heftiger Regen ein. Er löschte alle Feuer und zeigte einmal mehr, wie gut mein Großvater die Zeichen der Natur zu deuten vermochte.

Mein Vovô erholte sich. Bald merkte ich, wie gern er über das Fest sprach, das er zu Ehren von São Françisco ausrichten wollte, und ich fragte ihn immer wieder nach den Einzelheiten.

»Einmal im Jahr, meine Sueca, sollen die Menschen von nun an zu uns kommen und São Françisco danken. Wenn ich es mir leisten kann, werde ich ein Rind schlachten. Alle sollen Fleisch zu essen bekommen. Ich werde einen richtigen Festplatz bauen.«

»Ich helfe dir!«

»Das weiß ich doch, meine Sueca.«

Zum Jahrestag des Unglücks sollten die Menschen im Gedenken an seine Errettung fröhlich feiern. Er sprach sogar davon, eine Musikkapelle zu engagieren. So etwas hatte es in unserer Gegend noch nie gegeben.

Hass

Luaras Freundin hieß Sergiane. Sie lebte am Ende der Straße, direkt neben dem Sumpfgebiet. Ihre Eltern hatten ein kleines Lebensmittelgeschäft, wo wir Milchpulver, Öl, Seife und Tabak kauften. Sergianes Mutter notierte alle Einkäufe in einem Buch, und wenn wir genug Geld hatten, bezahlten wir die Rechnung. Mit Sergiane verbrachten wir viel Zeit im Garten und hielten dabei Ausschau nach den Krokodilen. Aber tagsüber trauten sie sich nicht heran. Manchmal spielten wir Verstecken, denn dort gab es viele Büsche, einen kleinen Schuppen und einen Hühnerstall, in den man sich verkriechen konnte. Als Sergiane mit Abzählen und Suchen an der Reihe war, schlich Luara sich durch den Hintereingang ins Haus.

Sergianes Mutter schaukelte in der Hängematte. Von ihrem Platz aus konnte sie den Vordereingang sehen, und wenn Kundschaft kam, stand sie auf, um zu bedienen. Sergiane gab es schließlich auf, nach Luara zu suchen. Irgendwann schlich sich meine Schwester wieder unbemerkt dem Haus und tat so, als hätte sie sich im Hühnerstall versteckt. Sie zwinkerte mir zu und machte Zeichen, dass wir gehen sollten. Wir waren kaum auf der Straße, als sie Senaé und mir zeigte, was sie in ihrer Hand versteckt hielt. Drei Kaugummis.

»Luara, du hast sie gestohlen?«, fragte ich.

»Das merkt keiner. Drei kleine Kaugummis, eines für jede von uns. Da drinnen gibt es über hundert.«

»Gib her«, sagte Senaé.

»Doch nicht hier.«

Zu Hause kletterten wir in den Avocadobaum, wickelten die Kaugummis aus und genossen den süßen Geschmack. Plötzlich stand Tonio im Garten. Er musste uns beobachtet haben.

»He, ihr drei. Gebt mir auch ein Kaugummi.«

»Wir haben keins mehr«, sagte Luara.

»Erzähl keinen Quatsch. Los, gebt mir auch eins, sonst setzt es was.«

»Kannst meins haben«, sagte Senaé und nahm ihr Kaugummi aus dem Mund.

»Bist du blöd? Ich will ein neues. Sueli, du hast doch bestimmt noch eins.«

Ich schüttelte den Kopf.

»Wo habt ihr die überhaupt her?«

»Das geht dich gar nichts an«, sagte Luara. Wie konnte sie so frech zu ihm sein? Wollte sie unbedingt Prügel von ihm?

Tonio drehte sich um und ging ins Haus. Keine fünf Minuten später rief Mutter uns zu sich. Ich erklärte ihr, Émile habe mir ein wenig Taschengeld gegeben, und davon hätten wir die drei Kaugummis gekauft. Sie sah mich prüfend an und musste nicht lange überlegen. Wir sahen, wie sie die Straße in Rich-

tung Sumpfgebiet hinunterging. Der Ärger war nicht mehr ab-
zuwenden. Bald darauf präsentierte sie uns wütend die Wahrheit. Wir stritten trotzdem alles ab. Nie im Leben würden wir
etwas stehlen, beteuerten wir. Sie glaubte uns kein Wort und
sprach von Schande und Strafe. Tonio genoss unsere missliche
Lage und verhielt sich auffallend ruhig.

»Ich werde mir noch überlegen, was ich mit euch mache.
Mir wird schon noch was einfallen, und du, Tonio, erzählst
eurem Vater kein Wort davon! Hast du gehört?«

Tonio nickte und wandte sich ab.

»Ich will eine Antwort hören. Versprich mir, dass du deinen
Mund hältst.«

»Ist ja schon gut«, maulte er widerwillig.

Einige Tage später hörten wir im Morgengrauen Vaters
Stimme. Er war mit dem Nachtboot aus dem Dschungel
gekommen, und mir zog sich sofort der Magen zusammen.
Senaé setzte sich in ihrer Hängematte auf und seufzte. Luara
schaute mich ängstlich an.

Bis zum Mittagessen konnten wir ihm aus dem Weg gehen.
Als er wortlos seine Suppe löffelte, konnte ich ihm ansehen,
dass er schon von dem Diebstahl wusste. Seine Augen verrieten ihn. Er taxierte uns wie Beutestücke, bereit, im besten
Moment zuzuschlagen. Aber noch schien unsere Stunde nicht
gekommen zu sein. Er ließ uns aufessen. Dann ging er in den
kleinen Schuppen am Ende des Gartens. Mir klapperten die
Zähne, und ich schaute Hilfe suchend zu Mutter. Sie war un-
ruhig, ein Teller fiel ihr aus der Hand und zerschlug mit lautem Klirren auf dem Boden. Wenn mein Vovô doch nur hier
wäre! Es gab niemanden, der uns beistehen konnte.

»Luara, Senaé, Sueli! Herkommen!«

Er stand mitten im Garten. Als ich die drei Werkzeuge sah,
die er für uns bereit gelegt hatte, traten mir die Tränen in die
Augen. Senaé wimmerte, und Luara war so blass, wie ich es
noch nie zuvor bei ihr gesehen hatte.

»Wer von euch ist der Dieb?«

101

Keine sagte ein Wort, und er griff nach dem Fio elétrico. Er löste ein Ende des Stromkabels und legte die Kupferleitungen frei. Am Boden lag noch ein großer, flacher Holzlöffel, die Palmatória, und der Rei de viado, der König der Hirsche. Die Peitsche war aus Pferdehaut, die er in Salz eingelegt und zu Spiralen aufgezogen hatte. Damit wurden normalerweise ungehorsame Tiere gezüchtigt. Ich hatte schon alle seine Instrumente zu spüren bekommen und betete zu Gott.

»Ich habe euch was gefragt! Wer hat die Kaugummis gestohlen?«

Wir schwiegen.

»Streckt die Hände aus!«

Nacheinander bekamen wir die Palmatória zu spüren.

»... sete, oito, nove, dez.«

Zehn Schläge, die unsere Handflächen zum Glühen brachten. Wir wimmerten und bettelten, er möge aufhören. Mutter stand im Türrahmen und schaute verängstigt herüber. Tonio, Nando, Francisca, Minho und Tainá warteten in sicherer Entfernung und beobachteten jede unserer Regungen. Ich dachte an die Nonnen. Wenn sie wirklich Recht hatten mit ihrem barmherzigen Gott, dann musste er uns jetzt retten. Aber schon griff Vater zum Fio elétrico.

»Wer war es?«, schrie er. »Wer hat gestohlen? Luara?«

»Nein, Vater, nein, ich war es nicht.«

»Alle drei umdrehen, Rücken frei.«

»Nein, nein, bitte nicht!«, bettelte Senaé. »Wir werden auch immer brav sein.«

Schon holte er zum ersten Schlag aus. Luara brüllte wie ein verwundetes Tier. Vater wurde immer wilder. Mal traf er Senaé, dann mich, dann wieder Luara. Er prügelte auf unsere Rücken ein, machte eine kurze Pause und stellte sich vor uns. »Wer?«, schrie er, und Speichel spritzte zwischen seinen Lippen hervor. Der Schweiß lief ihm in Strömen den Körper hinunter. Wir heulten uns die Seele aus dem Leib und klammerten uns aneinander. Die Schmerzen wurden unerträglich, aber wir antworteten ihm nicht. Als er zum Rei de viado griff, brüllte Senaé auf. Ich fühlte ihren zitternden Körper an meiner Seite. Uns blieb nun keine Hoffnung mehr. Unsere Rücken brannten wie Feuer, das Blut rann über unsere Haut. Ich hielt es nicht mehr aus und schrie: »Ich war es!«

Eine Sekunde lang hatte ich die Hoffnung, er würde aufhören. Ich bin schon bald wieder bei Émile, dachte ich. Und dann komme ich einfach nicht mehr her. Aber für Luara und Senaé gibt es keinen Ausweg.

»Ich habe sie gestohlen.«

Meine Schwestern waren befreit. Vater schnitt ein Stück von der Wäscheleine ab und riss mich an den Haaren zu Boden. Ich landete auf dem Rücken und fühlte tausend Nadelstiche in meinem Fleisch. Er band das eine Ende der Schnur um meine Beine und zog das andere durch den Haken an unserer Kokospalme, der Mutter zum Befestigen der Wäscheleine diente. Ehe ich begriff, was passierte, zog er mich an den Füßen nach oben. Kopfüber hing ich an dem Baum und schrie in heller Panik. Ich erkannte meine eigene Stimme nicht wieder. Wo war Mutter? Warum tat sie nichts? Luara und Senaé lagen wimmernd am Boden. Meine anderen Geschwister standen wortlos daneben. Ich sah die Peitsche. Er hob sie auf und holte kräftig aus. Im nächsten Moment spürte ich einen rasenden Schmerz durch meinen Körper jagen.

»Was heulst du so, du dreckige Diebin? Nicht heulen sollst du! Lache! Ich will dich lachen hören.«

Ich schrie um Hilfe. Verzweifelte Schreie in der Hoffnung auf Rettung. Aber woher sollte sie jetzt noch kommen? In mir kochten Schmerzen, Angst und Hass. Ich hasste ihn mehr, als dass ich ihn fürchtete. Wieder war da diese unbekannte hasserfüllte Stimme, die aus meiner Seele schrie, wie an jenem Tag, als er mich bei der Juternte verprügelt hatte.

»Wo ist Gott? Wieso hilft er mir nicht? Warum gibt es Menschen wie dich? Wieso lässt Gott solche Ungeheuer leben?«

Dann lachte und weinte ich zugleich und spürte auf einmal eine wilde Kraft in mir. Er warf die Peitsche zur Seite, umfasste meinen Kopf mit beiden Händen und schlug ihn gegen den Baum. Ich fühlte ein Blitzen und Dröhnen, dann sah ich etwas Unglaubliches. Meine eigenen Zähne fielen vor meinen Augen am Stamm hinunter. Blutverschmiert lagen meine weißen Vorderzähne auf dem Boden. Dann spürte ich keinen Halt mehr und stürzte in den Sand. Irgendwann hörte ich die Stimme von Dona Chica.

»Willst du sie umbringen? Schau dir an, was du getan hast! Es reicht jetzt!«

Die Nachbarin hob mich auf und trug mich zur Waschstelle. Mutter goss Wasser über meine Wunden. Sie rieben etwas hinein. Ich spürte keine Schmerzen mehr. Alles war wie gedämpft. Nur der Hass brodelte an der Oberfläche. Er machte mich stark, ich wollte aufspringen und ihm das Gesicht zerkratzen. Aber mein Körper gehorchte mir nicht. Ich schmeckte Blut. Mutter spülte mir den Mund aus. Meine Zunge stieß ins Leere. Meine schönen weißen Zähne! Jemand sollte sie holen und wieder einsetzen. Alle hatten diese Zähne bewundert. Die schönsten Zähne in der Familie, hatte es immer geheißen. Wie oft war darüber gesprochen worden. Wie oft musste ich meinen Mund aufmachen und sie den Nachbarinnen zeigen. So schöne Zähne! Wieder sah ich sie vor mir. Blutgetränkt am Fuß der Kokospalme. War das ein schlimmer Traum? Wirklichkeit? Ich erbrach mich und musste mich auch noch übergeben, als mein Magen schon lange leer war. Krämpfe schüttelten mich. Ich spuckte Blut. Mir wurde schwindelig. Die Welt verschwamm nun endgültig vor meinen Augen.

Irgendwann brachten sie mich ins Krankenhaus, aber der Arzt konnte mir nicht helfen. Mein Kreislauf war zusammengebrochen. Ich wurde immer wieder ohnmächtig.

Als die Welt mir zum ersten Mal wieder näher kam und ich mein Bewusstsein erlangte, hörte ich Mutters Stimme. Meine Augen konnte ich nicht öffnen. Mit leiser Stimme rief ich nach ihr.

»Sueli! Sueli! Gott sei Dank! Bist du wach? Sueli! Hörst du mich?«

Mit aller Kraft hob ich meine Lider. Ich lag auf der Seite. Mein Körper war voller Verbände, der Rücken brannte, und meine Zunge suchte vergeblich nach den Vorderzähnen. Mutter schaute mich traurig an. Sie schämte sich und fühlte sich wohl auch schuldig.

»Wer bezahlt die Rechnung?«, fragte jemand. »Ist das Ihre Tochter? Haben Sie Geld?«

Hilflos schaute Mutter eine Frau im weißen Kittel an.

»Wie sind Sie nach Manaus gekommen? Wer hat Sie hierher gebracht?«

Mutter zeigte auf einen Mann, der im Türrahmen lehnte.

»Sind Sie ein Angehöriger?«

»Ich bin Taxifahrer. Ich warte auch auf mein Geld, aber die Kleine sagt ja nichts. Wir wissen nicht, wo sie wohnt. Dort ist jemand, der Geld hat.«

»Sueli, wie heißt die Straße? Wo wohnt Émile?«, fragte Mutter mich. »Rua Leonardo … wie geht es weiter?«

Ich nannte ihr die vollständige Adresse, und endlich konnte sich der Fahrer auf den Weg machen. Eine sehr lange Zeit später stand Émile an meinem Bett. Er streichelte mein Gesicht, mein Haar, gab mir einen Kuss und weinte. Er versuchte seine Tränen zu verbergen und lächelte mit schiefem Mund. Mit diesem Gesichtsausdruck sah er noch älter aus als sonst. Wie ein richtiger Großvater. Sein weißes Haar klebte an seiner in tiefe Falten gezogenen Stirn. Er atmete schwer. Dann ging er mit Mutter hinaus, aber ich hörte seine kräftige Stimme. Émile war entsetzt. Er sagte, er werde meinen Vater genauso zurichten. Er nannte ihn unmenschlich, eine kranke Kreatur. Es reiche. Émile sprach von Rache. So hatte ich ihn noch nie erlebt. Er wurde immer lauter. Mutters Stimme hörte ich nicht.

Émile nahm mich mit nach Hause und machte mir noch am selben Abend das schönste Geschenk, das ich mir vorstellen konnte. Er versprach mir, dass ich nie wieder zu meiner Familie fahren musste, wenn ich nicht wollte.

Wundmale

Dona Iara pflegte mich. Anfangs spuckte ich Blut, obwohl auf der Röntgenaufnahme, die der Arzt von meiner Lunge gemacht hatte, keine Verletzung zu entdecken war. Dona Iara wechselte meine Verbände, cremte mich ein und kochte mir die leckersten Speisen. Es dauerte Wochen, bis ich zum ersten Mal wieder schmerzfrei auf dem Rücken liegen konnte. Der Rei de viado hatte tief unter der Haut Blutergüsse verursacht, die nur sehr langsam abklangen. Auf der rechten Hand blieben vier dunkle Narben zurück, die sich schnurgerade, wie von Jaguarkrallen gezogen, in die Haut gruben. Aber das Schlimmste waren meine ausgeschlagenen Zähne. Von einem Moment zum nächsten hatte ich mein Lachen verloren. Ich traute mich nicht einmal mehr zu grinsen. Beim Sprechen hielt ich mir die Hand vor den Mund. Nicht einmal Dona Iara durfte meine Lücke sehen. Émile brachte mich zum Zahnarzt. Er zog die Wurzeln, die noch im Kiefer steckten, und ich hatte das Gefühl, in meinem Gesicht klaffe eine riesige Lücke. Der Arzt passte verschiedene Prothesen an, bis er eine fand, die kaum wackelte und auch beim Essen einigermaßen fest saß. Stundenlang starrte ich an die Decke und versuchte, wach zu bleiben. Nur nicht einschlafen! Nur nicht träumen! Denn dann tauchte die Kokospalme wieder auf. Und Vaters Gesicht: die Grimasse einer Bestie. Eine alte schwarze Frau hatte ihm Einhalt geboten. Danke! Danke, Dona Chica!

Als ich nach Wochen endlich wieder in die Schule ging, erzählte ich allen, dass ich beim Rollschuhlaufen einen schweren Sturz erlitten hatte. Das glaubte man mir, obwohl ich gar keine Rollschuhe besaß. Für die Narben auf meinem Rücken gab es keine einfache Erklärung. Ich hatte einen Film über afrikanische Sklaven gesehen, die nach Brasilien verkauft worden waren. Manche hatten ähnliche Narben. Ja, auch ich hatte eine Sklavenhaut, die ich niemandem zeigte, gezeichnet von Peitschen- und Stromkabelschlägen. Nur einmal überredete mich Dona Iara, mein Hemd auszuziehen. Nur das eine Mal durften fremde Augen meine Pein betrachten. Dona Iara weinte vor Mitleid. Sie hörte nicht auf zu jammern und vermischte den Kummer über mein Schicksal mit ihren eigenen Klagen. In ihrem Kopf schien alles durcheinander zu geraten. Seitdem sie ganze Tage an meinem Krankenbett verbracht und mir dabei die Geschichten ihres Lebens, ihrer Liebe, ihrer Familie, ihrer Nachbarn und des ganzen Stadtviertels erzählt hatte, tat sie mir Leid. Darüber vergaß ich manchmal meine Schmerzen und meine ausgeschlagenen Zähne. Immer häufiger griff sie zur Flasche und trauerte um ihre gescheiterte Ehe und den Verlust ihrer Kinder. Ihr Mann hatte sich aus dem Staub gemacht und ihre Tochter mitgenommen.

»Du wirst eine gute Doméstica, meine Sueli«, sagte sie eines Nachmittags, als wir mit den Vorbereitungen für ein Essen beschäftigt waren, zu dem Émile einige Kollegen eingeladen hatte. »Eines Tages wirst du den Haushalt feiner Leute führen. Du kannst schon alles! Putzen, kochen, einkaufen. Du wirst einmal eine gute Stelle finden.«

Ich schaute in den Kühlschrank, um die Vorräte zu prüfen. Als ich eine Tüte öffnete, die ich vorher nicht gesehen hatte, schlug mir ein furchtbarer Gestank entgegen. Über der unbekannten Speise breitete sich Schimmel aus. Ohne lange zu überlegen, warf ich den ekligen Brei in den Müll, während Dona Iara neben dem Waschbecken auf einem kleinen Hocker saß und wohlwollend jeden meiner Handgriffe beobachtete. Sie hatte mir alles beigebracht. Ich wusste, welche Putzmittel für welche Verschmutzung und welche Gegenstände geeignet waren. Ich konnte Silber putzen, bis es blitzte. Und im Tischdecken war ich sogar geschickter als sie. Ich wusste, wie man gestärkte Servietten faltete, Kristallgläser makellos polierte und auf dem Tisch rechts oberhalb der Teller platzierte. Das viele Besteck verwirrte sie, aber Émile hatte mir gezeigt, wohin die Suppenlöffel, die Vorlegegabeln, das Ess- und das Dessertbesteck gehörten.

»Aber Dona Iara, ich werde keine Putzfrau. Ich gehe doch zur Schule und mache mein Magistério. Doméstica ist ein Beruf für Mädchen ohne Bildung.«

»... oder ohne Familie ... Hoffen wir das Beste für dich ... Wer weiß, was die Zukunft bringt. Émile wird nicht immer für dich da sein.«

Augenblicklich schnürte sich mir die Kehle zu. Wie konnte sie so etwas sagen? Warum sollte er nicht für mich da sein?

»Er ist ein guter Mensch, ein sehr guter Mensch, aber schau mal, Sueli ... er ist nicht dein Vater, und er ist schon alt ... Wer weiß, was er macht, wenn er nicht mehr arbeiten kann.«

»Jeder geht irgendwann einmal in Rente. Das hat er mir schon erklärt.«

»Aber unser Émile hat hier keine Familie. Was glaubst du, warum er wochenlang verschwindet? Was wissen wir schon? Irgendwo hat er vielleicht eine Frau oder sogar Kinder. Wer weiß?«

»Er fliegt manchmal nach São Paulo zur Zentrale, ein paar Tage über Weihnachten ans Meer und in den Ferien nach Portugal! Er erzählt mir doch alles. Und wenn er eine Frau hat, warum lebt sie dann nicht hier?«

»Ach, Sueli! Warum fragst du mich? Ich bin nur eine Doméstica. Ich verstehe doch nichts davon. Ich kann nicht lesen, nicht schreiben ... gar nichts kann ich.«

Dann nahm sie wieder einen Schluck aus der Flasche. Ihre Worte ließen mir keine Ruhe.

Émile war am Abend kaum zur Tür hereingekommen, da hörte ich ihn in der Küche entsetzt aufschreien.

»Sueli, wo ist mein Käse?«

»Käse?«

»Das darf doch wohl nicht wahr sein. Hast du ... hat Dona Iara etwas aus dem Kühlschrank genommen und weggeworfen?«

»Nein.«

»Er war in eine Tüte mit französischer Aufschrift eingewickelt.«

»Darin war nur etwas Verdorbenes. Voller Schimmel.«

»Bitte sag, dass das nicht wahr ist! Wo ist es?«

»Der Müll ist schon abgeholt.«

»Sueli, wenn du wüsstest! Du hast keine Ahnung, was ich dafür bezahlt habe.«

Er starrte mich an, drehte sich dann auf dem Absatz um und knallte die Haustür hinter sich zu. So hatte ich ihn noch nie erlebt.

Mutter

Es war kurz vor Weihnachten, als der Brief eintraf. Luara hatte ihn geschrieben, und mir fiel sofort auf, wie schön ihre Handschrift geworden war. Die Nonnen hätten sie dafür gelobt. Doch dann las ich ihre Worte, und ein Schreck durchfuhr mich. Ich rannte zu Émile ins Wohnzimmer.

»Émile, mein Vovô ist schwer krank! Er muss sterben! Wenn ich ihn noch einmal sehen will, muss ich mich beeilen, schreibt Luara. O Gott, mein Vovô. Was soll ich tun?«

»Dein Großvater? Was hat er? Was ist passiert?«

»Das schreibt sie nicht. Wie furchtbar!«

Ich reichte ihm den Brief. »Was soll ich nur machen?«, schluchzte ich, und Émile legte seinen Arm um mich.

»Du willst ihn sehen, nicht wahr?«

Ich nickte. »Aber was ist, wenn … ich meine, Vater … wenn er auch da ist?«

»Ich habe keine Ahnung. Das ist schwer zu sagen. Vielleicht hat er sich geändert und eingesehen, dass er zu weit gegangen ist. Du bist kein kleines Kind mehr. Wenn er dich jetzt sieht, wird er dir wohl nichts tun.«

»Ich habe Angst.«

»Wenn du bei deinem Vovô bist, wird er dich in Ruhe lassen. Noch dazu, wenn dein Großvater schwer krank ist. So viel Anstand wird er wohl haben.«

Über zwei Jahre hatte ich meine Familie nicht gesehen. Nachdem ich den Brief erneut gelesen hatte, wusste ich, was ich zu tun hatte. Ich nahm das nächste Boot und fuhr in den Dschungel nach Parana do Paratari.

Das Wasser stand so hoch, dass das Fährboot direkt vor der Veranda anlegen musste. Vater stand in der Tür, und die Übelkeit, die mich bereits seit Stunden quälte und mir wie ein Stein im Magen lag, vermischte sich mit Wut und Ekel, denn nun musste ich seinen Segen erbitten, ob ich wollte oder nicht! So musste es sein!

»Bença, papai! Segnet mich, Herr Vater«, murmelte ich und schaute zu Boden.

»Gott segnet dich«, entgegnete er regungslos.

Nun musste ich seine Hand küssen. Danach ging er die wenigen Stufen hinunter, plauderte mit dem Fährmann, stieg in sein Kanu und fuhr davon. Erleichtert atmete ich auf.

»Vovô! Ich bin es. Mein Vovô!«

»Sueca. Ich wusste es.«

Großvater lag in der Hängematte. Er kam mir erschreckend klein und schwach vor. Sehen Sterbende so aus?, überlegte ich. Ich suchte nach Anzeichen, die meine Angst besänftigten, setzte mich auf einen Hocker und hielt seine Hand. Vovô drückte meine Finger und lachte. Sein Lachen war wie immer. Dann legte ich mich zu ihm in die Hängematte und schaukelte uns ein wenig.

Er roch nach Kautschuk, strömte diesen säuerlichen Geruch aus, der entsteht, wenn die Milch des Gummibaums sich festigt und gelblich färbt. Was hatte Vater ihm wohl erzählt? Dass ich eine Diebin bin? Eine, die ihre gerechte Strafe verdient hat? Eine, die nichts taugt? Eine Lügnerin? Was dachte mein Vovô über mich?

»Wie groß du geworden bist! Und wie schön! Eine junge Dame.«

Er strich über mein Mondfinsternismal. Er liebte mich noch immer!

»Irgendetwas ist anders mit dir, meine Kleine. Lass mich genau hinsehen! Ja, jetzt weiß ich. Dein Lächeln! Deine Zähne!«

Allein schon die Erwähnung des Wortes »Zähne« versetzte mir einen Schrecken. Aber meinem Vovô zeigte ich die Prothese.

»Wunderbar! Ein tolles Ding. So eine möchte ich auch«, scherzte er, und erst jetzt fiel mir auf, dass auch er ein paar Zähne verloren hatte. Wie bei den meisten Menschen am Fluss bestand sein Gebiss aus einer stattlichen Anzahl von Lücken. Kaum jemand konnte ein makelloses Lächeln zeigen.

»Er ist ein Teufel!«, sagte Vovô mit leiser Stimme. »Eines Tages landet er in der Hölle!«

Ich nickte und hielt seine Hand ganz fest. Als ich so nah neben ihm lag, war alles wie früher. Ich dachte daran, wie wir zusammen fischen gewesen waren und wie wir den fetten Pirarucu geködert hatten. Unser Kampf mit der Beute, unser

Stolz, die Blicke der anderen und der Geschmack des Fleisches. Ich fragte ihn nach der Mutter aller Kautschukbäume, und er strahlte mich an.

»Du bist noch immer meine Sueca. Noch immer meine kleine Indianerin. Dem Baum geht es sehr gut. Er hat letzte Saison viel Milch gegeben. Ich konnte ihn höher einritzen als je zuvor.«

Ich erzählte ihm, wie gern ich mich an jeden einzelnen Schnitt erinnerte, den wir gesetzt hatten. Jeden Morgen in der Trockenzeit hatten wir uns mit unseren Kopflampen, den Kautschukmessern und den halbierten Kokosschalen auf den Weg gemacht.

»Wissen Sie noch, Vovô? Es war dunkel, wenn wir aufbrachen und das Petroleum in den kleinen Blechlampen auf unseren Köpfen anzündeten. Ein Stückchen Stoff war unser Polster, und ein Riemen unterm Kinn hielt alles fest. Wir sahen komisch aus. Sehen Sie, ich habe nichts vergessen. Die Lampen warfen ein flackerndes Licht auf die Stämme. In der Zeit vor dem Sonnenaufgang machten wir die Schnitte. Das war die Zeit, in der die Milch am besten floss. Jeder Baum bekommt einen einzelnen Schnitt in die Rinde, nur die dicksten Stämme vertragen zwei! Habe ich Recht? Sie haben mir gezeigt, wie ich das scharfe Messer ansetzen muss, ohne das Holz zu verletzen. Ein zu tiefer Schnitt senkt den Ertrag, denn an der Stelle wächst ein Ast heraus, der später verhärtet und den Milchfluss blockiert. Man muss schnell ritzen, am Ende ein kleines Stück senkrecht nach unten, eine Lücke lassen, dann eine Kerbe schneiden und die Schale oder, besser noch, eine Dose einklemmen. Die Bäume lieben diese Schnitte, haben Sie immer gesagt, und sie bedanken sich mit ihrer Milch. Manche Kokosschalen füllten sich bis an den Rand. Wir sammelten jeden Morgen so viel Milch, dass wir sie nicht allein tragen konnten. Danach gingen wir zum Defumador.«

»Du warst eine gute Kautschukrührerin, meine Sueca«, sagte Vovô. »Du hast gerührt wie ein Alter. Dir ist das richtige Gefühl angeboren. So muss es sein bei einem Seringueiro.«

»Wenn ich an unseren Defumador denke, brennen mir jetzt noch die Augen.«

»Ja, der Rauch hat ein böses Spiel mit uns getrieben. Daran kann ich mich gut erinnern.«

Oberhalb der Feuerstelle gab es zwei Gestelle, die als Befestigung für einen langen Holzstock dienten, der ständig gedreht werden musste. Auf diesen Stock goss man die Milch, die im dichten Rauch haltbar gemacht wurde. Es dauerte sehr lange, bis der Stock mit Schichten von Kautschukmilch überzogen war. Sie wurde hart und schwer. Am Ende waren zwei Männer nötig, um den Ballen ins Kanu zu tragen. Mein Vovô ließ mich den Stock drehen, während er die Milch darüber goss. Aber lange hielt ich es in dem beißenden Rauch nicht aus.

»Vovô, wissen Sie noch, was passiert ist, als ich ein Papageiennest aus dem höchsten Baum im Wald haben wollte?«

Er lachte wie eine kleiner Junge und kniff mir in die Wange. »Aber ja, du hast mich da hochgejagt, und dann kam uns beiden schon nach dem ersten Ast ein Wespennest entgegen.« Vovô konnte nicht weiterreden, so sehr musste er lachen. »Genau auf unseren Kopf. Ich weiß noch, wie erschrocken du ausgesehen hast. Aber uns hat keine Wespe etwas getan.«

»Wir sahen schrecklich aus.«

»Und das Papageiennest hast du auch nicht mehr bekommen.«

Am nächsten Morgen konnte mein Vovô schon aufstehen, und tags darauf nahmen wir das Kanu und fuhren den Fluss hinunter. Ich hatte ihm Angelhaken aus der Stadt mitgebracht, die er unbedingt ausprobieren wollte. Er war sicher, dass die Fische auf den silbrig schimmernden Köder hereinfallen würden. Sie hatten genau die richtige Größe für die Jagd auf einen fetten Tucunaré. Als wir schon ein ganzes Stück gepaddelt waren, hielt er auf einmal inne. »Ich muss dir etwas verraten, große Sueca«, sagte er. »Es ist so, ich war nicht wirklich krank, das heißt, ich war zwar krank, aber nicht richtig.«

»Wie meinen Sie das? Ich verstehe nicht.«

»Ich wollte krank werden, damit du kommst. Ich bin absichtlich so krank geworden. Du siehst, es hat funktioniert. Du bist wieder da. Vor drei Regenzeiten warst du das letzte Mal hier. Das ist viel zu lange her.«

Seine Worte waren das schönste Geschenk seit langem. Was sollte ich sagen? Ich wäre doch am liebsten jeden Tag bei ihm gewesen, aber wir beide wussten, wie unmöglich das war.

Die Regenzeit hatte mit voller Wucht eingesetzt, und das Wasser war bereits so hoch aufgestiegen, dass Vovô und ich nicht in seiner Hütte übernachten konnten. So musste ich es in einem Raum mit Vater und Großmutter aushalten. Allein schon der Klang von Vaters Stimme machte mir Angst. Eines Morgens merkte ich, dass ich mich nass gemacht hatte. Es war furchtbar. Wie konnte ich es verbergen? Wie konnte sich ein großes Mädchen, fast schon eine junge Frau, in die Hose pinkeln? Was würde jetzt geschehen? Sollte ich mich wehren, wenn Großmutter mir die Matte ins Gesicht drückte? Immerhin war ich inzwischen größer als sie. Würde sie es überhaupt wagen, mich zu quälen, wenn Vovô in der Nähe war? Ich lag in der feuchten Matte und war verzweifelt. Irgendwann musste ich aufstehen. Zunächst tat ich so, als sei nichts geschehen, aber der nasse Fleck unter meiner Matte war nicht zu übersehen. Ich schämte mich, und gleichzeitig hatte ich furchtbare Angst. Ich wollte nur noch weg, abreisen, so schnell wie möglich, aber das nächste Boot kam erst in zwei Tagen. Dann hörte ich, dass Vater den Motor anwarf, und atmete erleichtert auf.

Die Rettung kam am Abend. Es war schon dunkel, aber mein Vovô und ich saßen noch auf der kleinen Veranda. Als Schutz gegen die Moskitos hatten wir einen getrockneten Kuhfladen angezündet. Großmutter und Vater lagen bereits in den Hängematten und hatten die Tür und die Fensterläden fest verschlossen. Vovô senkte seine Stimme und flüsterte mit mir.

»Meine Sueca, ich habe mir etwas überlegt. Hör gut zu! Du musst zurück in die Stadt! Fort von hier. Mit dem nächsten Boot. Es ist nicht gut für dich, wenn du länger bei uns bleibst. Du siehst schon ganz unglücklich aus. Das tut mir weh.«

»Aber nein, Vovô. Ich möchte so lange wie möglich hier bei Ihnen bleiben.«

»Das weiß ich doch. Deshalb habe ich mir was ausgedacht. Ich komme mit dir nach Manacapuru. Dein Vater bleibt hier … Siehst du, schon kannst du wieder lachen.«

Vor lauter Freude umarmte ich ihn, was er ein wenig merkwürdig fand.

Als mein Vovô und ich das kleine Häuschen am Stadtrand erreichten, wurde mir bewusst, wie lange ich nicht mehr in Manacapuru gewesen war. Ich spürte die Vorfreude, aber auch Unbehagen. Würde es wie früher sein? Einen kurzen Moment wunderten sie sich, dass wir beide gemeinsam vor der Tür standen, aber schon bald stellte sich das vertraute Gefühl ein. Tonio diente noch immer beim Militär und war zu meiner Erleichterung nicht da. Nando hatte Vater nach Manaus geschickt, damit er dort einen Schulabschluss machte. Luara und Senaé stritten sich wie eh und je, vertrugen sich aber schnell wieder und lachten miteinander. Francisca war nach wie vor das verschlossene Mädchen und brachte kaum ein Wort hervor. Minho hatte sich zu einem frechen Jungen entwickelt, der sich laufend neue Streiche ausdachte. Tainá wirkte so fröhlich, als hätte sie noch nie Prügel bekommen. Mutter war wieder schwanger und stöhnte.

In Manacapuru konnte ich endlich meine Schulunterlagen ausbreiten. Hier gab es einen Tisch, und das Dach war weitgehend dicht, sodass die Hefte und Bücher auch beim stärksten Regenfall unversehrt blieben. Ich hatte bereits viele Unterrichtsstunden versäumt und versuchte, mir das Verpasste selbst beizubringen. Ich las meinem Vovô aus einem Geschichtsbuch vor, und er lauschte. Ob er etwas davon verstand, konnte ich nicht erraten. Mir jedenfalls blieben die langweiligen Erläuterungen nur eine kurze Zeit im Gedächtnis. Mein Vovô bevorzugte Zeitschriften mit bunten Bildern. Immer wieder sollte ich lesen, was unter den Fotos der Sportler, Schauspieler und Politiker stand. Manchmal lagen wir zusammen in der Hängematte, und ich musste ihm die schönsten Fotos ausschneiden. Er wollte sie später in seiner Hütte an die Wand kleben. »Dann kann ich allen Leuten erklären, was dort geschrieben steht. Ich werde sagen, dass meine kluge Sueli mir alles vorgelesen hat.«

Ich war stolz und glücklich zugleich und wich ihm nicht von der Seite. Laufend machte er neue Vorschläge, was ich ihm alles zeigen sollte. Einmal gingen wir zusammen fernsehen und mischten uns unter die vielen Schaulustigen, die auf der Straße standen. Ich sollte ihm sämtliche Namen von Schauspielern und Sängern nennen, denn er glaubte, dass ich sie alle kennen müsse, weil ich in Manaus lebte. Dort, so meinte er, begegne man den Berühmtheiten doch jeden Tag auf der Straße.

»Ich glaube, sie kommen aus São Paulo und Rio de Janeiro«, versuchte ich ihn aufzuklären. Er schaute mich fragend an, richtete dann aber seinen Blick wieder auf den Apparat, dessen flackernde Bilder das nächtliche Dunkel erleuchteten.

Luara hatte sich verändert. Sie war eine junge Dame geworden und flirtete mit den Männern. Ihr Busen war schon groß, und sie bat mich, ihr beim nächsten Besuch einen Büstenhalter aus Manaus mitzubringen. Dass ich dafür kein Geld hatte, wollte sie mir nicht glauben. Immer wieder redete sie auf mich ein.

»Versprich mir, dass du mir einen mitbringst. Einen schönen roten.«

»Wozu? Hier brauchst du doch keinen. Hier laufen doch alle ohne herum.«

»Was soll das heißen? Glaubst du, nur weil du aus Manaus kommst, kannst du dich aufspielen. Du denkst wohl, wir leben hier hinter dem Mond, was?«

»Wem willst du mit einem BH imponieren?«

»Das geht dich gar nichts an.«

»So groß sind deine Dinger auch nicht.«

»Bist wohl neidisch, was? Bei dir sieht man ja kaum was.«

»Trotzdem schauen die Jungs mir hinterher.«

»Wenn die erst mal wissen, dass dir beim Küssen die Zähne rausfallen, dann wollen sie nichts mehr von dir wissen.«

»Du Hexe, wie kannst du das sagen?« Mir stieg das Blut in den Kopf, und ich riss ihr an den Haaren. »Du bist doch nur neidisch«, brüllte ich. Warum war sie so gemein zu mir? Wie konnte sie über meine größte Scham spotten?

»Neidisch? Worauf? Auf deine Prothese?«

»Halt die Klappe! Du dumme Gans!«

»Du eingebildete Pute!«

Ich schlug ihr ins Gesicht. »Deinetwegen habe ich keine Zähne mehr. Du hättest die Schläge verdient. Du bist eine Diebin.«

»Keiner hat dich darum gebeten. Du wolltest dich doch nur wieder aufspielen.«

»Du bist so verdammt dumm! Du Bauerntrampel!«

»Und du? Warum verschwindest du nicht für immer? Keiner von uns ist scharf darauf, dich hier zu sehen. Und außerdem bist du gar nicht meine richtige Schwester. Deine Mutter ist eine Schlampe, eine Alkoholikerin. Die hat dich bei uns vor die Tür gelegt.«

Wovon sprach sie? Was hatte Luara sich da ausgedacht?

»Das Weibsstück, das dich auf die Welt gebracht hat, hat es mit jedem getrieben. Schau dich doch an! Siehst du etwa so aus wie wir? Du bist doch viel dunkler. Wie eine Indianerin. Deine Haare – ganz glatt. Und deine Nase. Völlig anders. Ist dir das denn noch nie aufgefallen? Du bist nicht von unserer Mutter! Die andere hat dich gekriegt, aber die wollte dich nicht. Hat dich einfach abgelegt. Frühmorgens. Heimlich. Wenn unsere Mutter nicht so gutmütig gewesen wäre, dann wärst du im Fluss gelandet. Frag sie doch selber.«

Die Welt drehte sich vor meinen Augen. Ich schaute Vovô an. Er sagte kein Wort und wich meinen Blicken aus. Mutter wandte sich ab und lief in die Küche. Warum sagte sie nicht endlich, dass Luara log, dass sie sich diese miese Geschichte ausgedacht hatte? Ich hockte mich auf den Boden und weinte. Meine Wut kochte über. Welch üble Gemeinheit! Sollte ich aufstehen und ihr die Haare büschelweise ausreißen? Wo war sie? Warum sagte sie nicht: Jetzt beruhige dich, das war nur ein Scherz? Oder hatte sie die Wahrheit gesagt? Hatte sie gar Recht? Warum kam mein Vovô nicht? Warum strich Mutter mir nicht übers Haar? Warum hockte ich hier allein am Boden und versuchte, mir das Unverstellbare vorzustellen? Mein Vater eine Bestie, meine Mutter nicht meine Mutter! Ich stand auf, rannte auf die Straße, den kleinen Hügel hinauf und zur Bushaltestelle. Ich wollte nur noch fort. So schnell wie möglich zu Émile und Dona Iara. Aber der letzte Bus war schon gefahren. Es gab nur eine Straße, die aus der Stadt hinausführte, und sie verlief schnurgerade bis zum Rio Negro. Ich lief immer weiter, so schnell, dass mir die Lungen brannten. Ich rannte und rannte, bis mir die Beine nicht mehr gehorchten. Nur mehr verschwommen nahm ich wahr, dass ich mich auf eine Bank fallen ließ, die vor der Kirche stand. Ich wollte im Erdboden versinken, mich unsichtbar machen, nichts mehr sehen und nicht mehr gesehen werden.

Luara warf das Fahrrad in die Büsche und legte ihren Arm um mich. »Tut mir Leid. Ich weiß selber nicht, warum ich es gesagt habe. Es kam einfach raus, weil du so gemein warst. Weil du mir den Gefallen mit dem BH nicht tun wolltest.«

»Bin ich jetzt nicht mehr deine Schwester?«

»Was solltest du sonst sein? Komm jetzt nach Hause, Sueli. Es wird gleich dunkel.«

Von nun an war Luara sehr lieb zu mir, aber sie wollte nicht mehr darüber reden. Und auch Mutter schwieg eisern. Am nächsten Tag verabschiedete ich mich. Ich konnte nicht länger bleiben. Mein Kopf schmerzte, und verwirrende Gedanken machten mich schwindelig. Mein Vovô brachte mich zum Bus. Ich weinte, und er schaute mir noch lange nach.

»Sei nicht traurig, meine Sueli. Ich ahne, wie du dich fühlst«, sagte Émile, und irgendetwas verriet mir, dass er das nicht nur zum Trost in mein Ohr flüsterte. Aber wie konnte er nachempfinden, was in mir vorging? Mir fiel das Sprechen schwer. Mit nur wenigen Worten erzählte ich ihm, was Luara mir an den Kopf geworfen hatte. Es gab keinen Zweifel: Auch er hörte zum ersten Mal, dass meine Mutter nicht meine Mutter war. Er war vollkommen überrascht. Wir saßen auf dem Sofa, und ich lehnte mich an seine Seite. Er roch nach Rasierwasser und gebügeltem Hemd. Nur selten hatte ich ihn ohne langärmeliges Hemd gesehen. »Meine Haut verträgt die Sonne nicht«, sagte er immer. Im Wohnzimmer stellte er die Klimaanlage nur selten an, weil er den extremen Kontrast zwischen Hitze und kalter Luft nicht vertrug. Nur sein Schlafzimmer kühlte er nachts ein wenig ab, damit er sich unter eine Decke legen konnte. Meine nasse Stirn befeuchtete sein blaues Hemd. Auch ihm lief der Schweiß die Brust hinab und hinterließ einen dunklen Streifen auf dem hellen Stoff. Ich wollte nicht sprechen, nur seine Nähe fühlen. Wenn Émile nicht wäre, hätte ich niemanden mehr auf dieser Welt! Der Gedanke setzte sich wie ein Stein in meiner Brust fest.

»Es gibt viele Menschen, die ein schweres Schicksal ertragen müssen. Manche Tatsachen kann man nicht ändern. Was geschehen ist, ist geschehen. Man muss versuchen, damit zu leben. Es dauert manchmal sehr lange, bis wir es lernen, aber wir dürfen niemals aufgeben. Auch wenn wir Schlechtes gesehen und erlebt haben, müssen wir an das Glück und an das Gute im Menschen glauben.«

»Ich glaube an gar nichts mehr. Nie wieder!«

»Aber du hast geglaubt und vertraut, und das wirst du in Zukunft auch tun.«

»Niemals!«

»O doch, du hast daran geglaubt, dass es das Richtige für dich ist, mit mir nach Manaus zu kommen. Obwohl du mich kaum kanntest. Du hast eine wichtige Entscheidung getroffen, weil du daran geglaubt hast. Auch wenn du damals nicht älter als sechs oder sieben Jahre warst. Weil du Hoffnung hattest. Und Vertrauen.«

»An Sie glaube ich, Émile.«

»Siehst du, und ich glaube an dich. Als ich dich das erste Mal sah, damals im Dschungel, als wir aus dem Helikopter stiegen, da ging mein Herz auf.«

Émile streichelte mir durchs Haar, und als ich zu ihm hinaufschaute, sah ich einen feuchten Schimmer in seinen Augen.

»Ich möchte dir etwas zeigen. Das wollte ich eigentlich schon lange. Du kennst die Truhe in meinen Arbeitszimmer.«

»Sie ist immer verschlossen«, antwortete ich.

»Na, dann werden wir sie jetzt öffnen«, sagte Émile lächelnd.

Die alte Truhe hatte ein schweres Schloss. Seitdem ich im Haus wohnte, hatte ich wissen wollen, was sich darin befand, aber Émile hatte nie ein Wort darüber verloren. Jetzt holte er einen Schlüssel aus dem Schreibtisch und machte sich an der Verriegelung zu schaffen.

»Diese Dinge habe ich noch nie jemandem gezeigt, Sueli. Aber du sollst sie jetzt sehen«, sagte er und hob den Deckel an.

Auf den ersten Blick war nicht viel zu entdecken. Einige Bücher, ein alter Pass, Gegenstände, deren Funktion ich nicht kannte, und einige Zeichnungen. Er nahm ein Buch in die Hand, strich über den grünen Stoffumschlag und blätterte es auf. Ein Fotoalbum. Manche der wenigen sorgfältig eingeklebten Bilder waren ein wenig vergilbt. Sie mussten schon sehr alt sein. Als er eine bestimmte Seite vor sich hatte, reichte er mir das Album.

»Schau dir das an.«

120

Er zeigte auf ein elegant gekleidetes schwarzhaariges Mädchen mit geflochtenen Zöpfen. »Das ist meine Tochter.«

»Ihre Tochter?«

»Ja, und hier, auf der nächsten Seite, siehst du meine Frau.« Er blätterte langsam weiter. »Meine Eltern, unser Haus.« Émiles Hände zitterten. Ein Haus wie das auf dem Schwarzweißfoto hatte ich noch nie gesehen.

»Das war während des Krieges. Meine Kleine war fünf Jahre alt … als … als ich sie zum letzten Mal sah. Schau sie dir an! Siehst du die Ähnlichkeit?«

Das Mädchen lachte. Es hatte dunkle Augen und ein schmales Gesicht.

»Ihre Mutter … meine Frau, sie war Ungarin. Sie hatte Zigeunerblut in den Adern. Auch du siehst aus wie eine kleine Zigeunerin. Wie meine beiden Prinzessinnen.«

»Wo sind sie?«

»Es passierte im Krieg. Ich war damals Soldat und weit weg von daheim. Weißt du, was Bomben sind?«

Ich nickte. »Ja, ich habe es im Fernsehen gesehen. Man wirft sie aus Flugzeugen. Habe ich Recht?«

»Ja, Sueli. Eine dieser Bomben hat unser Haus getroffen.« Émile strich über das Foto eines alten Hauses, das in einem üppigen Garten stand. Es hatte eine Veranda, und man sah Menschen in Korbstühlen in der Sonne sitzen.

»Meine Frau, meine Tochter, meine Eltern … alle sind gestorben. Und alles ist verbrannt. Mein Atelier. Meine Bilder. Sueli, du weißt, dass ich manchmal traurig bin, dass ich den ganzen Tag in diesem Zimmer sitze und nicht gestört werden möchte. Dann denke ich an damals, an meine Familie. Aber nach einer Weile merke ich, dass die Gegenwart viel wichtiger ist. Und dass unser Leben sehr schön sein kann. Und dass du da bist und sicher keinen traurigen alten Mann in deiner Nähe haben willst.«

Ich nickte, ohne wirklich zu begreifen, was Émile meinte. Er erklärte mir, dass er Maler gewesen sei. Staunend hörte ich ihm zu. Sein Atelier war lichtdurchflutet.

»Landschaften und Menschen waren meine Lieblingsmotive. Fröhliche Bilder habe ich gemalt. Farbenfroh. Dann begann der Krieg, und ich musste kämpfen. Irgendwann bekam ich keine Post mehr von meiner Frau. Verzweifelt wartete ich auf ein Lebenszeichen von ihr. Als ich im Fronturlaub vor unserem Haus stand, waren nur noch Trümmer übrig. Nach dem Krieg ging ich nach Afrika. Ich konnte nicht mehr in Europa bleiben und wollte ein neues Leben beginnen.«

»Was haben Sie in Afrika gemacht?«

»Viele Jahre lang habe ich eine Plantage betrieben. Dann gab es auch dort Unruhen. Wieder musste ich fliehen und ließ alles zurück, bis auf einen kleinen Koffer, in dem auch diese Fotos waren. An Bord eines Frachters landete ich schließlich in Brasilien. Der Zufall hat mich hierher gebracht. Ich musste ganz von vorn beginnen. Eine Weile trieb ich mich in den Parks von São Paulo herum. Als ich gerade auf Französisch mit den Tauben redete, sprach mich ein Mann an. Der Unbekannte hörte sich meine Geschichte an, schenkte mir Vertrauen und besorgte mir Arbeit. Später landete ich bei Petrobrás und wurde nach Manaus geschickt. Den Rest kennst du. Als ich dich sah, bekam mein Leben eine neue Wendung.«

Während Émile mir das alles erzählte, vergaß ich meine eigene Traurigkeit. Er hielt meine Hand und streichelte die hässliche Narbe, die ich von den Schlägen des Rei de viado davongetragen hatte. Ganz sanft berührte er den braunen Streifen, der an die furchtbare Züchtigung erinnerte. Dann stand er auf.

»Komm, meine Kleine, lass uns was Leckeres kochen. Etwas Französisches. Dona Iara ist nicht da und wird ihre Nase nicht rümpfen können.«

»Ja, gehen wir in die Küche. Was möchten Sie denn essen? Crêpes?«

»Nein, Sueli, mir ist eher nach was Deftigem. Ein Entrecôte wäre ganz nach meinem Geschmack!«

Der Junge

Häufig saßen Soraia und ich in der großen Pause auf der Mauer, die unsere Schule umgab, um die Jungen von der nahe gelegenen Militärschule zu beobachten. Sie waren in unserem Alter. Die meisten kamen aus wohlhabenden Familien. Ihre Eltern gaben sie in die Obhut des Militärs, um sie auf den Ernst des Lebens vorzubereiten. Bei uns führten die Nonnen ein strenges Regiment, und die täglichen Gebete sollten dafür sorgen, dass wir den Pfad der Tugend nicht verließen, aber auf der anderen Seite der Mauer schien es noch wesentlich strenger zuzugehen. Allmorgendlich traten die Schüler zum Appell an. Dann standen sie in Reih und Glied, und die brasilianische Fahne wurde gehisst, ein Zeremoniell, das uns Respekt einflößte, aber ebenso oft zu Scherzen Anlass gab. Wenn nach der Nationalhymne das Lied Amazoniens angestimmt wurde, summten wir von unserem Aussichtspunkt aus mit. Soraia kannte einen der Jungen und rief ihm Botschaften zu. Angeblich war er ihr Freund und hatte sie sogar schon geküsst. Die Nonnen schimpften, wenn wir mit den Jungen flirteten. Wir sollten die große Pause dazu nutzen, Paçoca, das staubige Erdnussmehl, zu essen. Es wurde uns täglich in kleinen Tüten gereicht, klebte am Gaumen und schmeckte fürchterlich. Angeblich sollte es einer gesunden Ernährung dienen, aber wir spuckten es aus, sobald die Nonnen uns nicht mehr im Visier hatten. Im Kellergewölbe, dort, wo die Nonnen ungehorsame Schülerinnen zur Strafe stundenlang schmoren ließen, hatte ich gesehen, wie sich Mäuseherden über das Erdnussmehl hermachten. Seitdem hasste ich es noch mehr als zuvor. Erst kürzlich war ich dorthin geschickt worden, obwohl ich vollkommen unschuldig gewesen war. Ich hatte lediglich versucht, einen Streit zu schlichten. Ein großes, starkes Mädchen hatte auf ein viel kleineres eingeschlagen, und ich war dazwischengegangen. Die Kleine tat mir Leid, und die Große war als äußerst rabiat bekannt. Im Eifer des Streits geriet ich mit der Kräftigen aneinander. Sie zog an meinen Zöpfen, und ich versetzte ihr eine Ohrfeige. Genau in dem Moment hatte Schwester Elena herübergeschaut. Mein Protest hatte die Strafe nur noch verschlimmert.

Soraia meinte, ich solle mich in Zukunft lieber aus den Angelegenheiten anderer Mädchen heraushalten, aber das konnte ich nicht. Wenn ich Ungerechtigkeiten sah, musste ich handeln.

Soraias Freund hieß Roberto. Eines Morgens rief er wieder einmal etwas über den Zaun. Auch wenn es riskant war, antwortete Soraia ihm, und sie verabredeten sich für den späten Nachmittag auf dem Opernplatz.

»Und du kommst mit!«, sagte Soraia zu mir. »Roberto bringt sicher wieder seinen Freund mit. Ein hübscher Junge. Der da hinten, mit den schwarzen Haaren. Siehst du ihn?«

»Sehr witzig. Alle Jungen haben schwarze Haare.«

»Da, neben der Treppe, der Hübsche mit den kräftigen Augenbrauen. Nun schau doch! Sie winken uns zu.«

Mir wurde heiß. Die beiden reckten ihre Arme in die Höhe. Soraia winkte zurück.

»Nun lass sie doch«, sagte ich.

»Willst du kneifen?«

»Ich weiß nicht.«

»Los, stell dich nicht so an.«

»Also gut.«

Auf dem Platz vor der Oper herrschte immer ein reges Treiben. An einem Stand gab es Eis, an einem anderen Kokosnüsse und am nächsten Obstsäfte. Soraia und Roberto kicherten ununterbrochen und fassten sich an den Händen. Sein Freund war nicht mitgekommen, aber ich amüsierte mich trotzdem. Andere Jungen zwinkerten mir zu, tuschelten miteinander und zeigten in meine Richtung. Wir schlenderten zum imposanten Treppenaufgang und beobachteten eine Gruppe

Touristen. Sie schienen begeistert zu sein von unserer Oper und machten viele Fotos. Sie sprachen portugiesisch miteinander, aber es klang trotzdem fremdartig. Aus der Oper heraus rief jemand nach ihnen.

»Die Führung beginnt in fünf Minuten. Bitte kommen Sie herein.«

Als hätten wir es verabredet, mischten Soraia und ich uns unter die Fremden. Nie zuvor waren wir in dem alten Gebäude gewesen. Zunächst betraten wir einen Vorraum. Hier bestanden der Boden und die Säulen aus einem weißen Stein, der angenehm kühl war. Ich blickte zur Decke. Der Raum war sehr hoch, sicher an die zwanzig Meter. Ich fühlte mich dort ganz klein.

»Kommen Sie in den Opernsaal, spüren Sie die besondere Akustik!«

Wir hörten einige Ahs und Ohs und verstanden nicht, was der Touristenführer mit seinen Ausführungen meinte. Der Saal war imposant, überall entdeckten wir aufregende Dinge: Leuchter funkelten, und Gold glänzte. Es gab Balkons und viele Gemälde. Die Ausführungen wurden immer komplizierter, und wir überlegten schon zu gehen, als ich aufhorchte.

»Stellen Sie sich bitte ins Zentrum des Raumes, und betrachten Sie das Gewölbe! Erinnert das jemanden an Paris?«

Was meinte er? Die Touristen rätselten.

»Hier ist der Eiffelturm aus einer besonderen Perspektive dargestellt. Man betrachtet ihn so, als stünde man direkt unter ihm. Sehen Sie es nun?«

Ich reckte den Kopf nach oben und suchte die angesprochene Stelle auf dem Gemälde, dann entdeckte ich das Stahlgerüst, das ich jeden Tag in unserem Treppenaufgang sah. Der Turm teilte das Gewölbe in vier Flächen, auf denen wunderschöne Bilder zu sehen waren. Der Eiffelturm in Manaus! Ich wollte, dass Soraia verstand, worum es ging, und ich lauschte den Worten des Führers nun mit großer Aufmerksamkeit. Angeblich stammte fast alles in unserem Opernhaus aus Europa.

Nur das Tropenholz, auch wenn es zur Bearbeitung nach Portugal verschifft worden war, kam aus Amazonien. Es wurde uns erklärt, dass die Oper etwas mit unserem Kautschuk zu tun hatte. Wegen des Kautschuks sei das alles gebaut worden, sagte er, aber das habe ich nicht verstanden, denn in der Oper war weit und breit kein Kautschuk zu sehen. Nur Gold, Kristall, Gemälde, Samt, poliertes Holz, elegante Stühle und eine Bühne, auf der am Abend gesungen und getanzt wurde. Am allerschönsten fand ich den Vorhang. Er war riesengroß und in Frankreich bemalt worden. Auf dem Gemälde sollte die Vereinigung von Solimões und Rio Negro zu sehen sein, aber das konnte ich beim besten Willen nicht wiedererkennen, obwohl ich die Stelle viele Male passiert hatte. Der französische Maler muss andere Flüsse gesehen haben. Am Zusammenfluss gab es kein blaues Wasser. Unsere beiden großen Flüsse sind braun und schwarz.

Als die Führung beendet war, gingen wir zurück zu Roberto und seinen Freunden und prahlten mit unserem Wissen. Die Zeit verging so schnell, dass es bereits dunkel geworden war, als wir uns auf den Heimweg machten.

»Woher kommst du jetzt? Es ist schon spät! Ich habe mir Sorgen gemacht. Um diese Uhrzeit hat ein Mädchen auf der Straße nichts mehr verloren.«

»Ich war bei Soraia.«

»Das ist nicht wahr.«

»Woher wissen Sie, ich meine … doch … aber dann … wir haben für die Schule gelernt.«

»Lüg mich nicht an. Du weißt, wie sehr ich Lügen hasse, und außerdem habe ich bei Soraia angerufen, und ihr wart beide nicht da. Von nun an bist du zu Hause, sobald es dunkel ist.«

»Aber das ist um sechs Uhr.«

»Ich weiß, wann es dunkel wird. Und ich weiß auch, wie gefährlich es da draußen ist. Wir sind hier nicht im Dschungel.

Vergiss das nicht. In der Stadt lauern andere Gefahren, hier wimmelt es von Verbrechern. Jeden Tag werden unschuldige Menschen überfallen und Mädchen ... belästigt.«

»Aber ich war doch nicht allein.«

»Waren etwa Jungen dabei?«

»Nein, Soraia und ich ... wir beide ... haben ein Eis gegessen.«

»Zwei Mädchen in eurem Alter sind ein gefundenes Fressen für die Männer. Am Abend gehst du nirgendwo mehr hin.«

»Aber alle Mädchen ...«

»Ich will nichts mehr davon hören. Lieber ertrage ich, dass du mich ungerecht findest, als dass du dich in Gefahr bringst. Hast du mich verstanden?«

Worüber regte sich Émile so auf? Mit der Dunkelheit nach Hause zu müssen bedeutete, zu keinem einzigen Treffen der Freunde gehen zu können. Alle anderen durften viel länger draußen bleiben. Soraia war sogar schon häufiger bei einer Clubparty gewesen. Émile war gemein! Er gönnte mir keinen Spaß. Ich war mindestens dreizehn Jahre alt, und er wollte mich einsperren. Das war ungerecht. Soraia und die anderen waren doch auch kaum älter. Ich wollte auch zu einer dieser Partys gehen, von denen Soraia mir vorschwärmte. Die Musik sei so toll, man könne tanzen, singen. Wie konnte Émile mir das verbieten? Er war doch nicht einmal mein Vater.

Ich wurde immer wütender. Schließlich schmiedete ich einen Plan. Mein Zimmer lag in der ersten Etage. Eines der Fenster war nicht weit von der Mauer des Nachbarhauses entfernt. Mit ein wenig Kraft und Geschick würde ich es sicher schaffen, mich gegen beide Wände zu stemmen und hinabzuhangeln. Émile saß abends lange vor dem Fernseher und schaute danach nicht mehr in mein Zimmer. Soraia war begeistert von der Idee. Sie wartete mit Roberto und seinem Freund am Gartentor auf mich. So leise wie möglich öffnete ich das Fenster und nahm all meinen Mut zusammen. Der Abstand war wirklich nicht sehr groß. Mit der einen Hand stemmte ich mich an unsere Hauswand, mit der anderen ans Nachbarhaus. Ich schlüpfte aus meinen Sandalen und drückte meine bloßen Füße gegen die Wände. Es funktionierte!

Bei der Clubparty waren viele Jugendliche, die ich vom Sehen kannte, Söhne und Töchter wohlhabender Eltern, die es sich leisten konnten, in einem Club zu feiern. Einige Jungen kamen von der Militärschule, andere besuchten ein Gymnasium, das ein paar Straßen weiter lag. Die meisten tanzten, tranken eine Cola und flirteten. Ein hübscher Bursche, der mir bekannt vorkam, grüßte mich. Ich lächelte zurück.

»Das ist Jânio«, sagte Soraia, die mich die ganze Zeit beobachtete. »Ist der nicht süß?«

»Finde ich auch.«

»Soll Roberto ihn zu uns holen?«

»Bist du verrückt?«

»Na los, kannst ihn wenigstens kennen lernen.«

»Ich weiß nicht.«

»Komm schon!«

Jânio gab mir die Hand und sah mir tief in die Augen. Ich wusste nicht, wohin ich schauen sollte, und lächelte verlegen. Wir tanzten, und er spendierte mir einen Saft. Dann setzten wir uns auf einen Mauervorsprung, wo die Musik nicht ganz so laut war wie auf der überfüllten Tanzfläche. Er wusste anscheinend alles über mich. In welche Klasse ich ging, dass Soraia meine beste Freundin und mein Vater Europäer war. Am meisten überraschte es mich, dass er sogar meinen Namen kannte. Er schien sich wirklich für mich zu interessieren. Auch er hatte sich aus dem Haus der Eltern geschlichen. Als es Zeit war zu gehen, gesellten sich Soraia und Roberto zu uns.

»Weißt du schon, wie du da oben wieder hochkommen willst?«, fragte Soraia, als wir vor Émiles Haus standen.

»Genauso wie runter.«

»Na, dann viel Spaß.«

Soraia hatte Recht. Wie sollte ich dort hinaufkommen? Wir standen unter meinem Fenster und kicherten.

»Keine Chance«, sagte Roberto. »Nicht zu schaffen.«

»Ich habe eine Idee. Sueli stellt sich auf meine Schultern, und ihr beide helft uns«, schlug Jânio vor.

Wieder mussten wir lachen, und ich hatte Angst, dass Émile uns hörte. Sein Zimmer lag schließlich direkt neben meinem. Jânio faltete seine Hände, ich setzte einen Fuß hinein, Soraia und Roberto stützten mich, und ich versuchte, auf Jânios Schultern zu steigen. Vor lauter Kichern kam ich nicht voran. Zum Glück war Émiles Klimaanlage in Betrieb. Das monotone Brummen übertönte unsere vergeblichen Versuche, den ersten Stock zu erklimmen. Bald mussten wir einsehen, dass es keinen Zweck hatte.

»Was soll ich nur machen?«

Langsam stiegen die schlimmsten Befürchtungen in mir auf.

»Du kommst mit zu mir«, sagte Soraia.

»Und dann?«

»Was, und dann? Dann schlafen wir, und morgen in der Frühe schleichst du dich hinein.«

»Du meinst, mit Dona Iara? Das könnte klappen. Hoffentlich verplappert sie sich nicht.«

»Also los, lass uns abhauen, bevor er doch noch aufwacht.«

Die Methode funktionierte, und ich nutzte sie einige Male. Leider hatte Jânio wesentlich weniger Glück. Er war schon beim zweiten Mal ertappt worden, und so sah ich ihn allenfalls auf dem Schulweg. Seine Mutter ließ ihn nicht aus den Augen und verriegelte am Abend alle Türen.

Samstags fuhr Émile zum Tennisspielen. Auf dem Hinweg setzte er mich meistens bei Dona Iara ab. Der Hof vor ihrem winzigen Häuschen war immer belebt. Die geöffneten Türen der Nachbarhäuser waren nur ein paar Schritte entfernt. Man sah die Bewohner während der heißesten Stunden in ihren Hängematten liegen und nach draußen schauen. Verwandte und Bekannte saßen im Schatten eines Zitronenbaumes beisammen und plauderten. Dona Iara hatte kürzlich einen Jungen von der Straße mitgenommen. Claudio war in meinem Alter. Er kam anfangs nur zu Dona Iara, wenn er Hunger hatte. Oft nahm sie die Reste unserer Mahlzeiten mit nach Hause und gab sie ihm. Manchmal ließ sie ihn auch in ihrer Hütte schlafen. Niemand wusste, woher er kam, ob er eine Familie hatte und wo er sich tagsüber herumtrieb. Er sprach nicht darüber. Eine Schule hatte er nie besucht. Er kam manchmal zu uns, um Dona Iara zu besuchen. Sie ließ ihn nie ins Haus, sondern sprach mit ihm vor dem Tor oder reichte ihm etwas zu essen über den Zaun. Claudio tat mir Leid. Er schien keine Eltern und keine Aussicht auf eine bessere Zukunft zu haben.

Émile hielt es nie lange auf dem Tennisplatz aus. Die Hitze machte ihm zu schaffen, aber ganz aufgeben wollte er sein Lieblingsspiel auch nicht. Wenn ich die Hupe seines Volkswagens hörte, verabschiedete ich mich von Dona Iara und allen anderen, die sich im Hof versammelt hatten, und stieg in den Wagen. Wir fuhren dann oft aus der Stadt hinaus, um spazieren zu gehen, oder in eines der Cafés, die am Fluss lagen.

»Hattest du einen schönen Nachmittag?«, fragte er mich.

»Hm.«

»Hast du Hunger? Wollen wir was essen gehen?«

»Ja.«

»Was hältst du von der tollen Churrasceria am Fluss? Die mit der großen Terrasse.«

»O ja! Das wäre toll.«

Wir fanden noch zwei Plätze am Ende einer großen Tafel, und Émile bestellte gegrilltes Fleisch. Wir hatten Mühe, die gewaltigen Portionen aufzuessen, und beobachteten die zahlreichen Familien, die die schöne Aussicht auf den Rio Negro und die sanfte Brise vom Fluss genossen. Verstohlen schaute ich zu einem Jungen vom Nachbartisch hinüber, der mich an einen Schauspieler aus einer beliebten Telenovela erinnerte. Er lächelte, und blitzschnell wandte ich mich ab.

»Viele Mädchen in deinem Alter haben schon einen Freund, nicht wahr?«

»Manche schon.«

»Du bist sehr hübsch. Deine langen Haare, deine schöne Figur. Bestimmt laufen dir die Jungen scharenweise hinterher.«

»Eigentlich nicht.«

»Du kannst mir ruhig sagen, wenn du einen Freund hast.«

»Ich habe aber keinen Freund.«

»Aber wenn du einen hast, dann musst du aufpassen. Verstehst du, was ich meine?«

Ich schüttelte den Kopf und dachte, ich solle mich vor Überfällen in Acht nehmen.

»Du weißt schon, wenn ein Junge und ein Mädchen sich mögen, dann wollen sie manchmal auch mehr als nur küssen.«

»Ach so, ja, verstehe.«

»Wenn es so weit ist, dann solltest du vorbereitet sein, damit du … na ja, damit nichts passiert … damit du nicht schwanger wirst.«

O mein Gott, dachte ich, über was will Émile denn jetzt mit mir reden? Woher kam dieser plötzliche Sinneswandel? Erst sollte ich abends um sechs zu Hause sein, und nun sprach er mit mir übers Kinderkriegen. Mir war das unangenehm. Dies war ein Thema, das allein für mich und meine Freundinnen reserviert war. Ich wusste nicht, was ich sagen sollte.

»Eigentlich ist es wohl nicht die Aufgabe eines alten Mannes, über solche Dinge zu reden, aber ich bin nun mal für dich da. Wenn du also einen Jungen richtig lieb hast, dann solltest du an Verhütung denken. Du weißt sicher einiges darüber.«

Ich nickte und dachte an die unzähligen Gespräche mit Soraia und anderen Mädchen aus der Schule. Keine von uns wusste richtig Bescheid. Das meiste reimten wir uns irgendwie zusammen. Wir hatten ein Biologiebuch mit Zeichnungen nackter Menschen. In dem Bauch einer Frau sah man ein Baby. Lange Zeit dachten wir, es käme durch den Bauchnabel auf die Welt. Aber Soraias Tante klärte uns auf.

»Wenn du also die Pille brauchst, dann besorge ich sie dir. Versteh mich nicht falsch, ich denke, du bist noch zu jung dafür, aber heutzutage beginnt alles sehr früh. Und besonders hier am Amazonas. Von einem Jahr zum anderen wird aus einem Mädchen eine junge Mutter. Ich habe es schon oft gesehen. Mit dreizehn oder vierzehn passiert hier schon sehr viel. Also, wenn etwas ist, dann sprich bitte mit mir.«

»Ja, ist gut.«

Was Soraia wohl sagen würde, wenn ich ihr von dem Gespräch berichtete? Meistens war sie neidisch darauf, was Émile mir alles anvertraute. Keiner der Väter meiner Freundinnen klärte seine Tochter über derartige Dinge auf. Trotzdem war ich froh, als das Gespräch endlich beendet war.

DER VERLUST UND DIE ANGST

Hilflos

Hätte mir damals jemand prophezeit, welche Grausamkeiten das Leben noch für mich bereit hielt, ich hätte den Überbringer der schlechten Nachrichten gefragt, ob es ihm Freude bereite, mich derart zu quälen. Glaubte ich doch zu jenem Zeitpunkt, das Schlimmste bereits hinter mich gebracht zu haben. Ich lebte in Geborgenheit. Die Schläge und Erniedrigungen hatten Narben hinterlassen, aber sie gehörten der Vergangenheit an. Doch schon bald sollte ich erfahren, wie gründlich ich mich getäuscht hatte. Alles begann damit, dass Émile eine Europareise antrat und mich bei Claude einquartierte, weil er nicht wollte, dass ich mit Dona Iara allein blieb. Er behauptete, sie trinke zu viel und könne nicht auf mich aufpassen. Und in der Tat, in den letzten Monaten war sie häufig betrunken gewesen, und manche Tage hatte sie komplett in der Küche verschlafen. Wir stritten miteinander, aber natürlich setzte Émile seinen Willen durch.

Er packte seinen Koffer und sah dabei sehr müde aus. Er wirkte abgespannt und alt. Blaue Adern schimmerten unter seiner hellen Haut, und an seinem Hals hing die Haut faltig herunter und ließ mich an einen Truthahn denken. Sein Haar war weiß und schütter. Schweißnass klebte es auf seiner rosigen Kopfhaut.

»Das Schulgeld ist bis zum Ende des Jahres bezahlt. Und dein Taschengeld gebe ich Claude. Er wird dir regelmäßig etwas auszahlen. Solltest du Kleidung oder etwas anderes brauchen, dann frage ihn. Ich lasse ihm genug für dich da.«

»Aber warum bis zum Ende des Jahres? Warum so lange? Wann kommen Sie?«

»Wie immer, spätestens in sechs Wochen bin ich wieder hier.«

»Ich würde lieber im Haus bleiben.«

»Sueli, du weißt selber, dass Dona Iara Probleme hat, und mit Geld kann sie auch nicht umgehen.«

»Aber ich kenne Claude doch kaum.«

»Du hast ihn oft genug gesehen. Außerdem hat er eine Tochter in deinem Alter. Ihr werdet euch gut verstehen. Wenn ich dich in Claudes Obhut weiß, kann ich beruhigt fahren.«

»Rufen Sie an?«

»Ganz bestimmt.«

Zum Abschied nahm er mich in den Arm, und ich wünschte ihm eine gute Reise. Vielleicht kann ich ein wenig mehr Freiheit genießen und mich an den Abenden mit Soraia, Roberto und Jânio treffen, ging es mir durch den Kopf. Schon im nächsten Moment schämte ich mich für diesen Gedanken.

Claude war mir unsympathisch. Ständig mäkelte er über die brasilianische Lebensart. Ich fragte mich, warum er nicht zurück nach Frankreich ging. Seine Frau stammte aus einfachen Verhältnissen. Ihre Tochter Emilia hatte sie mit in die Ehe gebracht. Die Heirat mit einem Europäer war sicher ein Glücksgriff für sie. Sie behandelte mich wie ein Dienstmädchen, und als sie merkte, dass ich gut kochen konnte, schickte sie mich ständig in die Küche. Europäische Gerichte, Coq au vin, Rollbraten und Pasteten sollte ich ihnen auftischen. Wenn Claude am Abend von der Arbeit kam, musste alles perfekt sein. Sonst nörgelte er nicht nur an mir herum, sondern stritt sich auch mit seiner Frau. Am liebsten wollte er nach dem Essen ungestört vor dem Fernseher sitzen. Manchmal beachtete er mich nicht, dann wieder verlangte er von mir, dass ich ihn bediente. Ich sollte kaltes Bier bringen und den Ventilator vor seine Nase stellen. Er war ganz anders als Émile. Schon morgens, bevor ich in die Schule ging, musste ich Vorbereitungen für das Mittag- und Abendessen treffen. Mit Emilia verstand ich mich recht gut.

Ich überlegte, ob ich ihr sagen sollte, dass ich mich schon einige Male nachts aus Émiles Haus geschlichen hatte, aber dann wartete ich lieber ab. Ich war nicht sicher, ob ich in ihr eine Verbündete hatte, ob ich ihr vertrauen konnte. Nach einer Weile wunderte ich mich, dass Claude mir kein Taschengeld gab. Nicht einen einzigen Cruzeiro. Émile hatte mir immer Geld zugesteckt, und in unserer Küche stand eine Dose, aus der ich jederzeit ein paar Münzen nehmen konnte, um Kleinigkeiten für den Haushalt oder auch mal ein Eis oder eine Kokosnuss an der Ecke zu kaufen. Ich traute mich nicht, Claude zu fragen. Dona Iara sagte, ich solle ihn darauf ansprechen. Schließlich sei es nicht sein Geld, und außerdem würde ich sogar im Haushalt helfen. Mir stünde durchaus etwas zu.

Als ich schon über einen Monat bei Claudes Familie wohnte und bereits die Tage bis zu Émiles Rückkehr zählte, tauchte ihre Doméstica plötzlich nicht mehr auf. Das junge Hausmädchen war spurlos verschwunden. Niemand wusste, wo sie steckte, und offenbar suchte auch niemand nach ihr. Claudes Frau entschied, dass ich von nun an ihre Aufgaben übernehmen sollte, und mir blieb nichts anderes übrig, als ihr zu gehorchen. Schließlich waren längst sechs Wochen seit Émiles Abreise vergangen, und ich hatte noch immer keinen Cruzeiro Taschengeld bekommen, obwohl ich vor der Schule, am Nachmittag und bis in den Abend hinein den Haushalt führen und kochen musste. In jeder Sekunde sehnte ich mich nach Émile. Wo blieb er nur?

Dann endlich wurden meine Gebete erhört. Als das Telefon klingelte, war ich allein im Haus. Es knackte und rauschte, aber schon beim ersten Wort erkannte ich Émiles Stimme. Mir liefen sofort die Tränen über die Wangen.

135

»Aber meine Kleine, was ist denn?«

»Wann kommen Sie endlich zurück? Émile, bitte! Ich will nach Hause«, schluchzte ich.

»Bald, meine Sueli.«

Ich erzählte ihm das ganze Dilemma und sparte nichts aus. Erst als er einige Minuten gesprochen hatte, merkte ich, wie verändert er klang. Selbst das Rauschen konnte nicht verbergen, dass ihm das Gespräch unangenehm war.

»Émile, wie geht es Ihnen?«

»Ich muss noch eine Weile hier bleiben.«

»Was ist denn mit Ihnen?«

»Ich bin nicht mehr der Jüngste. Ich brauche noch ein wenig Urlaub.«

»Aber nein! Kommen Sie nach Manaus, ich werde mich um Sie kümmern. Sie können den ganzen Tag im Arbeitszimmer sitzen, ich werde kochen, alles sauber machen, und am Abend schauen wir gemeinsam fern.«

»Mein kleiner Engel! Das geht nicht.«

»Warum nicht?«

»Das verstehst du nicht. Dafür bist du noch zu klein.«

»Wann kommen Sie denn?«

»Ich weiß es nicht.«

Mir stockte der Atem. Ich hasste dieses Haus, Claude und seine Frau. Sie waren schlecht zu mir. Émile könnte sich auch hier in Manaus erholen. Ich würde ihn gesund machen. So wie ich meinen Vovô gesund gemacht hatte. *Émile, bitte! Lieber Gott, bitte mach, dass Émile seinen Urlaub beendet und zurückkommt!*

»Sueli? Bist du noch da?«

»Hm.«

»Nicht weinen, mein Engel. Wir werden uns wiedersehen.«

Dann war die Leitung unterbrochen. Ich rief seinen Namen, immer wieder, aber ich hörte nur ein Rauschen. Ich schlug die Tür hinter mir zu und rannte zu Dona Iara. Die Straße verschwamm vor meinen Augen.

Als ich am Abend nach Hause kam, versetzte Claude mir eine heftige Ohrfeige. »Du undankbare Göre! Wir nehmen dich hier auf, und du hast nichts Besseres zu tun, als schlecht über uns zu reden. Andere Mädchen in deiner Lage wären dankbar für ein Dach über dem Kopf.«

Wie meinte er das? Wofür sollte ich dankbar sein? Émile zahlte Geld für mich, und ich bekam nichts davon. Ich machte ihren Dreck weg, kochte für sie, und nun wurde ich auch noch geschlagen.

Am nächsten Tag ging ich nach der Schule zu Dona Iara. Mit Claude wollte ich nichts mehr zu tun haben. Dona Iaras einfache Holzhütte bot zwar kaum Platz, aber schon überlegte ich, wo ich die Haken für meine Hängematte anbringen konnte und wie ich Dona Iara am besten überredete, mich bei ihr aufzunehmen. Zu meiner Überraschung willigte sie sofort ein. Sie schien sich über meinen Entschluss zu freuen. Ich durfte bleiben, so lange ich wollte. Ihre Hütte war sehr ärmlich. Frisches Wasser musste von der Nachbarin geholt werden, und Strom gab es nur, wenn jemand auf den Telegrafenmast kletterte und die Leitung anzapfte. Dann konnte man den Ventilator anstellen und sich ein wenig Erfrischung verschaffen. Doch dieser bescheidene Luxus war meistens von kurzer Dauer. In dem Viertel bezogen viele Hütten ihren Strom illegal, und so rückten häufig Männer vom Elektrizitätswerk an, um die Leitungen zu kappen. Trotzdem war das kleine Zimmer mir viel lieber als Claudes schönes Haus. Bevor ich am Abend einschlief, betete ich, Émile möge zurückkehren. Nie im Leben hatte ich so viel gebetet. Eigentlich hatte ich den Glauben an Gott schon lange verloren, aber nun bezog ich Émiles Rückkehr auch in der Schule ins Morgengebet ein. In der Kapelle an der Ecke zündete ich sogar regelmäßig eine Kerze an.

Einige Tage später stand Claude vor Dona Iaras Tür. Ein heißer Schrecken durchfuhr mich. Er war noch nie hier gewesen.

Woher wusste er überhaupt, wo sie wohnte? Was wollte er? Er musterte mich mit einem Blick, den ich nicht deuten konnte. Etwas Kaltes lag darin, das spürte ich, etwas, das über den Ärger hinausging, den meine Flucht zu Dona Iara bei ihm ausgelöst haben mochte.

»Ich bin gekommen, um dich abzuholen. Es gibt etwas zu besprechen. Mach dich fertig. Ich warte im Auto.«

Er drehte sich auf dem Absatz um und verschwand.

»Was will er von mir?«, fragte ich.

»Vielleicht hat er Nachrichten von Émile«, vermutete Dona Iara.

»Das hätte er auch gleich sagen können. Was soll ich machen? Ich mag nicht mit ihm reden.«

»Du musst! Was wird Émile sagen, wenn du nicht auf seinen Freund hörst?«

»Aber er hat mich geschlagen.«

»Eine Ohrfeige, mehr nicht.«

Ich nahm meine Tasche und ging hinaus. Er fuhr ohne ein Wort los. Am Anfang kannte ich den Weg, aber dort, wo er hätte abbiegen müssen, fuhr er geradeaus weiter. Die Sonne ging unter, und innerhalb kurzer Zeit wurde es dunkel. Ich wusste nicht mehr, wo wir waren. Claude schwieg. Ich hatte Angst. Irgendwann sah ich keine Häuser mehr. Wir befanden uns irgendwo am Rande des Dschungels, weit fort von jeder menschlichen Ansiedlung.

»Wohin fahren wir? Was wollen wir hier?«

Er hielt an und schaltete den Motor aus. Dann stieg er aus, öffnete die Beifahrertür, packte meinen Arm und riss mich aus dem Wagen.

»Was machen Sie da? Sie tun mir weh! Was wollen Sie?«

Er zerrte an meiner Kleidung. Ich schrie, trat ihm gegen das Bein und wehrte mich gegen seinen festen Griff. Dann schlug er mir ins Gesicht. Einmal. Zweimal. Meine Prothese flog heraus. Ich schrie laut um Hilfe. Ich hörte mein eigenes Echo, dass ungehört im Wald verhallte. Das Letzte, was ich spürte, war ein Schlag, der mich zu Boden riss, ein stechender Schmerz in meinem Unterleib und Claudes massiger Körper, der mich zu ersticken drohte. Dann wurde ich ohnmächtig.

Als ich aufwachte, war ich allein. Nackt. Etwas Feuchtes lief an meinen Beinen hinunter. Ich traute mich nicht, es zu berühren. An meinen Schenkeln zerrte ein Schmerz, wie ich ihn noch nie gespürt hatte. Wo war Claude? Lauerte er noch irgendwo? Würde er sich erneut auf mich stürzen? *Ich muss mich verstecken!* Wo war meine Kleidung? Wo meine Prothese? Ich heulte. Ich wollte sterben. Wie konnte ich meinem Leben ein Ende setzen? Kann man sich eigenhändig erwürgen oder ersticken? Ich schaute mich um. Wo war ich? Was war mit mir geschehen? Ich kroch über den Boden. Als Erstes fand ich mein Hemd und zog es rasch über. Endlich ertastete ich meinen Rock. Ich muss weg hier, dachte ich, vielleicht gibt es Schlangen. Wo sind meine Zähne? Blut tropfte aus meiner Scheide. Viel flüssiger als sonst. Wie sollte ich es abwischen? Ich mochte mich nicht anfassen. Es ekelte mich. Ich riss einige Blätter vom Baum und wischte mir über die Schenkel. Was sollte ich tun? Wann wurde es endlich hell? *Lieber Gott, hilf mir! Wenn es dich wirklich gibt, dann steh mir jetzt bei!* Ein Auto anhalten? Aber ohne Zähne? Nein, niemals! Ich würde den Platz nicht wiederfinden. Und wo war die Hauptstraße? Stück für Stück tastete ich alles ab. Vergeblich. Es war viel zu dunkel. Ich versteckte mich hinter einem Baum und schloss die Augen.

Nach einer furchtbar langen Zeit wurde es endlich hell. Und dann, Gott sei Dank, entdeckte ich meine Prothese. Sie war unversehrt, aber sehr schmutzig. Ich spuckte darauf, wischte den Dreck herunter und steckte sie schließlich in den Mund. Es knirschte. Dann ging ich in die Richtung, wo ich die Hauptstraße vermutete. Ein Wagen hielt an. Der Fahrer gab mir ein Zeichen einzusteigen. Ich hatte keine Wahl. Er brachte mich ohne viele Worte zum Haus von Dona Iara, und ich hatte das Gefühl, dass er genau wusste, was mit mir geschehen war.

Dona Iara war außer sich vor Kummer und Wut. Sie tobte und schrie. »Das lassen wir uns nicht gefallen! Dieser verdammte Hurensohn. Wie kann er meiner Kleinen das antun?«

Ich saß wortlos in der Hängematte und schämte mich. Selbst nachdem ich mich unzählige Male gewaschen hatte, wurde ich das Gefühl nicht los, dass man mir die Schande schon von weitem ansehen konnte. Immer wieder sah ich Claude vor mir, wie er mir die Beine auseinander riss und sich auf mich stürzte. Ich wünschte ihm den Tod. Er war ein durch und durch schlechter Mensch. Wieso hatte Émile das nicht erkannt? Wieso hat er mich zu Claude gebracht? Er war doch sein Freund. Er hätte es doch wissen müssen!

»Ich gehe sie anrufen«, sagte Dona Iara.

»Wen? Wen gehen Sie anrufen?«

»Seine Frau. Ich werde ihr alles erzählen.«

Im nächsten Moment war sie verschwunden. Es dauerte sehr lange, bis sie zurückkam. Der Geruch von Cachaça erfüllte augenblicklich den Raum.

»Ich habe ihr alles gesagt. In allen Einzelheiten. Soll sie doch wissen, mit was für einem Schwein sie zusammenlebt. Und weißt du, was das Beste ist?«

»Nein, Dona Iara. Was ist das Beste?«

»Ich habe gesagt, dass wir ihn wegen Vergewaltigung bei der Polizei anzeigen.«

»Und was hat sie gesagt?«

»Geblufft hat sie. Hat so getan, als würde sie mir kein Wort glauben.«

Von Émile hatte ich gelernt, dass man in Brasilien eine Menge Geld braucht, um vor der Justiz Recht zu bekommen. Und davon hatten wir nicht einmal ein klein wenig. Ruhe und Sicherheit – das war im Moment alles, was ich wollte. Die Angst sollte verschwinden. Ich traute mich nicht mehr auf die Straße. In der Nacht verriegelte ich die Tür gleich

mehrfach und wusste doch, dass ein einziger Tritt die Bretter-
konstruktion aus den Angeln heben würde. Wäre Émile hier,
er würde zu mir halten, die Polizei informieren und vor Ge-
richt erscheinen. Er würde alles bezahlen, was nötig wäre, um
Claude seiner gerechten Strafe zuzuführen. Einem wie ihm
schenkte man Glauben. Ich würde mich derweil in unserem
Haus einschließen und könnte mich an dem Eiffelturm und
den Schneeflocken erfreuen und der Meerjungfrau regelmäßig einen Besuch abstatten. Am Abend würden wir gemeinsam fernsehen und die ganze Geschichte vergessen. Ich lag
stundenlang in der Hängematte und versuchte die schrecklichen Gedanken an die Nacht im Wald zu verdrängen.
Manchmal gelang es mir, aber meistens holte mich die Vergangenheit binnen kürzester Zeit wieder ein. Unter Tränen
dachte ich an die Gespräche mit meinen Freundinnen. In den
schönsten Farben hatten wir uns unsere Hochzeitsnacht ausgemalt. Als Jungfrau, unberührt, in den Armen eines lieben-
den Mannes: glücklich. Und nun blutete ich schon seit zwei
Wochen und hatte Angst, dass Claude alles in mir kaputt
gemacht hatte. Vielleicht würde ich nie Kinder bekommen
können.

Plötzlich stand er vor der Tür. Mein Herz drohte vor Angst
aus der Brust zu springen. Wenn er sich noch einmal auf mich
stürzte, würde ich sterben.

»Na, du kleines Flittchen! Was habe ich da gehört? Du
willst zur Polizei? Lächerlich! Wer wird einer Dahergelaufe-
nen wie dir schon glauben? Du hast doch nicht mal Familie.
Schau doch, wo du haust! In einer Bretterbude!«

Meine Lippen blieben fest verschlossen. Ich starrte ihn an,
ohne eine Regung zu zeigen, aber innerlich war ich bereit,
mich mit aller Kraft zu verteidigen. Ich durchbohrte ihn mit
meinen Blicken. Er stockte, schien nicht zu wissen, was er machen sollte.

»Und wenn du doch … ich meine, solltest du es wagen,
dann …«

Er tat einen Schritt auf mich zu. Noch einen, und ich hätte die Nachbarn herbeigeschrien.

»Ich kenne Leute, die erledigen so ein Problem ganz schnell, damit es aus der Welt geschafft ist. Hast du mich verstanden?«

Unfähig, auch nur ein einziges Wort zu sagen, versuchte ich zu begreifen, was er mir mitteilen wollte.

»Kapierst du? Dann ist es aus mit dir.«

Er drehte sich um und ging. Meine Hände zitterten. Ich wollte leben! Trotz allem! Niemals würde ich ihn anzeigen! Niemals! Und Dona Iara sollte gefälligst ihren Mund halten. Sie wusste doch genauso gut wie ich, dass man in diesem Land für ein paar Cruzeiros jemanden fand, der eine wie mich abservierte. Nicht nur einmal hatten wir davon gehört. Was sollte ich nur machen? Ich war mittellos und konnte nicht ewig in Dona Iaras Hütte bleiben. Immerhin war mein Schulgeld noch eine Weile gesichert. Bis zum Ende des Jahres, hatte Émile gesagt. Mir blieb nichts anderes übrig, als Arbeit zu suchen.

Doméstica

Auch wenn ich noch nicht einmal vierzehn war, so wirkte ich doch recht erwachsen. Alt genug jedenfalls, um nach einer Anstellung Ausschau zu halten. Alles, was ich von Dona Iara und Émile gelernt hatte, würde mir zugute kommen. Es war einfacher, als ich dachte. Nach zwei vergeblichen Versuchen klingelte ich an der Tür von Dona Fatima. Wir waren uns schnell einig. Sie lebte mit ihrem Mann und ihren zwei Töchtern in einem sehr schönen Haus in einem modernen Stadtteil von Manaus. Ich mochte sie auf Anhieb, und auch ihr Mann war nett zu mir. Sie stammten aus einem weit entfernten Bundesstaat und lebten noch nicht lange am Amazonas. Dona Fatima war begeistert von meinen Kochkenntnissen. Sie überließ mir ein kleines Zimmer neben der Küche, direkt am Hinterausgang. Dass ich jeden Tag zur Schule ging, begrüßte sie. Wer hatte schon eine gebildete Hausangestellte? Mein Kontakt zu Europäern und anderen Ausländern machte mich zu einer ganz besonderen Doméstica. Zum Essen saß ich, wie Dona Iara bei Émile, mit der Familie am Tisch. Für die Lage, in der ich mich befand, hatte ich ein gutes Los gezogen. Allmählich verschwand die Angst, mein Appetit kehrte zurück, und ich wurde etwas dicker. Wenn doch nur Émile endlich käme, dachte ich Tag für Tag, dann wäre die Welt wieder in Ordnung. Manchmal spürte ich eine Wut auf ihn. Wie konnte er mich so lange warten lassen? Ohne meinen Schutzengel war ich der Welt hilflos ausgesetzt.

Als ich immer runder wurde, dachte ich zunächst, es läge an dem guten Essen bei Dona Fatima. Erst nach Monaten dämmerte mir, dass ich schon länger keine Regelblutung mehr gehabt hatte.

Dona Iara ging mit mir zum Arzt. Ich musste in eine Schale pinkeln und warten.

»Positiv! Du bist schwanger! Ein bisschen jung, nicht? Vierter Monat!«

»Was? Wie ist das möglich?«

»Das weißt du sicher selbst am besten, kleines Fräulein«, sagte der Arzt und verschwand im Nebenraum.

Für mich brach eine Welt zusammen. Dieses Scheusal hatte mein Leben zerstört! Ich war am Ende. Bald ging ich nicht mehr zur Schule. Ich war niedergeschlagen und derart müde von der Arbeit im Haushalt, dass ich fürchtete, Dona Fatima könne Verdacht schöpfen. Ich zog weite Kittel an und versuchte, meinen Bauch zu verbergen. Als er immer dicker wurde, band ich mir mit einer Mullbinde einen Plastikteller über die Wölbung. So stach er weniger hervor. Ich erzählte niemandem von meiner Schwangerschaft, und niemand fragte nach. Ich war ein junges Mädchen, das ein wenig dicker wurde. So jung, dass niemand an eine werdende Mutter dachte. Nicht einmal Soraia merkte etwas. Sie schob meine Niedergeschlagenheit auf Émiles Fortbleiben.

Dona Iara hatte inzwischen eine neue Stelle bei einem reichen, kinderlosen Ehepaar gefunden. Immer wieder erzählte sie mir, wie nett sie seien und wie sehr sie sich ein Baby wünschten. Seit Jahren würden sie es probieren, aber selbst die besten Ärzte hätten es nicht vermocht, ihren Kinderwunsch wahr werden zu lassen. Nun planten sie, ein Kind zu adoptieren.

»Verstehst du nicht, meine Kleine? Das ist eine Chance für dich!«

»Für mich?«

»Wenn du einverstanden bist, dann nehmen sie dein Baby. Keiner wird davon erfahren. Dort wird es dein Kind gut haben. Und du kannst ein neues Leben beginnen.«

»Nein! Nein, niemals! Wie kann ich ein neues Leben führen, wenn an seinem Anfang eine Sünde steht?«

Aber Dona Iara beharrte auf ihrem Vorschlag. Sie könne es so arrangieren, dass die Familie mein Kind sofort nach der Geburt zu sich nähme und für immer behielte. Ich würde es nicht einmal zu Gesicht bekommen. Ich könnte alles vergessen. Als sei nie etwas passiert.

»Du bist erst dreizehn. Sueli, mein Schatz, sei vernünftig!«

Tagelang konnte ich an nichts anderes denken. Wie sollte ich mich entscheiden? Vielleicht hatte Dona Iara Recht, vielleicht war es die beste Lösung. Ein Gedanke setzte sich immer nachdrücklicher in meinem Kopf fest: Das Leben in meinem Bauch erinnerte mich bereits jetzt jede Sekunde an den schlimmsten Tag in meinem Leben, und nach der Entbindung wäre es sicher genauso. Womöglich hätte das Kind Ähnlichkeit mit meinem Peiniger. Ich konnte es nicht behalten. Als der

144

Tag der Niederkunft immer näher rückte, übernahm Dona Iara die Vorbereitungen. Sie besprach alles mit einer Hebamme, richtete ihr Zimmer her und gab mir Trost und Zuspruch, wann immer sie konnte. Ich war doch ihre kleine Sueli, ihr Sonnenschein, ihre Tochter.

Erst als die ersten Wehen einsetzten, verließ ich Dona Fatimas Haus. Sie hatte meine Schwangerschaft bis zum Schluss nicht bemerkt.

Die Hebamme war sehr geschickt. Dona Iara hatte sie kommen lassen, weil sie Erfahrung mit jungen Mädchen hatte, die heimlich ein Kind auf die Welt brachten. Sie sagte, sie hätte schon unzählige Minderjährige kennen gelernt, die es so machten wie ich, aus Angst, von ihren Familien verstoßen zu werden. Ich lag auf einer Decke am Boden und hielt mich an der Hängematte fest. Sie untersuchte mich, ertastete die Lage des Babys und erklärte mir das Pressen. Sie massierte meinen Bauch und sprach tröstende Worte. Ich dachte an meine Mutter, auch daran, wie sehr sie bei jeder Geburt gelitten hatte. Noch konnte ich die Wehen ertragen. Die Hebamme machte ein zufriedenes Gesicht. Zwischen meinen Beinen wurde es sehr feucht, und sie nickte aufmunternd. Im nächsten Moment fühlte ich einen Schmerz, der sich in meinem ganzen Körper ausbreitete. Von meinem Becken über meinen Rücken bis in den Kopf hinein. Ein heftiger, durchdringender Schmerz.

Dann war es vorbei. Ich habe das Kind nie gesehen, nicht einmal, als es vollständig aus meinem Körper geschlüpft war. Ich schaute nicht hin. Die reiche Frau stand schon bereit, es zu übernehmen. In ihrem teuren Kleid wirkte sie wie ein Fremdkörper in der Hütte. Es gab einen Stuhl, aber sie setzte sich nicht. Sie sah freundlich aus. Ihr helles Haar hatte sie hochgesteckt. Sie lächelte mich an, und einen Moment lang vergaß ich meine Traurigkeit. Sie beugte sich ein wenig herunter.

»Du hast mir das schönste Geschenk auf Erden bereitet. Von ganzem Herzen: vielen Dank!«

Dann nahm sie das Baby und ging. Erst Stunden später ließ ich meinen Tränen freien Lauf. Mein Bauch war leer. Kein Stoßen der Beinchen und Ärmchen mehr. Ich fühlte mich unendlich allein. Hatte ich die richtige Entscheidung getroffen? Hatte ich überhaupt eine Wahl? Es war ein Junge! So viel hatte Dona Iara mir verraten. Lucas war sein Name.

Trauer

In meinen Brüsten staute sich die Milch, und ich dachte daran, dass mein Baby jetzt davon trinken sollte. Hilflos presste ich die Milch heraus. Ich konnte nichts essen und magerte bis auf die Knochen ab. Mit eingefallenen Wangen lag ich in der Hängematte und schwitzte. Stundenlang schaukelte ich apathisch neben der geöffneten Tür hin und her und schaute hinaus auf die Straße. Von dort kroch mir der Geruch frischer Farbe in die Nase. Für die Fußballweltmeisterschaft in Spanien wurden das Straßenpflaster und die hohen Mauern mit den Nationalfarben bemalt. Der Geruch frischer Farbe in Verbindung mit der Geburt meines ersten Kindes ist eine der wenigen Erinnerungen, die ich aus dieser Zeit habe. Meine Lebenslust war dahin. Meistens döste ich in einer Art Halbschlaf durch die bleiernen Tage, und nachts hatte ich scheußliche Träume. Wenn Dona Iara von der Arbeit nach Hause kam, fragte ich sie manchmal nach meinem Sohn, aber ihr war kaum ein Wort zu entlocken. »Es geht ihm gut. Denk nicht mehr an ihn.«

Immer mehr Nachbarn versammelten sich beim Vorderhaus, wo seit kurzem ein Fernsehapparat stand, der extra zur Weltmeisterschaft gekauft worden war. Dona Iara fieberte dem kommenden Spiel entgegen. Unser Team galt als hoher Favorit in Spanien. Heute Nacht musste Italien besiegt werden, damit wir ins Halbfinale ziehen konnten. Niemand sprach von etwas anderem, und in den Straßen wehten Wimpel und Girlanden, als wäre Brasilien bereits Champion. In der ganzen Stadt liefen die Fernsehgeräte, und niemand wollte auch nur eine Sekunde verpassen. Ich blieb liegen und tat so, als ginge mich der Trubel nichts an. Bis zum späten Abend hatte sich eine Menschentraube im Hof versammelt. Claudio versuchte ein letztes Mal, mich zum Zuschauen zu überreden, aber auf sein Bitten reagierte ich nicht einmal.

Der Lärm der Fußballfans übertönte jedes andere Geräusch. Die Schreie verrieten mir den Spielverlauf. Schon nach wenigen Minuten hatten die Italiener ein Tor geschossen. Wenig später schrien die Leute: »Zico! Zico! Schieß!« Dann hörte ich: »Socrates! Socrates! Goal!« Es war mir egal. Ich hatte ohnehin schon verloren. Das Schreien, Toben, Jauchzen und Brüllen nahm kein Ende. Aus der Ferne hörte man Sambatrommeln. Es fielen weitere Tore, aber am Ende waren die Brasilianer besiegt. Nicht einmal das Halbfinale hatten sie erreicht. Das ganze Land verfiel in Trauer, und so ging meine Traurigkeit in den Tränen der anderen unter.

Eines Nachts schreckte ich mit wildem Herzklopfen aus einem furchtbaren Traum.

»Dona Iara! Dona Iara! Er ist tot!«, rief ich und rüttelte sie wach.

»Wer? Wer ist tot, mein Kind?«

»Émile! Ich habe es gesehen. Er ist gestorben und liegt in europäischer Erde begraben. So, wie er es sich immer gewünscht hat.«

»Aber woher weißt du ... ich meine, wer hat es dir gesagt? War jemand hier?«

»Ich habe es mit meinen eigenen Augen gesehen.«

Dona Iara weinte, und ich schaute sie wortlos an. Am nächsten Tag gingen wir gemeinsam zu Émiles Haus. Schon als ich das Tor von weitem sah, fühlte ich den Kloß in meinem Hals. Er bestand aus Angst und Wut und nahm mir fast den Atem. Etwas brodelte in mir, das nicht herauskommen konnte. Ich war ihm böse. Wütend, weil er mich im Stich gelassen hatte. Und in meiner Verzweiflung machte ich ihn dafür verantwortlich, dass Claude mich derart misshandelt hatte. Vielleicht würde ich in Émiles Haus einen Hinweis finden. Irgendetwas, was mir sein Verschwinden erklären konnte.

Vor den Fenstern hingen Gardinen. Ein roter Mercedes stand vor der Tür, genau an dem Platz, wo Émile immer seinen dunkelblauen Volkswagen geparkt hatte. Dona Iara hielt den Schlüssel in der Hand. Ihre Hände zitterten, als sie ihn ins Schloss steckte.

»Das funktioniert nicht«, sagte sie. »Der passt nicht.«

»Was? Wieso nicht? Probieren Sie weiter!«

Ich beobachtete, wie sie versuchte, ihre Hände ruhig zu halten, und wurde ungeduldig.

»Dona Iara, Sie haben getrunken, Sie zittern ja, deshalb passt der Schlüssel nicht. Geben Sie her!«

»So klar wie heute war ich schon lange nicht mehr. Glaubst du, ich kann keinen Schlüssel mehr ins Schloss bekommen?«

»Entschuldigung!«

Im nächsten Moment riss jemand die Tür auf. Eine ältere Dame sah uns irritiert an. In der rechten Hand hielt sie ein großes Fleischmesser.

»Was machen Sie an unserer Tür, um Gottes willen?«, rief sie und schien bereit, sich gegen uns zu verteidigen.

»Wer sind Sie?«, fragte ich. »Wissen Sie etwas über Émile?«

»Émile? Wer ist Émile? Wer bist du überhaupt?«

»Mein Name ist Sueli, das ist Dona Iara. Ich wohne hier … ich meine, Émile wohnt hier … und ich auch. Haben Sie etwas von ihm gehört?«

»Ich kenne niemanden, der so heißt. Verschwindet!«

»Warten Sie! Bitte!«

Ich atmete tief durch und versuchte ihr mit ruhigen Worten zu erklären, was mich hierher zog. Wenigstens meine Sachen und Émiles alte Truhe wollte ich abholen. Den Eiffelturm mit den Schneeflocken, die Fotos, Émiles Album. Davon wisse sie nichts, erzählte die Dame, das Haus sei leer gewesen, als sie es vor Monaten bezogen habe. Sie bat uns nicht hinein. Mehr als einen Blick ins Wohnzimmer konnte ich nicht erhaschen. Dort sah es fast genauso aus wie früher. Über ein Jahr war vergangen, seitdem ich das letzte Mal meinen Fuß über diese Schwelle gesetzt hatte. Und nun sollte alles ausgelöscht sein? Keine Meerjungfrau mehr! Kein Zimmer mit einem Eiffelturm auf dem Nachttisch! Kein Sofa, auf dem wir zusammen sitzen und unsere Freude und unseren Kummer teilen konnten. Kein Klappern aus der Küche, wenn Dona Iara etwas aus den Händen fiel.

Ich weinte. Die fremde Frau verriegelte die Tür, und Dona Iara nahm mich in den Arm. Auf dem Heimweg sah ich eine Frau mit einem Kleinkind im Arm, etwa im gleichen Alter wie mein Lucas. Ich war untröstlich. Ich schaute der Frau hinterher. Am liebsten hätte ich ihr das Baby entrissen.

»Dona Iara. Wo ist mein Junge? Ich muss ihn sehen!«

»So beruhige dich doch! Denk nicht mehr an die alten Geschichten! Das ist vorbei!«

»Aber wo ist er? Wo lebt die blonde Frau?«

»Sie sind nicht mehr in Manaus. Sie sind weit weg gezogen. Du darfst nicht mehr daran denken.«

»Aber wie heißt die Familie? Ich muss ihn finden.«

»Nein, das kannst du nicht, es ist vorbei, kleine Sueli.«

Dona Iara wollte mich nicht verstehen. Immer wieder versuchte ich, das Gespräch auf meinen Sohn zu lenken. Da sie beständig schwieg und mir auf keinen Fall verraten wollte, wo der Junge lebte, wurde ich wütend auf sie und wollte nicht mehr in ihrer Nähe sein. Sie erinnerte mich viel zu sehr an mein kleines Baby. Ich musste dringend eine neue Bleibe finden.

Gleich am nächsten Tag machte ich mich auf den Weg zu Dona Fatima. Schon nach dem ersten Klingeln öffnete sich das Tor. Als ich über den Hof ging, sah ich sie in der Tür stehen. Sie schaute mich erschrocken an.

»Mein Gott, Sueli! Was ist passiert? Wie siehst du aus? Wo warst du?«

»Entschuldigen Sie, Dona Fatima. Ich konnte mich nicht melden. Ich war sehr krank.«

»Komm schnell herein. Setz dich! So erzähl doch! Was ist passiert?«

Sie ließ mich wieder bei sich arbeiten. Zwar wohnte eine andere Doméstica in meinem alten Zimmer, doch Dona Fatima quartierte mich bei ihren Töchtern ein. Sie behandelte mich fast wie ein Familienmitglied. Es rührte mich, wie sehr sie mir vertraute. Fortan sollte die neue Doméstica für das Putzen, Waschen und Bügeln zuständig sein. Ich übernahm das Kochen und die Beaufsichtigung der beiden Mädchen. Dona Fatima drängte mich, wieder die Schule zu besuchen, aber dafür fühlte ich mich noch zu schwach.

Von nun an ging ich nur noch selten zu Dona Iara. In den vergangenen Monaten hatte ich versucht, die Erinnerung an Lucas zu verdrängen, aber es war mir nicht gelungen. Noch immer schaute ich in jeden Kinderwagen und reagierte auf jedes Babyschreien. Ein letztes Mal wollte ich sie bitten, mir den Namen und die Adresse der reichen Frau zu geben, und machte mich auf den Weg zu ihr. Als ich die Tür ihrer Hütte geschlossen vorfand, wollte ich schon kehrtmachen. Da sah ich Claudio aus dem Nachbarhaus treten.

»Sie ist tot.«

»Wer?«

»Unsere Dona Iara! Herzinfarkt, sagen die Leute.«

Ohne ein Wort, ohne ihn anzusehen, rannte ich davon. Ich lief die Straße hinunter, irrte ziellos durch das Viertel und wartete auf Tränen. Nun hatte ich auch sie verloren. Und damit für alle Zeiten meinen Sohn. Ich wollte nichts mehr fühlen, nichts mehr erleben, nichts mehr erleiden. Ich wünschte auch mir den Tod herbei.

DIE LIEBE UND DER SCHMERZ

Verliebt

Nun besuchte ich das Colégio Einstein. Als ehemalige Privat-
schülerin erließ man mir einen Teil des Schulgeldes. Den Rest
bezahlte ich aus eigener Tasche. Ich wollte so schnell wie möglich mein Magistério machen. In der Nonnenschule hatte ich
so viel gelernt, dass ich hier mühelos mithalten konnte. Ich
vermutete, dass ich die einzige Doméstica unter meinen Mitschülerinnen war. Zumindest sah keine von ihnen wie eine
Hausangestellte aus. Dass ich bei einer reichen Familie arbeitete und lebte, ahnte niemand. Ich hatte mich in meinem
neuen Leben eingerichtet und nahm mir vor, nur noch nach
vorn zu schauen. Von der dunklen Seite meines Lebens wollte
ich nichts mehr wissen. Ich traf mich wieder mit Soraia. Es tat
gut, mit ihr zu reden. Fast hatte ich vergessen, wie lustig das
Leben sein konnte. Abends saßen wir oft vor ihrem Haus oder
gingen auf den Opernplatz, um Freunde zu treffen.

An einem dieser Abende traf ich Jânio wieder. Er war noch
hübscher geworden. Ein stattlicher junger Mann mit breiten
Schultern und glänzendem Haar. Bevor er zu einem Gruß an-
setzte, schaute er mir tief in die Augen. Ich lächelte, und schon
zeigten sich zwei lustige Grübchen auf seinen Wangen.

»Boa noite, senhorita, wie schön, Sie wiederzusehen. Es ist
mir eine Ehre«, sagte er mit einer überraschend tiefen Stimme.
Dabei nahm er meine Hand, und ich befürchtete schon, er wolle
sie küssen. Er spielte den Gentleman, und ich musste lachen.

152

»Oi, Jânio, wie geht's?«

»Wie soll es mir gehen, wenn ich ein so schönes Mädchen nach langer Zeit endlich wiedersehen darf? Wunderbar! Wo hast du gesteckt? Ich hab dich ewig nicht gesehen. Ich hatte schon Angst, du hättest Manaus verlassen.«

»Wirklich? Ich meine … du hast gemerkt … also, es gab ein paar Probleme. Ich war krank.«

»Doch nicht beim Fensterklettern abgestürzt, oder? Wohnst du noch dort? Hier vorn um die Ecke?«

»Nein, nicht mehr.«

»Darf ich dich zu einem Eis einladen?«

»Sehr gern.«

Jânio ging noch immer auf die Militärschule. In zwei Jahren wollte er seinen Abschluss machen. Möglicherweise war er sogar etwas jünger als ich. Aber mit Mädchen schien er schon einige Erfahrung zu haben. Als wir auf einer Parkbank saßen, legte er seinen Arm um meine Schulter. Ein wunderbares Gefühl. Der Arm lag so nah an meinem Gesicht, dass sein Duft meine Nase kitzelte. Am liebsten hätte ich an ihm geschnuppert. Er roch so gut. Unentwegt schaute er mich an, mein Gesicht, meine Augen, ich spürte seinen Atem an meiner Wange. Jânio hatte sehr dunkle Augen und kräftige Brauen. Ich konnte nicht umhin, ihn ständig anzustarren. Auf dem Weg war mir aufgefallen, dass sich einige Mädchen nach ihm umgedreht hatten. Neben seinem sportlichen Körper kam ich mir klein vor. Später brachte er mich zur Bushaltestelle und gab mir einen Abschiedskuss. Ich ließ es geschehen und fühlte seine Lippen auf meinen. Mein erster Kuss.

In der Nacht konnte ich nicht schlafen. Meine Gedanken kreisten unentwegt um Jânio. Sein Lächeln, seinen Arm auf meiner Schulter, das warme und weiche Gefühl dabei, seinen Duft und unsere Lippen. In meinem Bauch kribbelte es. Ein Gefühl, das niemals aufhören sollte. Ich rollte mich in meinem

Bett hin und her, spannte schließlich meine Hängematte auf und versuchte mich in den Schlaf zu wiegen. Jânio!

Er stammte aus einer wohlhabenden Familie. Schon damals hatte Soraia mir das Haus gezeigt. Das Grundstück war von einer hohen Mauer umgeben, ein großes Tor versperrte die Sicht. Wenn ein Wagen vorfuhr, dann öffnete es sich wie von Zauberhand. Bestimmt hatte dort jeder sein eigenes Zimmer. Hausangestellte sorgten für Sauberkeit.

Jânio und ich trafen uns immer häufiger. Manchmal nahm er heimlich das Auto seines Vaters und holte mich bei Dona Fatima ab. Er verlor nie ein Wort darüber, dass ich eine Doméstica war. Ihm schien das egal zu sein. Mit dem Wagen fuhren wir an den Strand, parkten etwas abseits der Bars und Showbühnen, redeten, lachten und küssten uns. Manchmal tanzten wir miteinander und schwebten davon. Wenn im Radio unser Lieblingslied »Você foi!« gespielt wurde, dann sangen wir inbrünstig mit. Roberto Carlos sang »Du warst!« mit seiner wunderbar sanften Stimme und trieb mir jedes Mal wohlige Schauer über den Nacken. Die Liebe zu entdecken war das schönste Gefühl auf Erden. Jânio konnte herrlich küssen, und offenbar kannte er sich auch mit anderen Dingen aus. Er knöpfte meine Bluse auf und streichelte zärtlich meine Brüste. Wenn ich ihn dabei küsste und süße Worte in sein Ohr hauchte, stöhnte er leise auf. Das Auto war groß, und wir machten es uns auf der Rückbank bequem. Mein Rock rutschte hoch, und ganz vorsichtig zog Jânio mein Höschen herunter. Seine Finger berührten mich überall, und es war ein wunderbares Gefühl. Sein Becken ging auf und nieder, und seine Jeans spannte über seiner Erregung. Ich nahm all meinen Mut zusammen, zog den Reißverschluss hinunter und befreite seine Lust. Er schlüpfte aus seiner Hose und schmiegte sich an mich.

»Sueli, meine Liebe, meine Einzige, mein Engel, ich liebe dich!«

»Ich liebe dich auch.«

»Soll ich dir ganz nah kommen?«

»Ja ... aber du darfst mir nicht wehtun ... bitte!«

»Keine Angst, meine Schöne, ich bin ganz vorsichtig. Ich werde dir niemals weh tun.«

Jânio stöhnte lustvoll, rieb sich an meinen Schenkeln und spielte mit seinen Fingern an meiner Scham. Ich fühlte seinen großen Penis und bekam ein wenig Angst. Aber seine Finger verwöhnten mich, und ich wurde ganz weich und erregt. Er sollte näher kommen. Ich schob seinen schönen Körper auf mich, spreizte meine Beine und nahm ihn auf. Es tat fast gar nicht weh. Er bewegte sich langsam und bedeckte mich mit tausend Küssen. Die Fensterscheiben beschlugen, Schweiß lief an unseren Körpern hinab, und Jânios dunkle Locken klebten an der Stirn. Seine Lider waren geschlossen, und er sah unbeschreiblich glücklich aus. Er atmete schwer, ich sah seine Zähne und seine Zunge, die sich auf und nieder bewegte. Er schien still zu schreien. Immer schneller bewegte er sich in mir. Es war schön, ihm so nah zu sein. Dann stöhnte er laut auf, rief meinen Namen, biss mir in die Schulter und drückte mich fest an sich. Auf dem Seitenfenster sah ich seinen verdrehten Fußabdruck. Es war ein lustiger Anblick.

Auf dem Heimweg gerieten wir in eine Polizeikontrolle. Jânio hatte keinen Führerschein. Er war nicht einmal alt genug, um die Prüfung abzulegen. Die Polizisten staunten nicht schlecht, als sie merkten, dass er erst sechzehn war. Sie nahmen uns mit auf die Polizeistation. Dann alarmierten sie Jânios Eltern. Als seine Mutter uns sah, geriet sie außer sich vor Wut.

»Jânio! Wie konntest du es wagen? Und wer ist dieses Mädchen? Warum umarmst du sie?«

»Guten Tag, Senhora«, sagte ich, stand auf und reichte ihr die Hand.

Sie beachtete mich nicht, sprach nicht einmal einen Gruß. Stattdessen funkelte sie Jânio an, der schweigend dasaß.

»Wer sie ist, habe ich gefragt!«

»Das ist Sueli. Meine Freundin. Wir lieben uns.«

»Was ist das für ein Quatsch? Was verstehst du schon von Liebe? Hat die Kleine dich überredet, das Auto zu nehmen?«

»Aber Mutter, wie kommen Sie denn darauf? Sueli hat nichts damit zu tun.«

»Sueli! Was ist das überhaupt für ein Name? Wo wohnt sie? Wer sind ihre Eltern?«

Jânios Wangen glühten. Die Szene schien ihm peinlich zu sein. Er drückte meine Hand, woraufhin seine Mutter auf unsere ineinander verschränkten Finger starrte.

»Lass endlich das Mädchen los!«

»Ich mache mich dann lieber auf den Weg«, sagte ich.

»Wir fahren dich nach Hause, Sueli.«

»Nein, nein, nicht nötig. Ich muss jetzt gehen. Dona Fatima wartet auf mich.«

»Es ist schon dunkel. Ich lasse dich nicht allein.«

»Was ist hier eigentlich los?«, fragte seine Mutter. »Wer ist Dona Fatima? Woher kennt ihr euch überhaupt?«

Ich schwieg. Dieser Frau konnte man es sicher ohnehin nicht recht machen. Ich setzte mich auf die Rückbank, und Jânio dirigierte seine Mutter zum Haus von Dona Fatima. Als sie das teure Wohnviertel sah, das in der Nähe ihrer eigenen vornehmen Nachbarschaft lag, hellte sich ihre Miene ein wenig auf.

»Deine Eltern warten bestimmt schon auf dich. Wie alt bist du überhaupt?«, fragte sie mich.

»Ich bin siebzehn.«

»Dort können Sie halten«, sagte Jânio. »Hier wohnt Sueli.«

Zum Abschied stieg er aus und nahm mich in den Arm. »Ich liebe dich«, flüsterte er in mein Ohr.

»Ja, ich dich auch.«

Der Plan

Von jenem Tag an sah ich Jânio in jeder freien Minute. Nach der Schule erwartete er mich vor dem Tor. Sooft wir konnten, fuhren wir an den Strand. Wenn ich in seinen Armen lag, war ich glücklich. Mitunter weinte ich sogar vor Glück, und Jânio verstand nicht, dass meine Tränen Boten der Freude waren. Nach der Schule begleitete er mich zu Dona Fatima, gab mir einen Abschiedskuss und holte mich am Abend, wenn ich meine Arbeiten erledigt hatte, wieder ab. Dann saßen wir auf dem großen Platz und träumten von einer gemeinsamen Zukunft. Diesen Traum zu zerstören hatte Dona Wauda sich zur Aufgabe gemacht, als sie merkte, dass ihr Sohn sich weiterhin mit mir traf. Jemand hatte ihr erzählt, dass ich als Hausmädchen arbeitete. Jânio hatte etwas Besseres verdient, dieser unglückseligen Liaison musste Einhalt geboten werden.

Eines Nachmittags stand Jânio nicht am Tor. Als er auch am folgenden Tag nicht auftauchte, erfasste mich eine tiefe Unruhe. Am nächsten Morgen verließ ich sehr früh das Haus und wartete am Tor der Militärschule auf ihn. Seine Mitschüler strömten aus allen Richtungen herbei. Einige grüßten mich. Erst kurz bevor der Unterricht begann, sah ich den Wagen vor der Schule halten. Seine Mutter saß am Steuer und setzte ihn direkt vor dem Eingang ab. Ich versteckte mich hinter einem Pfeiler, damit sie mich nicht sah. Jânio eilte auf den Schulhof. Als seine Mutter anfuhr, rief ich ihm nach.

»Jânio!«

»Sueli! Meine Liebste!«

Ohne zu zögern, machte er kehrt. Wir liefen bis zur nächsten Straßenecke, wo uns niemand sehen konnte, und küssten uns.

»Meu amor. Wo warst du? Ich habe mir Sorgen gemacht!«

»Meine Mutter ... sie hat erfahren ... also, wie soll ich

sagen? Sie hat etwas gegen unsere Liebe. Unsere Doméstica hat ihr erzählt, dass du bei Dona Fatima arbeitest.«

»Sie denkt, dass ich nur ein Dienstmädchen bin?«

»Hm.«

»Und sie hat dir den Kontakt mit mir verboten?«

»Ja, aber wir beide finden einen Weg. Sie wird mich niemals daran hindern, dich zu sehen. Meine Mutter wird uns nicht auseinander bringen.«

»Was ist mit deinem Arm? Was sind das für Flecken?«

»Ach, nichts.«

»Du bist geschlagen worden. Das sehe ich genau.«

»Ach, nein.«

»Du kannst es mir ruhig sagen.«

»Mit einer Kette!«, flüsterte er.

»Deine Mutter?«

Jânio nickte. Ich konnte es kaum glauben. Mit Gewalt wollte sie unsere Liebe zerstören.

»Jetzt fährt sie dich jeden Tag zur Schule?«

»Und sie holt mich ab.«

»Damit wir uns nicht sehen!«

»Ich darf dich nie wieder treffen! Sie redet sehr schlecht über dich!«

»Über mich? Was weiß sie schon von mir?«

»Die Leute reden.«

»Jânio, ich habe Angst. Was sollen wir tun?«

»Mir wird schon was einfallen. Ich habe ihr gesagt, dass ich heute bis um drei Uhr Schule habe. Um halb zwei bin ich bei dir. Dann reden wir. Jetzt muss ich gehen.«

»Kommst du auch wirklich?«

»Versprochen! Dann haben wir eine Stunde Zeit. Ich kann nicht leben ohne dich.«

Es war Jânios Idee! Der Plan war genial! Ich musste schwanger werden! Wenn wir ein Kind bekämen, würde seine Mutter uns nicht mehr trennen können. Dann wären wir für immer und ewig vereint. Sie würde uns sogar heiraten lassen! Wir wären Mann und Frau! Sooft es ging, schliefen wir miteinander. Wir liebten uns an den sonderbarsten Orten. In einem kleinen Schuppen hinter Dona Fatimas Haus, auf einem überwucherten Grundstück am Ende von Jânios Straße, in einem Schrottauto und auf einer Parkbank. Manchmal hatten wir nicht mehr als eine halbe Stunde Zeit. Wir gewöhnten uns an das Versteckspielen. Es machte uns sogar Spaß. Fühlten wir uns unbeobachtet, gingen wir Hand in Hand durch die Straßen. Jânio sang mir Lieder vor und malte uns eine rosige Zukunft aus. Der Junge aus gutem Hause und das Dienstmädchen fanden ihr Glück.

Aber es gab auch Tage, an denen Jânio sich nicht herausschleichen konnte. Dann wartete ich ungeduldig vor meiner Schule oder beim Eisverkäufer auf dem großen Platz. Abends stand ich vor Dona Fatimas Haus und hoffte, er käme im nächsten Moment um die Ecke. Einmal vergingen drei Tage ohne ein Zeichen von ihm, und in mir begann ein Vulkan zu brodeln. Wenn er mich wirklich liebte, musste er doch einen Weg finden, mich zu treffen. Als er endlich auftauchte, schoss ich giftige Pfeile ab. »Hast du Angst vor deiner Mutter? Ist sie dir wichtiger als ich?« Ich ließ meiner Enttäuschung freien Lauf. »Du bist ein Muttersöhnchen, einer, der am Rockzipfel hängt und tut, was Mama ihm sagt.«

»Und du!?«, schnaubte er. »Bei dir weiß man gar nicht, woher du kommst! Irgendwo aus dem Dschungel! Wer sind überhaupt deine Eltern? Keiner hat sie je gesehen.«

»Das geht dich gar nichts an. Du denkst wohl, nur weil du reiche Eltern hast, bist du was Besseres. Nicht mal allein auf die Straße lassen sie dich, deine feinen Eltern.«

»Deine dafür umso mehr. Eine richtige Rumtreiberin bist du! Und Jungfrau warst du auch nicht mehr! Du hattest sicher schon eine Menge Kerle. Meine Mutter hat Recht. Du bist ein Flittchen. Wie alle Domésticas. Versuchst dir eine gute Partie zu angeln. Dafür spielst du mir die Liebe vor.«

Ich war außer mir vor Wut. »Verschwinde! Geh mir aus den Augen! Ich will dich nie wiedersehen. So einer wie du hat meine Liebe nicht verdient. Du warst nicht nur der erste Mann, dem ich mich hingegeben habe, sondern sogar der erste, den ich jemals geküsst habe. Nur dir habe ich meine Liebe geschenkt. Aber das werde ich mein Leben lang bereuen. Du kapierst überhaupt nichts. Zieh Leine, du Mamakind! Ich suche mir einen richtigen Mann. Einen, der immer für mich da ist.«

Jânio glühte vor Zorn. Wortlos wendete er sich von mir ab, und ich fühlte mich unendlich einsam.

Schwanger

»Sueli! Komm schnell!«, rief Dona Fatima. »Schau mal, was da draußen los ist! Da kommen Reiter!« Ich wischte mir die nassen Hände an der Schürze ab und eilte aus der Küche auf die Terrasse. Ich wollte meinen Augen nicht trauen. Jânio saß hoch zu Ross und dirigierte seinen Schimmel direkt vor unser eisernes Tor. Zu allem Überfluss hielt er auch noch eine Gitarre im Arm. Zur Rechten und Linken rahmten ihn zwei weitere Reiter. Er schaute mich an wie in den schönsten Momenten unserer Zweisamkeit und schlug den ersten Akkord an. Ich erkannte unser Lieblingslied sofort! Seine Begleiter stimmten ein.

Você foi … Du warst
… *o major dos meus casos.*
… meine längste Romanze.
Você foi … Du warst
… *a mentira sincera,*

Mein Elterhaus in Parana do Paratari während der Regenzeit.

Mein Vovô – seine Identitätskarte.

In der katholischen Schule in Manaus.

Dona Chica, Nachbarin in Manacapuru, die als Einzige einschritt, als mein Vater mich an der Palme misshandelte. Sie trägt eines der T-Shirts, die im Wahlkampf massenweise an Arme und Indianer im Dschungel verteilt werden.

Meine ungeliebte Großmutter.

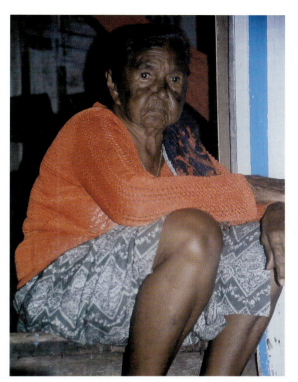

Mein Vater auf Fischjagd.

Verkehrsschiff in einem Seitenarm des Rio Solimões.

Fischverarbeitung am Rio Solimões.
Zum Trocknen aufgehängte Jutefasern.

Ein alter Kautschukbaum, den schon mein Vovô angezapft hat. In der Dose wird die frische Milch aufgefangen.

Maniokverarbeitung in Parana do Paratari. Im Vordergrund die geschälten Maniokknollen und die Feuerstelle zum Rösten.

Manaus. Im Hintergrund die Oper.

Einfaches Wohnviertel in Manaus. Dort lebte ich bei Dona Iara.

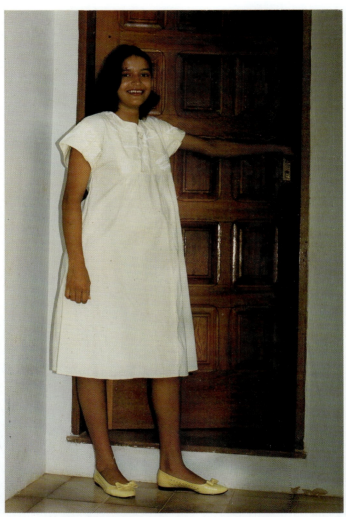

Im achten Monat schwanger mit Rodrigo. Das Kleid und die Schuhe sind für das Foto ausgeliehen.

In Manaus, ungefähr achtzehn Jahre alt. Beide Fotos stammen aus der Zeit, als ich Werner kennen lernte.

Manacapuru, rechts das Haus meiner Familie.
Moskitonetz für zwei Hängematten in unserer Hütte im Dschungel.

Ein Traum wird wahr: In Venedig, Herbst 1988, kurz nach meiner Ankunft in Europa.

Mit meiner Schwägerin Gerti in österreichischer Tracht.

Mit meiner Schwiegermutter »Mutti«.

Mein Sohn Thomas kurz nach der Geburt.
Mein Sohn Rodrigo im Jahr 2001.

Mit dem brasilianischen Superstar und jetzigen Kulturminister Gilberto Gil.
Im Sambakostüm mit Tanzpartnerin.

Sommer 2004: Straßenkinder aus Rio suchen sich in Floresta da Tijuca unterhalb der Christusstatue einen Unterschlupf.
Bei der Übergabe gespendeter österreichischer Schlafsäcke während der Kälteperiode im Süden Brasiliens.

Auf Spurensuche in Amazonien: mit Bruni Prasske in Parana do Paratari.

... die ehrlichste Lüge,

... *brincadeira mas séris, que me aconteceu.*

... der ernsteste Spaß, der mir widerfahren ist.

Esqueci, de tentar te esquecer.

Ich habe vergessen zu versuchen, dich zu vergessen.

Resovi, te querer por querer.

Ich habe entschieden, dich um der Liebe willen zu lieben.

Você foi ... Du warst

... *toda a felicidade.*

... alles Glück.

Você foi ... Du warst

... *a maldade que só me fez bém.*

... das Böseste, das mir gut getan hat.

Você foi! Du warst!

Jânio sang so leidenschaftlich, als hinge sein Leben davon ab. Dona Fatima öffnete das Tor. Ich blieb auf der Terrasse stehen. Am liebsten wäre ich ihm sofort um den Hals gefallen, aber ein bisschen Distanz konnte nicht schaden.

»Du warst die ehrlichste Lüge, meine Sueli. Meu amor!«, sang er, und in diesem Moment war seine Stimme schöner als die des berühmten Roberto Carlos.

Dona Fatima klatschte, und eine Schar Kinder, die sich inzwischen um die drei Pferde versammelt hatten, feuerte die Reiter zum Weitersingen an. Jânio schwang sich galant aus dem Sattel und machte eine tiefe Verbeugung in meine Richtung. Dona Fatima gab mir einen kleinen Stoß, und so ging ich einige Schritte auf ihn zu.

»Danke! Das war schön!«

»Bekomme ich zur Belohnung keinen Kuss?«

Ich fiel in seine Arme, roch den vertrauten Duft und war verloren.

»Kannst du mir verzeihen, meu amor?«, fragte er.

»Und du mir?«

»Ich habe es längst vergessen.«

»Ich auch.«

Im folgenden Monat blieb meine Regelblutung aus, und ich konnte meine Freude kaum verbergen. Immer häufiger schlich sich Jânio aus dem Haus. Wir schwänzten die Schule und nutzten jede Gelegenheit, um uns zu treffen. Wir überlegten, wann wir es seinen Eltern sagen sollten, und entschieden uns für den spätestmöglichen Zeitpunkt vor der Entbindung. Auf diese Weise wollten wir sie vor vollendete Tatsachen stellen. Die Liebe zu Jânio und das entstehende Leben in meinem Bauch gaben mir Kraft. In der Schule hatte ich gute Noten und durfte einen Jahrgang überspringen. Es war nicht ausgeschlossen, dass ich mein Magistério noch vor der Geburt ablegen konnte. Dona Fatima nahm Anteil an meinem Glück. Diesmal brauchte ich meinen Bauch nicht zu verstecken. Auch wenn es nicht viel mehr als eine winzige Wölbung war, die niemand außer mir und Jânio wahrnehmen konnte, war ich schon ungeduldig, ihn aller Welt zu präsentieren. Im Stillen nannte ich ihn meinen Bauch der Liebe. Im Nachhinein konnte ich mir kaum noch vorstellen, wie ich die erste freudlose Schwangerschaft überstanden hatte. Jetzt registrierte ich froh jede Veränderung meines Körpers, bewunderte das Wachsen meiner Brüste und freute mich auf die Milch, die unser Kind bald ernähren würde. Als ich an einem regenreichen Tag durchnässt aus der Schule nach Hause kam, schien Dona Fatima mich schon zu erwarten. Sie saß auf der überdachten Terrasse und machte mir ein Zeichen, mich zu ihr zu setzen.

»Sueli, ich soll dir eine Nachricht übermitteln. Jânios Mutter war hier.«

»Dona Wauda war hier bei Ihnen?«

»Ja, sie wollte mit mir persönlich sprechen.«

»Aber was hat sie gesagt?«

»Sie hat von deiner Schwangerschaft erfahren. Ich glaube, ihre Doméstica hat es ihr erzählt. Vielleicht hat sie Jânio am Telefon belauscht. Ich weiß es nicht. Jedenfalls sagte sie, wenn du ihn jemals wiedersehen willst, dann musst du dich gegen das Kind entscheiden.«

»Gegen das Kind entscheiden? Was heißt das?«

»Du musst es wegmachen lassen. Sonst wird sie alles tun, damit ihr beiden euch nicht mehr seht. Sie scheint es ernst zu meinen. Eine herrische Frau, wenn du mich fragst. Bestimmt tanzt die ganze Familie nach ihrer Pfeife. Nun weine doch nicht, Sueli.«

»Jânio, mein Gott! Was sollen wir nur tun?«

Dona Wauda hielt Wort. Sie bewachte ihren Sohn wie einen Gefangenen. Viele Male ging ich zu ihrem Haus, stellte mich vor das hohe Tor und versuchte, einen Blick ins Innere zu werfen. Wenn ein Auto vorfuhr, versteckte ich mich zwischen den Büschen auf der anderen Straßenseite. Die Festung war unbezwingbar. Morgens brachte seine Mutter ihn zur Schule, hielt direkt vor dem Tor und wartete, bis er in das Gebäude trat. Am Nachmittag holte sie ihn wieder ab. Dann erschien er gar nicht mehr in seiner Schule. Am Tor wartete ich auf seinen Freund Roberto.

»Oi, Roberto. Wo ist Jânio? Warum kommt er nicht mehr zum Unterricht?«

»Sie haben ihn weggeschickt.«

»Wer? Wohin?«

»Na, seine Eltern. In eine andere Militärschule. Keine Ahnung, wohin. Kennst ja seine Mutter. Die hat das alles eingefädelt. Der kommt so schnell nicht wieder.«

Ich war im vierten Monat schwanger und schien den Vater des Kindes bereits verloren zu haben. Nun gab es keine Möglichkeit mehr, ihn zu sehen. Nicht einmal telefonieren konnten wir. Ich hatte Mitleid mit ihm, denn mir ging es trotz allem nicht schlecht. Das Kind in meinem Bauch wuchs, und es erinnerte mich in jedem Moment an unsere Liebe.

Im siebten Monat meiner Schwangerschaft stand plötzlich meine Schwester Senaé vor der Tür. Wir hatten uns jahrelang nicht gesehen, und sie freute sich, mich gefunden zu haben.

Sie sah so erwachsen aus. Wir fielen uns in die Arme, und sie starrte auf meinen Bauch.

Senaé arbeitete ganz in der Nähe als Doméstica. Ich erzählte ihr von Émiles Tod, meiner unglücklichen Liebe und der Angst vor einer ungewissen Zukunft. Das schreckliche Erlebnis mit Claude, die Schwangerschaft und Adoption meines Sohnes sparte ich aus. Senaé verstand mich sofort. Wir hatten genug gemeinsames Leid erlebt. Sie erzählte mir von Manacapuru, wo das Leben auch nicht besser geworden war.

Ein paar Wochen später brachte Senaé unsere Mutter nach Manaus, damit sie mich treffen konnte. Auch wenn ich inzwischen wusste, dass sie nicht meine leibliche Mutter war, an unserem Verhältnis hatte dies nichts geändert. Sie nahm Anteil an meinem Schicksal und schlug mir vor, zur Entbindung nach Manacapuru zu kommen. »Komm nach Hause, Sueli. Bekomm dein Baby in Manacapuru. Ich stehe dir bei.«

Zuhause! Dieses Wort war für mich schon lange ohne Bedeutung. Ich hatte kein Zuhause mehr. Seitdem Émile nicht mehr da war, lebte ich wie eine Nomadin. Es gab keinen Ort, den ich mein Zuhause nennen konnte. Mein allergrößter Wunsch war es, eines Tages einen solchen Ort für mein Kind und meinen Jânio zu finden. Aber manchmal traute ich mich kaum noch, davon zu träumen. Es waren schon über vier Monate vergangen, seitdem ich Jânio das letzte Mal gesehen hatte. Mein Bauch war zu einer riesigen Kugel angewachsen. Jetzt, wo ich keinen Plastikteller über ihn stülpte und ihn nicht fest einwickelte, konnte er sich frei nach vorn entfalten.

»Dein Vater ist im Dschungel. Er kommt nur noch selten zu uns«, sagte Mutter.

»Und Vovô? Wie geht es meinem Vovô?«

»Er ist wohlauf.«

»Fragt er nach mir?«

»Ach, Sueli, er hat dich fest in sein Herz geschlossen. Während der Maniokernte war ich ein paar Wochen dort. Du weißt

ja, wie es läuft, alle sitzen gemeinsam vor den Wurzeln und erzählen. Und wenn das Gespräch auf dich kommt und dein Vater sagt, aus dir sei ja nur eine Doméstica geworden, die sich
herumtreibt, dann will er nichts davon hören. Dann verlässt er
jedes Mal die Runde. Er hat eine gute Meinung von dir, und
niemand kann sie ihm nehmen. Dein Vater schon gar nicht.«

»Ich möchte ihn gern wiedersehen, aber nicht in meiner
Lage«, sagte ich und zeigte auf meinen Bauch.

»Mach dir deswegen keine Sorgen. Dein Bruder Tonio ist
inzwischen übrigens bei der Polizei in Manaus. Und Nando
hat schon das zweite Kind und lebt mit seiner Frau in einer
Hütte am Hafen. Luara arbeitet fleißig als Maniküre. Sie verdient gutes Geld. Vielleicht kannst du ihr helfen. Eine werdende Mutter muss im Kreis ihrer Familie sein. Wer soll dir
hier in der Stadt helfen, wenn etwas passiert? Es ist nicht
leicht, ein Kind auf die Welt zu bringen. Ich weiß, wovon ich
spreche. Allein ist es nicht zu schaffen. Komm zu uns, bevor es
so weit ist.«

»Danke, Mutter!«

Es geschah so, wie sie es vorgeschlagen hatte. Solange Vater
und unsere Brüder nicht im Haus waren, gab es niemanden,
der mir Vorwürfe wegen der Schwangerschaft machte. Im Gegenteil, sie hatten großes Verständnis für meine Situation und
hassten Dona Wauda, die ihrer Meinung nach mein Glück
zerstört hatte. Jânio nannten sie scherzhaft einen Schlapp-
schwanz, und ich protestierte nur leise. Nach einer Weile
fühlte ich mich in Manacapuru fast wie daheim. Ohne die
Männer war die Atmosphäre friedlich. Ich half Luara bei ihrer
Arbeit. Ein wenig Maniküre hatte ich von Dona Fatima gelernt, und so stellte ich mich recht geschickt an. Das Baby in
meinem Bauch strampelte und boxte, und ich freute mich
über jeden zarten Tritt gegen meine Rippen. Für mich war es
trotz allem das Zeugnis einer großen Liebe. Niemals würde
ich mich von meinem eigen Fleisch und Blut trennen.

Als die Wehen einsetzten, war meine Mutter nervöser als ich. Sie jammerte und klagte und beschrieb mit drastischen Worten, auf welch schlimme Schmerzen ich mich einstellen müsse. Zehn Kinder habe sie zur Welt gebracht, und jedes Mal sei es die Hölle gewesen. Sie hatte kein Verständnis für meine Gelassenheit. Keiner ahnte, dass ich sehr genau wusste, was auf mich zukam.

»Es ist sicher noch nicht so weit«, sagte ich. »Wenn ich fühle, dass es kommt, dann fahren wir ins Krankenhaus.«

»Mein Gott! Sueli, du redest daher wie eine Alte. Wenn du eine Vorstellung davon hättest, was noch alles passieren wird. Die Biester reißen dich auseinander.«

Sie konnte mich nicht aus der Ruhe bringen, und erst am nächsten Morgen machten wir uns auf den Weg zur Klinik. Durch ein Fenster verfolgten Mutter, Luara und Senaé die Geburt. Mein Sohn kam mittags auf die Welt. Es war der schönste Moment in meinem Leben, als die Hebamme ihn mir an die Brust legte und er zu trinken begann. Ich nahm den Raum nur noch hinter einem Schleier aus Freudentränen wahr. »Rodrigo! Mein Engel! Mein Leben«, schluchzte ich. Er sah aus wie sein Vater.

Todkrank

Mein Sohn hörte nicht auf zu weinen. Voller Qual stieß er kurze, laute Schreie hervor. Dann übergab er sich. Alle behaupteten, er habe eine Kolik und würde sich sicher bald wieder beruhigen. Das sei normal – viele Babys erlitten diese Schmerzen. Im Krankenhaus verabreichten sie ihm ein Mittel und schickten uns nach Hause. Aber das Weinen hörte nicht auf. Keine Nacht schliefen wir durch. In unserem Häuschen wurden alle von ihm geweckt. Ich suchte einen weiteren Arzt auf, der ein anderes Mittel verordnete. Eine Besserung konnte ich nicht feststellen. Wenn er einmal ein paar Sekunden lang still war, blieb mir das Herz stehen. Ich rannte zu ihm und stellte doch nur fest, dass er um Atem für einen erneuten Schrei rang. Nur wenn er vollkommen erschöpft war, schlief er für einen kurzen Moment ein. Danach begann er von neuem zu weinen und tat mir unendlich Leid. Ich wusste nicht, wie ich ihm helfen konnte. Die Medikamente wirkten nicht, und bald war mein Geld aufgebraucht. Ich hatte keinen einzigen Cruzeiro mehr. Rodrigo wurde immer schwächer. Das viele Schreien raubte ihm die Kraft. Auch erbrach er sich immer häufiger, nachdem ich ihn gesäugt hatte. Ich war verzweifelt. Wovon sollte ich einen guten Arzt bezahlen? Einen, der meinem Sohn helfen konnte, der die richtigen Methoden und Medikamente hatte? Ich betete sogar um die Hilfe meines Vaters. Er hätte eine Kuh verkaufen und mir das Geld geben können. Luara wandte sich an unseren Bruder Nando, der ein kleines Lebensmittelgeschäft in der Markthalle hatte. Aber der gab ihr nicht einmal eine Dose Milchpulver für meinen Sohn. Ich sei ein Flittchen, behauptete er, und so einer helfe man nicht.

Ich nahm eine Stelle in einem Waisenhaus an. Dort kümmerte ich mich um Kinder, deren Eltern nicht mehr lebten oder die ausgesetzt worden waren. Die Kleinen waren sehr liebebedürftig, und manche hingen den ganzen Tag an meinem Rockzipfel. Es war traurig anzusehen, wie sehr sie sich nach einer richtigen Mutter sehnten. Die Arbeit im Waisenhaus deprimierte mich oft. Aber ich hatte keine Wahl, ich musste Geld verdienen. Tagsüber kümmerte sich meine kleine Schwester Tainá um Rodrigo. Sie war selbst erst zehn Jahre alt, aber sie begriff sehr schnell, wie man einen Säugling wickelt und füttert. Auf sie konnte ich mich verlassen. Mutter kochte ihm seinen Brei. Den ganzen Tag über machte ich mir Sorgen um ihn, und abends eilte ich nach Hause und stillte ihn. Wenn er mich hörte und ich ihn in den Arm nahm, sah er zufrieden aus. Nur meine Stimme tröste ihn, sagte Tainá. Aber alle Mutterliebe konnte nichts gegen seine schwache Gesundheit ausrichten. Langsam wich ihm jede Farbe aus dem Gesicht, und er wurde blass wie ein Gringo. Mir kam es so vor, als verlören seine Augen ihren Glanz. Die Lage erschien mir immer aussichtsloser.

Zu allem Überfluss kam Tonio zu Besuch. Es war Weihnachten, und er hatte ein paar Tage dienstfrei. Im Radio wurden Weihnachtslieder gespielt, und auf der Straße sah man Familien in ihrer besten Kleidung auf dem Weg zur Kirche. Mir war nicht zum Feiern zumute, und vom Christkind erwartete ich auch keinen Trost. Tonio lag in seiner Polizeiuniform auf dem Sofa und beachtete mich kaum. Meinem Sohn schenkte er nur einen abfälligen Blick. Die Flasche Cachaça, die er mitgebracht hatte, war bald halb geleert.

»Was will das Flittchen hier?«, lallte er. »Lässt sich von einem Wildfremden ein Kind andrehen und weiß am Ende nicht, wohin damit.«

»Lass sie in Ruhe«, sagte Mutter.

»Bald haben wir hier einen Kindergarten … Erst kommt das erste … und … und dann ganz schnell das zweite. Mutter, ich sag Ihnen was: Sie haben doch keine Ahnung, was so eine alles anstellt. Ich weiß, wie es in Manaus läuft. Nach Trauschein und Ehre fragt da niemand. Ich bin Polizist, verstehen Sie? Ich weiß genau, was sich da abspielt.«

»Tonio, du hast zu viel getrunken. Geh schlafen.«

»Was quatschen Sie da? Glauben wohl, man kann mir was befehlen, was? Warum helfen Sie der da überhaupt? Was haben Sie mit der überhaupt zu schaffen? Gehört doch einer ganz anderen.«

»So beruhige dich doch, Tonio, und halt den Mund.«

Er stand auf und schob Mutter grob beiseite. Dann baute er sich breitbeinig vor meiner Hängematte auf.

»Dein Kind werde ich nach Manaus mitnehmen … und dich … dich lasse ich einsperren. Jawohl … einsperren!«

Ich schwieg. Der scharfe Cachaçageruch ließ Ekel in mir aufsteigen. Er schob sein Becken vor und stieß gegen meine Hängematte. Dabei war sein Hosenschlitz sehr nah an meiner Schulter. Mir wurde übel. Was hatte er da gesagt? Rodrigo wegnehmen? Mich einsperren? Konnte er seine absurden Drohungen womöglich gar wahr machen?

»He du, ich rede mit dir. Woher hast du den Bastard? Wer hat ihn dir angedreht? Scheint ein Kerl von der Straße gewesen zu sein. War wohl selber krank, was? Dein Gerede von dem Herrn aus gutem Hause glaubt dir doch sowieso keiner. Schau dir deinen Bengel doch an … der hat doch die Schwindsucht, wenn du mich fragst. Ich werde ihn mit nach Manaus nehmen. Da gibt es Familien, die suchen nach Säuglingen. Reiche Leute. Verstehst du?«

»Ich kann mich allein um meinen Sohn kümmern«, sagte ich mit halbwegs gefasster Stimme.

»Ach ja? Und warum sieht er aus, als würde er jeden Moment über die Klinge springen?«

»So beruhige dich doch! Rodrigo ist bald wieder gesund«, sagte Mutter.

»Klappe halten, hab ich gesagt! Ein dummes Ding bist du!«, rief Tonio und beugte sich über mich.

Mutter zog an seinem Arm.

»Nun lass sie doch. Unsere Sueli hat genug Kummer.«

»Jetzt reicht es mir!«, schrie Tonio und gab Mutter eine Ohrfeige. Sie hielt sich die Wange. Was sollte ich tun? Auf keinen Fall durfte ich ihn reizen. Wenn er nur Rodrigo nichts antat.

»*Unsere Sueli!* Wenn ich das schon höre! Die ist doch noch nicht mal Ihre Tochter! Hat das andere Flittchen doch einfach vor Vaters Tür gelegt. Das weiß ich noch ganz genau, war damals schon alt genug. Wusste doch keiner, wie die Ameise überhaupt heißt. Großmutter wollte sie gleich in den Fluss schmeißen, aber nein, Sie waren mal wieder gutmütig! Und der Name! Willst du es hören, Sueli? Dein Name stand auf einer Streichholzschachtel. Sueli-Hölzer!«

Ich verkroch mich noch tiefer in meiner Hängematte. Endlich wankte er hinaus.

»Habt Glück, dass Weihnachten ist«, lallte er auf der Straße, »Weihnachten, das Fest der Liebe!«

Während Tonio am nächsten Tag seinen Rausch ausschlief, ging ich zum öffentlichen Telefon. Ich hielt den Zettel mit Jânios Nummer in der Hand, obwohl ich ihn nicht brauchte. Viele Male hatte ich auf die Zahlen gestarrt und kannte sie auswendig, und viele Male hatte ich mich nicht getraut, die Nummer zu wählen. Aber es war doch Weihnachten. Nannte man es nicht auch das Fest der Barmherzigkeit? Was sollte ich machen, wenn seine Mutter am Apparat war? Ob auch sie Barmherzigkeit zeigen konnte? Was konnte mir noch passieren? Ich war doch beinah schon in der Hölle angekommen. Über neun Monate hatte ich nicht mehr mit Jânio gesprochen. Er wusste nicht einmal, wo ich war, wo sein Sohn sich befand, dass er überhaupt einen Sohn hatte. Ich ließ es eine Ewigkeit klingeln. Endlich meldete sich eine Frauenstimme.

»Nein, es ist niemand da … Die Herrschaften sind verreist.«

Dona Wauda

Tonios Worte machten mir Angst. Mein Bruder war unberechenbar. In meiner Hilflosigkeit packte ich meine Sachen und fuhr mit meinem Sohn nach Manaus. Obwohl ich keine Ahnung hatte, was mich dort erwartete und woher Unterstützung kommen sollte, musste ich es probieren.

Wenn doch nur Dona Fatima noch in Manaus wäre! Sie hätte mir sicher geholfen. Aber sie war mit ihrem Mann zurück nach Salvador gezogen. Er hatte seinen Auftrag am Amazonas erfüllt.

Ich ging zu Senaé. Die Familie, bei der sie arbeitete, ließ mich mit Rodrigo in ihrem Zimmer übernachten. Gleich am nächsten Tag suchte ich ein öffentliches Krankenhaus auf. Der Schmutz in den Fluren und die vielen Wartenden nahmen mir die Zuversicht. Nach einer Untersuchung, die mir oberflächlich erschien, machte der Arzt uns wenig Hoffnung auf eine baldige Genesung.

Ich konnte nicht mehr schlafen und nicht mehr essen. Den ganzen Tag ging ich auf und ab, nahm Rodrigo in den Arm und legte ihn mir immer wieder an die Brust. Wenn er die Nahrung nicht bei sich behalten konnte, brach ich in Tränen aus. Er verlor weiterhin an Gewicht, und sein Atem schien schwächer zu werden. Mit meinen letzten Cruzeiros ging ich zur Apotheke, um das verordnete Medikament zu kaufen. Direkt vor dem Gebäude stand Roberto. Ich hatte ihn sehr lange nicht gesehen, und wir begrüßten uns wie alte Freunde. Er nahm Rodrigo auf den Arm und wünschte uns Glück und Gesundheit. Roberto brachte die Erinnerung an unbeschwerte Tage zurück, aber mit keinem Wort erwähnten wir Jânio. Als Rodrigo zu weinen anfing, verabschiedeten wir uns.

Am Nachmittag standen plötzlich Jânio und seine ältere Schwester vor der Tür. Mein Herz hüpfte vor Freude. *Alles wird gut!* Doch schon im nächsten Moment stieg die Enttäuschung in mir hoch, ein Gefühl, das manchmal unendlich schwer auf meiner Brust lastete. Etwas in mir war zerbrochen. Wie viele Nächte hatte ich auf diesen Moment gewartet! Und nun, da meine große Liebe vor mir stand, hätte ich am liebsten die Tür zugeschlagen.

»Sueli! Meine Sueli! Zeig mir unseren Sohn!«

Rodrigo hatte Jânios Augen und die gleiche helle Haut. Seine Schwester nahm ihn hoch und begutachtete ihn wie ein Fundstück.

»Verzeih mir, Sueli, dass ich dich allein gelassen habe. Ich konnte nicht anders. Meine Mutter hat auf mich eingeredet. Sie will mich enterben, wenn ich bei dir bleibe. Sie hat mich vor die Wahl gestellt. Und sie hat auch gesagt, dass du ... dass du ein schwarzes Baby hast, also, dass dein Baby ... nicht von mir ist. Verstehst du? Jetzt sehe ich mit eigenen Augen, dass es unser Sohn ist.«

»Unser Sohn ist sehr krank. Die Ärzte sind ratlos. Er kann die Nahrung nicht bei sich behalten. Ich habe kein Geld für weitere Untersuchungen und Behandlungen. Wenn nicht bald etwas geschieht, dann ... wird er nicht mehr gesund.«

»Mein Gott!«

»Wie hast du nur einen Moment daran zweifeln können, dass es unser Kind ist? Rodrigo ist das Kind unserer Liebe. Weißt du das denn nicht? Hast du keinen eigenen Verstand? Hörst du immer noch auf alles, was deine Mutter sagt?«

»Nein, aber sie klang so überzeugend. Sie wusste es angeblich ganz genau und hatte es aus sicherer Quelle.«

»Ihre sichere Quelle war bestimmt eine eurer Domésticas, und ich bin ja schließlich auch nur eine Doméstica, nicht? Eine, die es mit jedem treibt – oder was hat sie dir eingetrichtert?«

»Sie hat mich monatelang nicht vor die Tür gelassen. Ich wusste selbst nicht mehr, was ich glauben sollte.«

»Wenn dir das Leben deines Sohnes am Herzen liegt, dann hilf uns.«

»Aber natürlich.«

»Warum hast du dich nie blicken lassen?«

»Sie hat mich nach Natal geschickt. Dort musste ich zur Schule gehen. Ob ich nach den Ferien hier bleiben darf, ist ungewiss.«

Jânio ließ ein wenig Geld zurück, sicher nicht viel mehr als sein eigenes Taschengeld. Er versprach mir, so bald wie möglich wiederzukommen.

Als eine Woche vergangen war und ich nicht mehr genug Cruzeiros hatte, um etwas zu essen zu kaufen, überwältigte mich die Verzweiflung. Aufgewühlt lief ich durch Senaés Dienstbotenzimmer. Sooft ich auch auf die Straße hinausschaute, Jânio ließ sich nicht blicken. Senaé versuchte mir beizustehen. Sie verdiente selbst kaum etwas, aber steckte mir immer wieder ein paar kleine Scheine zu, damit ich Rodrigo versorgen konnte. In ihrem winzigen Zimmer gab es nicht einmal einen Ventilator. Mein Kleid klebte schweißnass an meinem dürren Leib. Inzwischen waren selbst meine Brüste geschrumpft, und ich fürchtete, meine Milch könne versiegen. Ich sah aus wie ein unterernährtes Schulmädchen. Schließlich fuhr ich zurück nach Manacapuru. Vielleicht würde Vater doch eine Kuh verkaufen und mir Geld geben.

Kaum war ich dort angekommen, merkte ich auch schon, dass ich eine unerträgliche Situation mit einer anderen getauscht hatte. Mein Vater war für einige Tage aus dem Dschungel gekommen und schaute mich nicht einmal an. Er schien mich abgrundtief zu hassen, und ich verstand nicht, warum.

»Was will die denn schon wieder hier?«, fragte er meine Mutter in meinem Beisein. »Sollen wir ihren Bastard durchfüttern? Haben die reichen Leute aus Manaus sie vor die Tür gesetzt?«

»Araní«, sagte sie, »Rodrigo ist krank. Er braucht Hilfe. Keiner weiß, was mit ihm los ist. Wir brauchen Geld für einen Arzt. Sueli sagt, er muss von einem Spezialisten untersucht werden.«

»Sueli sagt! Wenn ich das schon höre. Das hätte sie sich früher überlegen können. Bevor sie den feinen Kerl rangelassen hat. Ich habe meine Töchter nicht zu Huren erzogen.«

»Vater! Bitte helfen Sie meinem Sohn. Ihrem Enkel. Nur ein einziges Mal bitte ich Sie um Hilfe. Wenn Rodrigo gesund ist, werde ich arbeiten und alles zurückzahlen.«

»Wenn Gott den Kleinen holen will, dann wird er es ohnehin tun.«

Ich wusste, dass jedes weitere Wort fehl am Platze war. Aber Wut und Verzweiflung brodelten so stark in mir, dass ich mich nicht beherrschen konnte. »Das Leben meines Sohnes liegt nicht nur in Gottes Händen.«

»Wie kannst du es wagen? Willst du frech werden?«

Ich hielt Rodrigo im Arm und wollte ihm meinen kleinen Sohn zeigen. Aber da stand Vater schon vom Tisch auf, kam wütend auf mich zu und versetzte mir einen Schlag auf den Hinterkopf. Ich war so überrascht, dass ich den Halt verlor und mit Rodrigo zu Boden stürzte. Aus den Augenwinkeln sah ich Vater hinausgehen.

»Mein Gott, Sueli«, rief Mutter, stürzte herbei und nahm mir Rodrigo aus dem Arm. »Warum konntest du deinen Mund nicht halten? Du weißt doch, wie dein Vater ist. Tut dir etwas weh? Dem Kleinen scheint nichts passiert zu sein.«

»Und ob mir etwas wehtut. Hier!« Ich zeigte auf mein Herz und fühlte mich abgrundtief gedemütigt.

In der Nacht machte ich mir in die Hose und erschrak. War das wirklich wahr? Meine dünne Baumwollhose war vollkommen durchnässt. Es war ein ekelhaftes Gefühl. Am liebsten wäre ich im Erdboden versunken. Wenn Rodrigo nicht gewesen wäre, dann wäre ich vielleicht in den Rio Solimões gesprungen und nie wieder aufgetaucht. Ich machte alles sauber, wechselte meine Kleidung und schaute nach meinem Sohn. Er glühte. So hatte er sich noch nie angefühlt. Mein Gott!

»Mutter! Mutter! Wachen Sie auf. Rodrigo! Er hat hohes Fieber. Hilfe! Was soll ich machen?«

Ein Nachbar fuhr uns mit seinem kleinen Motorrad ins Krankenhaus. Dort spritzten sie Rodrigo irgendetwas ein, aber das Fieber blieb. In dem schmutzigen und überfüllten Gebäude hielt ich es nicht aus. Die Luft war zum Schneiden dick. Überall lagen Patienten. Ein Mann hatte eine eiternde

Wunde an der Stirn, ein anderer war auf einen Stachelrochen getreten und brüllte vor Schmerzen. Auf seinem fleckigen Laken sah ich eingetrocknetes Blut. Ich wiegte Rodrigo in meinen Armen und ging mit ihm hinaus auf den Hof. Dort konnten wir wenigstens durchatmen. Plötzlich stand eine große, sehr dunkelhäutige Frau vor uns. Sie schaute erst Rodrigo und dann mich an. Sie schien sich zu fragen, wer von uns beiden wohl krank sei. Ich war inzwischen auf vierzig Kilo abgemagert, wie die Waage im Schwesternzimmer mir angezeigt hatte. Die Fremde hatte einen ungemein ernsten Gesichtsausdruck und einen durchdringenden Blick, wie ich ihn noch nie zuvor gesehen hatte. Ich stellte mir vor, sie sei eine Zauberin aus den Tiefen des Dschungels. Sie starrte Rodrigo an, als wolle sie ihn in Hypnose versetzen. Vollkommen regungslos blickte sie in seine trüben Augen. »Senhora! Es tut mir Leid! Aber dieses Kind wird das Licht des kommenden Tages nicht mehr zu sehen bekommen.« Mit diesen Worten drehte sie sich auf dem Absatz um und verschwand.

Ich war von der Wahrhaftigkeit ihrer Worte überzeugt und spürte den Tod nahen. Rodrigo war leicht wie eine Feder. Er durfte mir nicht aus den Händen fallen. Seine Augen blieben fest geschlossen. War er noch auf dieser Welt? In meinem Kopf rasten die Gedanken. Wohin? Was tun? Ich rannte zurück ins Gebäude, wollte einen Arzt oder eine Schwester sprechen, aber sie wussten ohnehin keinen Rat. Mit ihren bescheidenen Mitteln hatten sie bereits alles probiert. Mein Sohn schien dem Tode geweiht. Ein Gedankenblitz führte mich zur Rezeption.

»Senhora! Bitte lassen Sie mich telefonieren! Bitte! Ich muss dringend jemanden in Manaus anrufen. Mein Sohn liegt im Sterben. Ich muss Hilfe holen.«

Die Nummer hatte ich im Kopf. Jânios Mutter war am Apparat.

»Senhora, ich weiß, dass Sie mich nicht mögen. Und ich hätte Sie auch nie im Leben um Hilfe gebeten. Aber nun bin ich am Ende meiner Kraft und flehe Sie an! Wenn Sie Ihren Enkelsohn retten wollen, dann stehen Sie uns bei. Unser Sohn heißt Rodrigo. Er ist ein wunderschöner Junge und sieht genauso aus wie Jânio. Er ist sterbenskrank. Ich habe kein Geld für einen privaten Arzt. Hier machen sie mir keine Hoffnung mehr. Bitte, Senhora! Retten Sie mein Kind! Rodrigo darf nicht sterben.«

Mir versagte die Stimme. Die letzten Worte gingen in meinem Schluchzen unter, aber sie schien alles verstanden zu haben.

»Weiß Jânio davon? Weiß er von seinem Sohn? Weiß er, dass er krank ist?«

»Er hat ihn einmal gesehen. Nun ist ein schlimmes Fieber hinzugekommen. Senhora! Ich weiß keinen Rat mehr. Ich bin in Manacapuru im Krankenhaus.«

»Wo?«

»Jânio weiß, wo es ist. Bitte helfen Sie uns.«

»Warte einen Moment … hm … gib mir eine Telefonnummer. Ich rufe zurück.«

Ich tat, was sie verlangte. Sie legte auf, und ich stand mit dem Hörer in der Hand an die Wand gelehnt. *Bitte, lieber Gott! Mach, dass sie wieder anruft!*

Rodrigo zeigte keine Reaktionen mehr. Nur sein Herzschlag verriet mir, dass er noch lebte. Es schien eine Ewigkeit zu dauern, bis die Frau an der Rezeption meinen Namen rief und mir den Hörer reichte.

»Pass auf! Wir werden Rodrigo helfen. Ich habe mit einem Arzt gesprochen. Ein Spezialist für Kinderkrankheiten. Wir können mit einem Ambulanzwagen kommen und werden Rodrigo in eine Privatklinik bringen. Das alles passiert aber nur unter einer Bedingung. Der Kleine bleibt später bei uns.«

»Kommen Sie schnell! Bitte! Mein Sohn liegt im Sterben!«

»Wir kommen, aber nur unter dieser Bedingung. Hast du gehört?«

»Bitte kommen Sie schnell!«

»Bist du einverstanden?«

»Ja, ja, ich bin mit allem einverstanden. Nur fahren Sie so bald wie möglich los! Ich gehe nach Hause und suche seine Sachen zusammen.«

Ich erklärte ihr den Weg. Sie würden mindestens drei Stunden brauchen.

Ich reagierte wie eine Maschine. Systematisch erledigte ich alles, was zu tun war. Meine Mutter zweifelte an dem Unternehmen. Sie konnte sich nicht vorstellen, dass eine Ambulanz samt Kinderarzt aus dem fernen Manaus zu unserer Hütte käme. Mein Vater hatte alles mit angehört und schrie drauflos.

»Was hast du gemacht? Diese eingebildete Frau um Hilfe gebeten? Dich wieder bei den reichen Leuten eingeschlichen? Wo ist dein Stolz?«

Mir war egal, was er sagte. Wie konnte jemand wie er überhaupt von Stolz reden? Mit einer schlimmen Vorahnung legte ich Rodrigo in meine Hängematte.

Schon stand mein Vater vor mir und schnaubte vor Wut. »Du bist ein Fehler der Natur! Ganz genau das bist du! Ein Fehler, hörst du? Dich hätte es gar nicht geben dürfen. Von so einer bin ich nicht der Vater.«

»Émile war mein Vater!«

Im nächsten Moment fühlte ich den Schlag und landete auf dem Boden.

Meine Mutter trat zwischen uns. »Araní! Sie ist zu schwach. Fass sie nicht an. Du machst uns alle unglücklich.«

Ich rechnete mit einem Tritt und krümmte mich zusammen. Dann hörte ich seine Schritte auf dem Hof.

Irgendwann am Abend fuhren sie mit einer Ambulanz vor. Ohne mich zu grüßen, schaute sich Dona Wauda Rodrigo an, nahm ihn mir vorsichtig aus dem Arm und reichte ihn an den Arzt weiter. Wir sprachen kaum miteinander, aber das war mir egal. Hauptsache, sie rettete meinen Sohn.

Für mich gab es keinen Platz mehr im Wagen, und so musste ich mich das erste Mal von meinem Kleinen trennen. Der Arzt hörte seinen Herzschlag ab.

»Was ist mit Ihnen, Senhora?«, fragte er mich. »Sie sehen sehr schlecht aus.«

»Es geht schon. Wird mein Sohn wieder gesund?«

»Wir werden alles versuchen. Sie müssen sich dringend ausruhen. Mitnehmen können wir sie nicht. Kein Platz, verstehen Sie? Ich gebe Ihnen eine Spritze. Das wird ihnen ein wenig helfen. Bitte kommen Sie morgen in unsere Klinik, ins Hospital Beneficênte Portuguesa.«

Er nannte mir die Adresse in Manaus und sagte, es sei sehr wichtig, dass ich am nächsten Tag käme. Der Junge brauche die Mutterbrust. Ich nickte und konnte mich kaum noch auf den Beinen halten. Er desinfizierte meinen Arm und stach hinein. Mutter stützte mich. Im Auto sah ich Jânios Schwester sitzen. Dann schlugen sie die Tür zu und brausten davon. Als der Wagen das Ende der Straße erreichte, brach ich zusammen.

Am nächsten Tag stand ich vor dem alten Gebäude im Zentrum von Manaus. *Lieber Gott! Mach, dass mein Sohn noch lebt! Mach, dass hinter diesen Mauern die Krankheit vergeht!* Eine breite Treppe führte zu einem imposanten Vorraum. Der Boden war aus Marmor, dunkles Holz schmückte die Wände, und ein Kronleuchter warf funkelte Strahlen herab. Krankenschwestern in gestärkten Kitteln und schneeweißen Häubchen eilten durch die Flure. Es roch nach penibler Sauberkeit. Ich fragte nach meinem Sohn, und man nannte mir die Station.

Rodrigo lag in einem winzigen Bett. Schläuche steckten in seiner Nase und seinem Arm, und ich erschrak. Seine Großmutter wachte über seinen Schlaf.

»Sie haben ihn den ganzen Abend untersucht, Blutproben genommen und seinen Mageninhalt geprüft. Es war allerhöchste Zeit, dass wir ihn eingeliefert haben«, sagte sie in einem Tonfall, als handle es sich um ihr eigenes Kind. »Schau an, wie friedlich er schläft! Du sollst dich gleich beim Arzt melden.«

Ich beugte mich über Rodrigo und hätte ihn am liebsten an mich gedrückt. »Wird er wieder gesund?«

»Er leidet an Bulimie. Das ist eine schlimme Krankheit. Er kann die Nahrung nicht bei sich behalten. Aber der Kinderarzt ist ein fähiger Mann. Er wird ihn durchbringen.«

Sie pumpten meine Milch ab und nahmen eine Blutprobe. Mir war alles recht, wenn es Rodrigo half. In seinem Krankenzimmer standen ein zusätzliches Bett und ein Sessel. Das würde vorerst meine Bleibe sein. Ich wich nur von seiner Seite, um mich bei Senaé zu waschen und umzuziehen. Dona Wauda machte es auch nicht anders. Wir wechselten uns mit dem Schlafen ab. Gemeinsam teilten wir die Sorgen um das kranke Kind. Wenn der Arzt kam, lauschte sie seinen Worten genauso aufmerksam wie ich und betete um Genesung. Diese herrische Frau verströmte unversehens ein enormes Maß an Mutterliebe. Sie kontrollierte Rodrigos Temperatur und rief bei der geringsten Erhöhung nach dem Chefarzt und drängte auf weitere Untersuchungen. Das Leben meines Sohnes war in die besten Hände geraten. Auch wenn ich viele Gründe hatte, diese Frau zu hassen, so wurde mir doch immer deutlicher, dass Rodrigo ihr das Leben verdankte. Sie steckte mir ein wenig Geld zu, damit ich mir »etwas Ordentliches« zu essen kaufen konnte.

»Nein danke, Dona Wauda. Ich brauche Ihr Geld nicht.«

»Was soll das heißen? Die Haut klebt dir an den Knochen, eine Arbeit hast du nicht, und deine Familie sah nicht danach aus, als könnte sie dich unterstützen.«

»Ich komme zurecht.«

»Sei nicht dumm, nun nimm schon und kauf dir was Kräftigendes.«

»Wenn Sie dabei an Rodrigo denken, kann ich Sie beruhigen. Meine Milch ist einwandfrei. Das hat der Arzt festgestellt. Und Geld habe ich selbst.«

Sie schaute mich verwundert an und schien nicht begreifen zu können, warum ich ihre Cruzeiros ablehnte.

Rodrigo entwickelte sich prächtig. Die Medikamente schlugen an, und er übergab sich nur noch selten. Jeden Tag wog er ein wenig mehr, und wenn er lachte, war ich der glücklichste Mensch der Welt. Die Ärzte hatten herausgefunden, dass er durch die vielen Medikamente der letzten Monate regelrecht vergiftet worden war. Sie hatten vorwiegend aus Penicillin bestanden, das sein schwacher Körper nicht verkraftete. Ihrer Meinung nach waren die seelischen Belastungen während meiner Schwangerschaft verantwortlich für seinen schlechten Zustand nach der Geburt. Selbst im Beisein von Dona Wauda hatte ich offen über den abwesenden Vater und meine Verzweiflung geredet. Sie saß daneben, als hätte sie mit all dem nichts zu tun. Offenbar schien sie sich keiner Schuld bewusst zu sein. Schließlich hatte sie doch immer nur die Zukunft ihres Sohnes im Auge gehabt, und die sollte keinesfalls in den Armen einer Doméstica liegen. An manchen Tagen kam es mir vor, als verstünde ich sie, und ich erschrak bei diesem Gedanken. Nein, das war nicht der richtige Weg! Auch das größte Verständnis durfte meine Wut auf sie und auf Jânio nicht lindern. Warum konnten wir nicht einfach eine glückliche Familie sein? Warum hat Dona Wauda unsere Liebe zerstört? Als unser Sohn den Tod vor Augen gehabt und ich Jânio am meisten gebraucht hatte, war er nicht da, und erst im letzten Moment war seine Mutter in die Bresche gesprungen. Nun tat sie ihr Möglichstes für meinen kleinen Sohn, und genau dafür war ich ihr dankbar. Jânio ließ sich kein einziges Mal in der Klinik blicken.

Als nach einem Monat der Tag der Entlassung kam, hätte ich Luftsprünge machen können. *Jetzt wird alles gut! Rodrigo wird ein kräftiger und hübscher Junge! An meiner Seite wird er es gut haben und niemals Not leiden. Ich werde alles für ihn tun!* Wir besprachen das weitere Vorgehen und kamen überein, dass es das Beste sei, wenn er vorerst im Haus seiner Großmutter blieb.

180

Noch war er nicht vollkommen genesen, und nur dort konnten wir uns optimal um ihn kümmern. Tagsüber konnte ich ihn im luftigen Garten an einem schattigen Platz in der Hängematte schaukeln und jederzeit füttern. Er sollte möglichst lange Muttermilch trinken, hatte der Arzt empfohlen. Nun würde ich schließlich doch mit Jânio unter einem Dach leben. Wo sie Rodrigo und mich wohl einquartierten?

Wir hatten noch eine Weile Zeit, bis die Entlassungspapiere ausgestellt waren, und ich ging auf den Vorhof hinaus, um mich bei den fürsorglichen Krankenschwestern zu bedanken. Wie ein kleines Mädchen hüpfte ich durch den Flur. An der Rezeption stand ein Gringo mit einem dicken Bauch, der aussah, als würde er gleich platzen. So etwas hatte ich noch nie gesehen. Er lehnte an einer Wand, und Schweiß rann ihm übers Gesicht. Sein Bauch ragte so weit in den Gang hinein, dass ich nichts anders konnte, als im Vorbeigehen zärtlich hineinzukneifen. Im ersten Moment erschrak er und schaute mich verwundert an. Dann lächelte er und grüßte mich auf Spanisch.

»Hola, Señorita! Como estas?«

»Oi, mir geht es gut – und Ihnen?«, antwortete ich in der Hoffnung, ihn richtig verstanden zu haben. Er sprach sehr gebrochen, und ich war nicht sicher, ob unsere Spanischkenntnisse für ein Gespräch ausreichten. Eigentlich wollte ich sofort weitergehen. Aber der dicke Mann redete auf mich ein. Irgendwie sah er lustig aus. Wirre Locken klebten ihm an der Stirn. Er sagte etwas von Austria und dass er in Manaus einen Film drehe. Er sei hier fremd und kenne niemanden. Ob ich ihm nicht die Stadt zeigen wolle.

»Nein, nein«, sagte ich, »tut mir Leid. Ich habe keine Zeit. Mein Sohn ist krank. Ich muss mich um ihn kümmern.«

»Nur ein paar Stunden, einen Nachmittag. Du kannst auch eine Freundin mitbringen. Ich lade euch ein. Wir können etwas zusammen essen. Vielleicht später noch ausgehen.«

»Es geht wirklich nicht. Aber vielleicht hat meine Schwester Zeit.«

»Ja, das ist eine gute Idee. Hast du ein Telefon?«

»Telefon? Ja, nein, das heißt, nicht direkt. Da, wo meine Schwester arbeitet, gibt es ein Telefon, bei Dona Ilza.«

»Hier hast du meine Karte. Ich wohne mit Kollegen in einem Haus in Educandos. Kennst du das?«

»Ja, ich weiß Bescheid. Ich werde mit Senaé sprechen. Vielleicht hat sie Lust, ein paar Europäer kennen zu lernen. Jetzt muss ich aber weiter.«

»Wie heißt du überhaupt, kleines Fräulein?«

»Sueli.«

»Gut, Sueli, es hat mich sehr gefreut. Mein Name ist Hansi. Auf der Karte steht meine Nummer.«

Als wir die Entlassungspapiere abholen konnten, fuhr Rodrigos Großvater mit dem Wagen vor. Ich sah ihn zum ersten Mal. Er war ein kleiner, sehr hellhäutiger Mann mit dunkelblondem Haar. Er grüßte mich freundlich. Noch bevor ich mich besinnen konnte, saß ich allein auf der Rückbank. Dona Wauda hielt meinen Sohn im Arm. Die Sonne ging unter, und im Zentrum von Manaus bildete sich der allabendliche Stau. Wir kamen nur im Schritttempo voran. Durch die geöffneten Fenster drangen Abgasschwaden in den Wagen, und ich machte mir Sorgen um Rodrigo. Immer wieder beugte ich mich nach vorn und hätte ihn gern in meinen Armen gehalten, aber ich traute mich nicht, seine Großmutter zu fragen.

»Wo können wir dich absetzen?«, fragte sie plötzlich.

Was meinte sie damit? Mich absetzen? Und mein Sohn?

»Wo wohnst du?«

»Bei meiner Schwester.«

»Welche Adresse? Wir bringen dich dorthin. Morgen kannst du zu uns kommen und dich um Rodrigo kümmern.«

»Aber … ich dachte … ich meine … und was ist, wenn er mich heute Nacht braucht?«

»Keine Sorge, ich werde mich um alles kümmern. Nun sag schon! Wo wohnst du?«

Weil mir nicht einfiel, was ich ihr anderes entgegnen sollte, nannte ich ihr die Straße. Gleichzeitig wusste ich, dass ich mich auf keinen Fall von Rodrigo trennen wollte. Aber ich konnte sie doch nicht zwingen, mich in ihrem Haus leben zu lassen. Blieb mir wirklich nichts anderes übrig, als meinen Sohn mit ihnen davonfahren zu lassen?

Sie hielten vor dem Haus von Dona Ilza. Senaé stand auf der Terrasse und kam uns entgegen. Ich lehnte mich in das offene Seitenfenster und küsste Rodrigo. Tausend Gedanken rasten durch meinen Kopf. Hatten wir nicht eine andere Abmachung getroffen? Oder hatte ich alles falsch verstanden? Dona Wauda war vernarrt in ihren Enkel. Ich zweifelte nicht daran, dass sie sich fürsorglich um ihn kümmern würde. Aber war es richtig, dass ich nun allein vor dem Tor stand, ohne meinen Sohn? Jetzt, wo er schon fast wieder gesund war?

»Sueli? Was ist passiert? Warum siehst du so traurig aus?«, fragte Senaé, als der Wagen ohne mich davonfuhr.

Der Gringo

Am nächsten Tag ging ich gleich in der Frühe zu meinem Sohn. Er war wohlauf und lächelte mich an. Gierig saugte er an meiner Brust, und seine Großmutter wendete den Blick ab. Wo hatte er heute Nacht geschlafen? Dona Wauda zeigte mir sein Zimmer nicht, und als das Mittagessen aufgetragen wurde, schickte sie mich hinaus; ich hatte es mit den Hausangestellten in der Küche einzunehmen. Dona Wauda sprach kaum ein Wort, und solange sie sich in der Nähe aufhielt, waren auch die beiden Dienstmädchen und der Gärtner sehr schweigsam. Erst als sie sich in ihr Schlafzimmer zurückzog, fühlte ich mich etwas behaglicher. Neben dem Swimmingpool gab es einen schattigen Platz unter Mangobäumen. Ich spannte eine Hängematte auf und legte mich mit Rodrigo hinein. Aber es wurde ihm schnell zu langweilig, und gemeinsam krabbelten wir über den weichen Rasen, was ihm besonders gut gefiel. Er hielt sich am Gras fest und erkundete zielstrebig die neue Umgebung. Wenn ich mich wie eine Katze vor ihm aufstellte, meine Haare schüttelte und lustige Geräusche machte, jauchzte er vor Vergnügen. Er zog an meinen langen Strähnen, und ich miaute. Ich dachte mir immer wieder neue Spiele aus und war glücklich, mit meinem Sohn allein zu sein.

Am späten Nachmittag stand auf einmal Jânio auf der Terrasse, und wir schauten uns sehr lange an. Wortlos lehnte er an einem Pfeiler, seine Bücher unter dem Arm, mit einem Gesichtsausdruck, den ich nicht enträtseln konnte. War es Gleichgültigkeit oder Bedauern? Zufriedenheit oder Traurigkeit? Erst als seine Mutter aus dem Haus trat, wendete er sich ab und ging wortlos hinein. Ob er gestern Abend, als ich nicht da war, seinen Sohn in den Arm genommen hatte? Ich verriet ihm mit keiner Geste, was in mir vorging. Unbegreiflich, dass nicht viel mehr als ein Jahr vergangen war, seitdem wir uns leidenschaftlich geküsst hatten. Nichts schien von dieser großen Liebe übrig geblieben zu sein. Dona Wauda hatte ihr Ziel erreicht.

Nachdem ich Rodrigo am Abend gestillt hatte, verabschiedete ich mich von ihm. »Mein kleiner Engel«, flüsterte ich ihm ins Ohr, »ich muss gehen. Zurück zu deiner Tante Senaé, aber morgen bin ich wieder bei dir. Und wenn du gesund bist, wird uns nichts mehr trennen. Das verspreche ich dir! Dann wirst du für immer bei mir sein!«

Ich merkte bald, wie unrealistisch dieser Traum war. Ich musste dringend Geld verdienen, und so blieb mir nichts anderes übrig, als es wieder als Doméstica zu versuchen. Meinen Sohn bekam ich nur für kurze Momente zu sehen. Morgens kam ich, um ihn zu stillen, und abends, nach der Arbeit, legte ich ihn erschöpft an meine Brust, streichelte ihn behutsam und weinte still vor mich hin. Ich war zu einer Amme geworden! Und das war der einzige Grund, warum ich in diesem Haus geduldet wurde.

Eines Abends saß Dona Wauda auf der Terrasse und telefonierte. Sie musste mich am Fenster gesehen haben, denn plötzlich sprach sie wesentlich lauter als zuvor.

»Ja, so glaub es mir doch! Mein Junge ist über beide Ohren verliebt. Er schwärmt den ganzen Tag von ihr.«

Mein Herz klopfte. In wen war er verliebt?

»Die Kleine ist sehr hübsch und kommt aus gutem Hause. Der Vater ist Arzt. Sehr erfolgreich. So werden ihm endlich die Flausen vergehen, und er kann die alte Geschichte vergessen. Zum Glück ist er jetzt doch noch vernünftig geworden.«

Jânio hatte eine Freundin? Wie konnte er mit einer anderen zusammen sein, wo wir uns doch die ewige Liebe geschworen hatten? Besonders in den letzten Tagen hatte er mich mehrmals so angeschaut wie früher, und ich hatte schon erwartet, dass er mich im nächsten Moment umarmen würde. Ich wäre für einen Neuanfang bereit gewesen, auch wenn mein Stolz mir verbot, meine wahren Gefühle zu zeigen. Ich hatte es gespürt: Aus seinen Blicken sprach Liebe. Aber dann hatte er sich umgedreht und war in einem anderen Zimmer verschwunden. Ich konnte das nicht verstehen. Hatte ich ihn wirklich für immer verloren? Würden wir nie eine Familie sein? Dona Wauda beendete das Gespräch, und ich lief schnell in die Küche. Von jetzt an gab es für mich nur noch meinen Sohn.

»Sueli, was ist eigentlich los mit dir? Du bist ein junge Frau, genau wie ich, aber in letzter Zeit scheinst du das vollkommen vergessen zu haben. Du solltest dich amüsieren und nicht jeden Abend grübelnd in der Hängematte liegen«, sagte Senaé und drehte sich vor dem Spiegel hin und her. »Komm, wir gehen aus! Wir treffen uns mit dem Typen aus Austria. Ich habe ihn angerufen. Er klang ganz nett, soweit ich ihn verstanden habe.«

»Geh du, ich hab genug von den Männern.«

»Das darf doch nicht wahr sein! Steh auf! Eine Freundin von mir ist auch dabei. Der Gringo hat mir eine Adresse genannt. Wir treffen uns in einer Bar, gar nicht weit von hier. Nun komm schon! Zieh dir war Schönes an, und dann geht es los.«

»Wie hast du dich mit ihm verständigt?«

»Na ja, er hat sein komisches Spanisch gesprochen, und ich habe auf Portugiesisch geantwortet. Er sagt, seine Freunde sind auch da.«

»Alles Gringos?«

»Bestimmt! Und ich habe doch noch nie mit einem Gringo geredet, außer mit Émile natürlich. Aber du kennst dich bestens mit denen aus. Nun komm schon mit.«

»Na schön. Aber nicht lange.«

Wir fanden die Adresse sofort. Von einer Bar im üblichen Sinne war weit und breit nichts zu sehen. Es handelte sich um einen kleinen Ausschank in einem einfachen Wohnviertel. Wir staunten, als wir mindestens ein halbes Dutzend Gringos vor dem offenen Verschlag stehen sahen.

»Mein Gott!«, sagte Senaé. »Da stehen ja lauter weiße Riesen. Wo kommen die denn alle her? Wie sehe ich aus? Wie eine Doméstica?«

»Du siehst wunderbar aus! Eine heißblütige Amazonense. Dein Hintern wird sie verrückt machen.«

»Dann lass uns schnell wieder gehen.«

Ich hielt Ausschau nach Hansi, konnte ihn aber nirgends entdecken. Ein großer Mann mit blonden Haaren lehnte sich gegen den Tresen und zwinkerte mir zu. Er trug eine auffallend bunte Hose, in der er aussah wie ein Clown.

»Oi, tudo bem? Kennen Sie Hansi?«, fragte ich ihn.

Er schaute mich verwundert an und schien nichts verstanden zu haben.

»Hansi«, wiederholte ich und formte einen imaginären großen Bauch.

Der Mann lachte und zeigte seine strahlend weißen Zähne. Aus seiner Hemdtasche zog er ein kleines Wörterbuch und blätterte ein wenig darin herum.

»Hansi nicht da. Du hübsch. Ich einladen.«

»Danke.«

Er bestellte Bier, das uns nicht schmeckte. Ich hatte selten Alkohol getrunken und meine Schwester sicher noch nie. Es dauerte lange, bis der Fremde mir verständlich machen konnte, dass Hansi heute keine Zeit hatte und dass alle Gringos gemeinsam im Haus gegenüber wohnten. Sie drehten einen Episodenfilm, der in Austria im Kino gezeigt werden sollte. Er trug den geheimnisvollen Namen »Die Farbe der Vögel«. Es ging dabei um Waisenkinder in Manaus, und eine Leprastation im Dschungel hatten sie ebenfalls besucht. Er arbeite an der Kamera und heiße Werner, erklärte er mir.

Irgendwie machte es Spaß, sich mit dem Wörterbuch zu unterhalten. Wir kamen recht gut voran. In rasender Geschwindigkeit blätterte er durch die Seiten, und meistens fand er das richtige Wort. Nachdem ich das System begriffen hatte, blätterte auch ich eifrig in dem kleinen, gelben Buch. Immer, wenn ich mit meinem Finger auf eines der deutschen Wörter zeigte, nickte Werner und freute sich. Manchmal sprach er es laut aus, und ich musste über die befremdlichen Klänge lachen. Die Sprache schien sich im Hals abzuspielen und furchtbar zu kratzen. Es war erstaunlich, was ich ihm mit Hilfe des Wörterbuches alles erzählte. Bald wusste er von Rodrigos Krankheit und dass ich bei meiner Schwester wohnte. Dass ich einen Sohn hatte, wollte er nicht recht glauben. Für eine Mutter kam ich ihm viel zu jung vor. Er schätzte mich auf sechzehn, dabei war ich sicher schon achtzehn. Werner musste sich die ganze Zeit tief zu mir herunterbeugen. An seiner Seite kam ich mir winzig vor. Später legte er einen Arm um meine Schulter, und ich hätte mich bequem darunter verstecken können. Er machte mir eine Menge Komplimente, und ich fühlte mich geschmeichelt.

»Wiedersehen?«, fragte er zum Abschied. »Du mich wiedersehen? Telefon?«

Senaé und ihre Freundin versuchten, sich mit einem anderen Gringo zu unterhalten, der offenbar kein Wörterbuch hatte.

»Gib ihm ruhig die Nummer von Dona Ilza. Sie hat sicher nichts dagegen, wenn der Riese dich anruft«, sagte sie mit verschwörerischem Unterton.

Zwei Tage später traf ich Werner wieder. Mit dem Taxi fuhren wir an den Strand und setzten uns in eine Bar. Der Rio Negro führte Hochwasser und rauschte an uns vorüber. In den letzten Wochen hatte es viel geregnet. Im Dschungel war es nun Zeit, die Jutefasern zu ziehen. Ob wohl mein Vovô bei dieser schweren Arbeit helfen musste? Oder kümmerte er sich derweil um den Fischfang? Seitdem die Familie nicht mehr vollzählig im Dschungel lebte, gab es nicht mehr genügend helfende Hände vor Ort. Vater musste Arbeiter bezahlen und sparte, wo es nur ging. Ein paar Kilometer von hier vereinten sich der Rio Negro und der Rio Solimões. Die schwarzen und braunen Wassermassen vermischten sich zu einem riesenhaften Strom. Wie lange hatte ich nicht mehr in den Fluss geschaut. So viel Wasser. Das andere Ufer war kaum zu sehen. Ich hatte schon manches Mal gehört, dass es am Meer auch nicht anders aussehe. Der Strand war schmaler als in der Trockenzeit. Bald würde er gänzlich von den Fluten verschluckt werden. Wir hatten Glück, der Himmel war nach einem heftigen Regenguss zur Mittagszeit nun wieder klar. Es würde einen herrlichen Sonnenuntergang geben. Eine Drei-Mann-Band spielte Lambada, und mich hielt es nicht lange auf dem Stuhl.

»Baila! Tanzen!«, sagte ich.

Widerwillig ließ Werner sich mitziehen. Ich schwang meine Hüften, wie alle Brasilianerinnen es tun, mein Begleiter stieß Pfiffe aus und rief »Boa, muito boa«, während er steif und ungeschickt von einem Bein auf das andere trat. Ich musste an

Jânio denken, der mich mit leichter Hand führen konnte, das Tempo und die Drehungen vorgab und uns grenzenloses Vergnügen bereitet hatte. Werner hüpfte inzwischen unbeholfen vor mir auf und ab, was irgendwie lustig aussah. Kein Brasilianer hätte so etwas jemals fertig gebracht. Bald stand ihm der Schweiß im Gesicht, sein Hemd klebte am Körper, und wir legten uns in den Schatten einer Palme.

»Sueli, du bist sehr hübsch. Ich habe mich in dich verliebt.«

Ich lachte, weil er seinen ersten fehlerfreien Satz gesprochen hatte.

»Nach Hause? Bett? Gehen wir?«, fragte er.

Ich überlegte eine Weile. Dieser weiße Riese war sehr nett, aber verliebt hatte ich mich nicht in ihn. Es tat mir gut, von einem Mann umworben zu werden, aber sollte ich deshalb mit ihm ins Bett gehen? Gern wollte ich mich an ihn lehnen, ihn vielleicht auch küssen. Aber was würde er mit mir machen, wenn wir allein in seinem Zimmer waren? Ob er lieb sein konnte? Und zärtlich? Er war so schrecklich groß. Die Versuchung lockte mich.

»Amanhã«, sagte ich, »morgen.«

Er sah enttäuscht aus und blätterte in seinem Wörterbuch.

»Ist wahr? Versprechen?«

»Sim, versprochen.«

Entscheidung

Als ich am nächsten Tag zu Dona Wauda ging, um mich um meinen Sohn zu kümmern, sah ich sie erwartungsvoll auf der Terrasse sitzen. »Bom dia, como vai a senhora?«, grüßte ich wie immer.

»Ich habe mit dir zu reden«, sagte sie in einem Tonfall, der nichts Gutes ahnen ließ.

»Gleich, ich hole nur schnell Rodrigo.«

»Du kommst auf der Stelle hierher. Mein Enkel ist versorgt.«

Da sie mir keinen Platz anbot, stellte ich mich neben den Tisch.

»Gestern ist eine Uhr verschwunden. Die Armbanduhr meiner Tochter.«

»Das tut mir Leid.«

»Das tut dir Leid? Meine Angestellten waren es nicht. Sie stehlen nicht. Es kann nur eine Person gewesen sein.«

Ich begriff noch immer nicht, was sie von mir wollte. Sollte ich den Dieb suchen oder ihre Tochter trösten?

»Ich bin sehr enttäuscht. Aber nach reiflicher Überlegung bin ich zu der Erkenntnis gekommen, dass du diese Person bist.«

»Ich? Aber Dona Wauda, wie können Sie so etwas von mir denken?«

»Nun tu doch nicht so scheinheilig. Wer sonst hat es denn nötig?«

Einen Moment lang fand ich keine Worte. Sie wollte mir doch tatsächlich einen Diebstahl anhängen.

»Anfangs wollte ich es selbst nicht glauben, aber es kann nur so gewesen sein. Und eine Diebin kann ich hier nicht dulden.«

»Glauben Sie, was Sie wollen, Dona Wauda. Dabei müssen Sie doch am besten wissen, dass ich so etwas nie tun würde. Niemals habe ich auch nur einen Cruzeiro von Ihnen angenommen. Und außerdem sollten Sie wissen, wie leicht es ist, Gerüchte und Lügen in die Welt zu setzen.«

»Was willst du damit sagen?«

Plötzlich hatte ich ganz deutlich ein Bild vor meinen Augen.

»Ich will sagen, dass … ich bin mir sicher, dass die Uhr Ihrer Tochter irgendwo da drinnen in einer Schublade liegt und

Sie diese gemeine Geschichte erfunden haben. Ich habe ein absolut reines Gewissen. Ehrlich gesagt, habe ich nicht erwartet, dass Sie mich auf so gemeine Art loswerden wollen. Sie haben es aber nicht anders gewollt.«

Ich ging ins Haus und holte meinen Sohn. Er strahlte mich an, und ich wusste, was zu tun war. Ich nahm ihn auf den Arm, und mit schnellen Schritten ging ich an der Terrasse vorbei.

»Halt! Was hast du vor? Wohin gehst du mit Rodrigo?«

»Das sehen Sie doch, ich nehme ihn mit. In so einem Haus hat er nichts mehr verloren.«

»Bleib sofort stehen! Was soll das?«, schrie sie. »Lass mein Kind los!«

»Ihr Kind? Es ist mein Sohn«, sagte ich ruhig. »Und ab sofort wird er da sein, wo ich bin.«

»Du wirst ganz schön frech, kleines Fräulein. Du scheinst deine Lage nicht zu begreifen. Ich werde die Polizei rufen! Jawohl! Und dann schalte ich das Jugendamt ein, und am Ende hast du überhaupt kein Recht mehr auf den Kleinen. Dann wird Jânio der Verantwortliche.«

»Ich lasse mir keine Angst machen«, sagte ich, obwohl der Gedanke an die Polizei mich erschreckte.

»Wenn du mir nicht glaubst, kann ich dir auch gern die Krankenhausrechnungen zeigen. Was denkst du, was das Jugendamt dazu sagen wird? Wer hat sich um das kranke Kind gekümmert? Eine arbeitslose Doméstica ohne einen Cruzeiro in der Tasche? Warum war der Junge wohl so krank? Hat die Mutter sich vielleicht nicht ausreichend um ihn gekümmert? Du glaubst doch wohl nicht wirklich, dass du eine Chance hast. Leg es nicht drauf an! Der Junge bleibt hier!«

Lieber Herrgott, steh mir bei! Was sollte ich tun? Ich sah, wie Dona Wauda zum Hörer griff, und mich verließ der Mut. Ich machte kehrt und kämpfte mit den Tränen. Sie durfte mich nicht weinen sehen. Diese Frau war kaltblütiger, als ich erwartet hatte. Gegen eine solche Gegnerin konnte ich nur verlieren.

Ich war wie gelähmt. Senaé verlor allmählich die Geduld mit mir. »Vergiss diese blöde Kuh! Du bist nicht die einzige Mutter, die ihr Kind nicht bei sich hat. Bei der hat Rodrigo es doch gut, und du kannst ihn jederzeit besuchen. Später kannst du ihn immer noch zu dir nehmen. Und nun steh endlich auf, und ruf deinen Verehrer zurück! Dieser Warnau, oder wie er heißt, war heute schon dreimal am Telefon. Der hat sich richtig in dich verknallt. Geh heute Abend mit ihm aus. Du musst auf andere Gedanken kommen.«

»Ja, verdammt! Ich hasse mich bald selbst. Du hast Recht. Ich treffe Werner, und ab morgen bringe ich mein Leben in Ordnung.«

Werner fuhr mit dem Taxi vor und führte mich in eine Churrascaria, in der ich früher manchmal mit Émile gegessen hatte. Dort hatte sich nichts verändert. Eine zu drei Seiten offene Terrasse für über hundert Gäste bot einen weiten Blick über den Rio Negro.

Werner war sehr freundlich zu mir. Er merkte, dass ich Kummer hatte, und versuchte mich mit Witzen aufzuheitern. Wieder funktionierte die Verständigung recht gut mit dem Wörterbuch, und nach einer Weile lachten wir lauthals über diese umständliche Art der Kommunikation. Seine Mutter habe es ihm vor der Abreise geschenkt, sagte er. Das fand ich schön. Er erzählte mir von Austria, den Bergen, vom Wein und Skifahren. Das konnte ich mir kaum vorstellen, aber er fertigte eine Zeichnung an, um es mir plausibel zu machen. Auf mir unbegreifliche Art sauste man auf zwei Brettern eine Schräge hinunter. Aber keine Erklärung konnte mir das Gefühl von Schnee und Kälte vermitteln. In Manaus war es nur selten kühler als zwanzig Grad. Wie sollte ich mir Eis vorstellen, das eine ganze Stadt wie ein Zuckerguss überzog? Émile hatte damals meine Hand ins Eisfach gelegt. »So fühlt sich Kälte an! Im europäischen Winter hat draußen alles diese Temperatur.« Aber das hatte ich ihm nicht geglaubt. Werner

schaute mich unentwegt an, und ich betrachtete das Blaugrau
seiner Augen. Irgendwann nahm er meine Hand, und ich ließ
es geschehen. Er streichelte sanft über meinen Arm, strich
durch mein Haar und über meine Wange.

»Meine hübsch, klein Brasileira«, sagte er, »sehr hübsch.«

»Obrigada! Danke!«

»Gehen wir? Zusammen?«

Ich nickte. Als das Taxi vorfuhr, nannte er die Adresse. Im
Auto küsste er mich, öffnete einen Knopf meiner Bluse und
streichelte meine Brüste.

»Klein!«, sagte er. »Du sehr klein. Schön!«

Werner hingegen erschien mir ein paar Nummern zu groß
geraten. Das machte mir ein wenig Angst. Hoffentlich, dachte
ich, wird er zärtlich mit mir sein.

Werner blieb nur noch zwei Wochen in Manaus, dann musste
er zurück nach Austria. Wir trafen uns jeden Tag. Ich begleitete ihn zu den Drehorten und lernte seine Kollegen kennen.
Er behandelte mich wie seine Freundin. Küsste mich vor aller
Augen und legte bei jeder Gelegenheit seinen Arm um mich.
Werner war witzig. Mir gefielen die neidischen Blicke der
Frauen, wenn ich mit ihm durch die Straßen schlenderte. Die
hat sich einen Gringo geangelt, dachten sie sicher. Wenn sie
merkten, dass es kein Amerikaner, sondern sogar ein Europäer war, dann konnten sie sich kaum zurückhalten. Selbst in
meinem Beisein versuchten einige Frauen, mit ihm zu flirten.
In Manaus war es etwas ganz Besonderes, mit einem Europäer
zu »gehen«. Dass der Umgang mit Ausländern für mich fast ein
Leben lang normal gewesen war, fiel mir erst jetzt auf. Manche
Frauen starrten mich an, als hinge nicht ein Mann, sondern ein
Lottogewinn an meinem Arm. Zu gern wäre ich in diesen Au-
genblicken Dona Wauda begegnet. Ach, ich fühlte mich wohl,
und zum Glück war unser Wortschatz zu beschränkt, um über
meine zahlreichen Probleme zu reden. Inzwischen stillte ich
meinen Sohn nicht mehr, und es gab Tage, an denen ich mir

die schöne Stimmung nicht dadurch verderben wollte, dass ich zu Dona Wauda ging, um Rodrigo zu sehen. Seit dem Vorfall mit der Uhr hatten wir kein Wort miteinander geredet. Einmal wartete Werner draußen vor dem Tor, und es gefiel mir, ihn in der Nähe zu wissen. Er gab mir Kraft, die bedrückende Atmosphäre hinter den hohen Mauern zu ertragen.

Die vierzehn Tage bis zu Werners Abflug vergingen im Nu.

»Sehen wir uns wieder?«, fragte ich ihn zum Abschied.

»Wenn du mich willst«, antwortete er, ohne ins Wörterbuch zu schauen.

»Wenn ich dich wiedersehen will?«

»Sim, sehr … ich will dich wiedersehen, meine kleine Brasileira.«

»Amazonense. Ich bin eine Amazonense.«

»Telefonieren. Du musst telefonieren. Nach Austria.«

»Wir können uns Briefe schreiben. Du mit deinem Wörterbuch. Ich werde alles verstehen, was du schreibst.«

»Bitte, das nimmst du!«, sagte er und drückte mir einen Haufen amerikanischer Dollars in die Hand. »Für dich. Und telefoniere mit mir. Bitte!«

»Nein! So viel Geld! Warum?«

»Weil ich verliebt bin. Ich bin verliebt in dich, meine schöne Amazonense«, sagte er vollkommen fehlerfrei, und ich wusste, dass er diesen Satz vorbereitet und auswendig gelernt hatte.

Noch in der Nacht musste er zum Flughafen. Wir küssten uns, und dann stieg er in ein Taxi und winkte. Er hatte mir zweihundert Dollar gegeben. Eine unglaubliche Summe! Nie im Leben hatte ich so viel Geld auf einem Haufen gesehen. Zweihundert Dollar! Davon konnte ich monatelang leben. Als die Geschäfte öffneten, kaufte ich Kleidung und Spielzeug für meinen Sohn. Mit hoch erhobenem Haupt stand ich vor dem braunen Tor. Auf mein Klingeln hin ging es auf, und ich sah Dona Wauda auf der Terrasse sitzen.

»Bom dia. Como vai a senhora?«, fragte ich mit gespielter Höflichkeit, und sie blickte überrascht auf. »Wo ist Rodrigo?

Ich habe Geschenke für ihn.« Ich stellte die Taschen vor ihre Füße. »Und übrigens, hat sich die vermisste Uhr angefunden?«

»Natürlich nicht. Was soll diese scheinheilige Fragerei? Was ist überhaupt los?«

»Es interessiert mich eben, was aus der Uhr geworden ist. Ihre Tochter ist sicher noch immer sehr traurig über den schweren Verlust.«

Dona Wauda sah mich irritiert an. Sie richtete sich in ihrem Korbstuhl auf.

»Was hat das gute Stück gekostet?«, fragte ich.

»Was willst du? Was hat das alles zu bedeuten?«

»Nun sagen Sie schon. Wie teuer?« Ich zog mein Dollarbündel aus der Tasche. »Um Ihre Tochter ein wenig zu trösten, soll sie sich meinetwegen noch eine zweite Uhr kaufen. Dann hat sie eine für jeden Arm. Und wenn jemand fragt, kann sie sagen: Die da hat unser Dienstmädchen für mich bezahlt.«

Ich warf ihr ein paar Dollarscheine hin. Dona Waudas Wangen glühten, und zum ersten Mal fehlten ihr die Worte. Dann ging ich hinein und spielte mit meinem Sohn.

Jede Woche bekam ich einen Brief von Werner. Er schrieb mir, dass er immer an mich denke, jeden Tag, jede Minute, und wie verliebt er sei. Mein Foto sei in seiner Brieftasche, und er betrachte es hundertmal am Tag. »Meine schöne Brasilianerin.« Er schrieb auch, dass wir uns unbedingt wiedersehen müssten, und schon bald fragte er mich, ob ich nicht nach Austria kommen wolle.

Als ich diesen Satz las, durchfuhr mich ein gehöriger Schreck. In ein anderes Land gehen? In die Fremde? Und dort? War das nicht viel zu gefährlich? Ich kannte ihn doch kaum. Man hörte schlimme Dinge über Frauen, die Männern ins Ausland gefolgt waren. Und mein Sohn? Von Rodrigo schrieb er kein Wort. Der Satz lautete: »Willst du, meine schöne Sueli, zu mir nach Austria kommen?« Das war eindeutig. Mit meinem Sohn wollte er nichts zu tun haben. Oder war ich zu skeptisch? »Ich schicke dir ein Ticket!«

Was sollte ich ihm antworten? Ich dachte über meine Lage nach. Mein jetziges Leben, meine ungewisse Zukunft, das Schicksal meines Sohnes, meine eigene Familie, von der nur mein Vovô, Mutter und Senaé mir etwas bedeuteten. Rodrigo ist der wichtigste Mensch in meinem Leben, sagte ich mir immer wieder. Aber noch bin ich zu machtlos, um es ihm auch zeigen zu können. Gegen Dona Wauda kann ich nichts ausrichten. Sie bestimmt, was aus meinem Sohn wird, wie er aufwächst, was er lernt. Aus dieser Situation kann ich ihn nur herausholen, wenn ich so mächtig bin wie sie. Wenn ich eine Weile in Austria lebe, dann bin ich sicher ein anderer Mensch, stellte ich mir vor. Dort kann man viel Geld verdienen, und wenn ich nach Brasilien zurückkehre, wird man mich respektvoll behandeln. Austria liegt doch irgendwo in Europa, oder? Dort, wo all die gebildeten und reichen Leute herkommen. Dort gibt es keinen Dschungel und keine Moskitos. Die Luft ist frisch, und der Regen gefriert zu Schneeflocken. Zu weißen Flocken. Was sollte ich ihm antworten? Welches Risiko durfte ich eingehen? »Ich muss es mir überlegen«, schrieb ich ihm.

Seit jenem Brief beschäftigte mich nichts so sehr wie der Gedanke an Austria. Senaé reagierte skeptisch. Aber das war sie immer. Skeptisch und zurückhaltend. Und was das Thema Männer betraf, war sie ohnehin die falsche Beraterin. Wenn ein Mann mehr wollte, als nur mit ihr zu flirten, ließ sie ihn kühl abblitzen. Was mochte der Grund dafür sein? Hatte sie innerhalb unserer Familie gar mehr gelitten als ich, und hielt sie sich deshalb von ihnen fern? Manchmal schien es mir, als hätte ich während der Jahre meiner Abwesenheit entscheidende Vorfälle nicht mitbekommen. Ich dachte an Luaras Knie. Bei meinem letzten Besuch waren mir seltsame Flecken auf ihren Knieschieben aufgefallen. Erst nach beharrlichem Drängen erzählte sie mir von Vaters Strafe. Er hatte zwei

Milchdosendeckel mit Nägeln durchstoßen, sie in die glühende Mittagssonne gelegt und meiner Schwester befohlen, sich auf die scharfkantigen Bleche zu knien. Wie kam ein Mensch auf solche Foltermethoden? Und was war mit unserer Schwester Francisca? Warum hatte sie diesen seltsam leeren Blick und sprach kaum ein Wort? Meine ganze Familie umgaben womöglich die dunklen Schatten der Gewalt.

Senaé hielt mir jedenfalls Vorträge über ausländische Männer, die brasilianische Mädchen zur Prostitution zwängen. Man nehme ihnen die Pässe ab und stecke sie in irgendwelchen eiskalten Städten in billige Nachtclubs. Von dort konnten sie nicht einmal fliehen, weil sie draußen am Frost zugrunde gingen. Dabei wurde mir bewusst, dass ich gar keinen Pass besaß und für einen Antrag die Unterschrift der Eltern brauchte. Nach brasilianischem Recht war ich minderjährig. Ich musste eine Menge Hürden überwinden, wenn ich das Abenteuer wirklich riskieren wollte. Vor allem aber: Ich liebte ihn nicht! Er war mir viel zu fremd, um ihn lieben zu können. Mein Gefühl sagte mir zwar, dass er kein schlechter Mensch war, aber woher sollte ich wissen, wie er in seiner Heimat zu mir sein würde? Dennoch – ich wollte es versuchen. Es war die Chance meines Lebens.

Um einen Pass zu bekommen, musste ich nach Manacapuru fahren. Senaé begleitete mich widerwillig. Sie hatte genauso viel Angst vor dem Zusammentreffen mit unserem Vater wie ich.

Mutter begrüßte uns mit einer niederschmetternden Nachricht. »Senhor Taori ist gestorben.«

»Vovô!?«

»Vor einigen Wochen.«

Mein Vovô? Wie konnte er sterben? Ohne Abschied. Wieso sterben die Menschen, die mir am meisten bedeuten, ohne dass ich ihnen sagen kann, wie sehr ich sie liebe?, dachte ich. Émile, Dona Iara und nun mein Vovô. Er sei einfach eingeschlafen und nicht mehr aufgewacht, sagte Mutter.

»Du musst nicht weinen, Sueli, denk daran, was er dir über den Tod gesagt hat«, versuchte sie mich zu trösten. Senaé rannte weinend hinaus, und ich wusste, dass sie zu unserer Nachbarin lief, um bei ihrer besten Freundin Trost zu finden.

Ich saß auf dem Boden, den Rücken gegen die Wand gelehnt, den Kopf auf meinen Knien. Vovô, wo bist du jetzt? Geht es dir dort besser als im Leben? Für einen Indianer bedeutet der Tod die Befreiung der Seele. Er hatte mir oft von dem Leben nach dem Tod erzählt. Die Geburt eines Menschen sei ein trauriges Ereignis, weil das Leben Leid bedeute. Das hatte er als Kind gelernt. Sein eigenes Leben war viele Jahre lang der beste Beweis für die Berechtigung seines Glaubens gewesen. Nun war die Seele meines Vovô frei. Er war erlöst vom Kampf des Lebens, versuchte ich mir vorzustellen. Wenn er nach dem Einschlafen einfach nicht mehr aufgewacht war, hatte seine Seele sicher genug Zeit gehabt, sich von der Erde zu verabschieden und fernab aller irdischen Zwänge ein neues Leben zu beginnen. Solch einen Tod hatte er sich gewünscht. Ich versuchte mich für ihn zu freuen, aber es gelang mir nicht.

Ich ging hinaus und setzte mich unter den Guavenbaum. Als sich Luara von ihrer letzten Kundin verabschiedet hatte, erzählte sie mir, was geschehen war. »Ein Nachbar ist mit dem Motorkanu gekommen, um uns Bescheid zu sagen. Vovô ist in der Nacht gestorben. Wir haben das nächste Boot in den Dschungel genommen. Als wir in Parana do Paratari eintrafen, war das ganze Ufer voller Menschen. Vom gesamten Flussabschnitt, selbst von weit hinter der Biegung des Flusses sind sie gekommen. Im Maniokhaus wurde ein Sarg gebaut. Dort hinein legten sie unseren Vovô. Er sah so friedlich aus. Auf seinem Schoß lag seine Hängematte, das Fischernetz, das er selbst geknotet hatte, seine Kleidung und viele wunderschöne Blumen. Jeder wollte seine Stirn und seine Füße küssen. Manche klagten und weinten. Dann hat unser Vater den Deckel auf den Sarg gesetzt, und unsere Brüder haben ihn für die letzte Reise ins Kanu gelegt. Mit vielen Kanus – so viele, wie ich noch nie zuvor gesehen hatte –, haben wir ihn zum Friedhof gebracht. Wir sind ganz langsam und leise gefahren. Unser Vovô war auf Blumen gebettet. Sueli, du musst nicht traurig sein. Du kannst dich immer noch von ihm verabschieden.«

In seinem Testament hatte er mich als die Erbin seines Landes eintragen lassen. Niemals hätte ich es für möglich gehalten, dass er sich mit solch offiziellen Dingen befasste. Mutter erzählte mir, dass vor vielen Jahren, als ich noch ein kleines Mädchen war, einige Männer von der Regierung Familiennamen an die Uferbewohner vergeben und die Ländereien in Grundbücher eingetragen hatten. Damals hatten auch wir unseren portugiesischen Familiennamen erhalten. Dabei hatten die Behörden nicht viel Fantasie bewiesen: Auf unserem Abschnitt des Solimões hießen fast alle Familien so wie wir. Ein Stückchen weiter, hinter der Biegung des Flusses, trugen die meisten den Namen Souza.

Mein Vovô hatte also an mich gedacht! Aber was bedeutete ein Dokument, das mich als Besitzerin unzähliger Hektar Urwaldes auswies? Ich legte mich in die Hängematte und rief mir Erinnerungen an meinen Vovô ins Gedächtnis. Bittere Vorwürfe quälten mich. Warum war ich nicht zu ihm gefahren? Ich hätte ihn wenigstens noch einmal besuchen müssen. Wie viele Jahre waren vergangen, seit wir uns, hier im Haus, das letzte Mal gesehen hatten? Was wird mein Vovô von mir gedacht haben, als er erfuhr, dass ich Mutter geworden war, ohne verheiratet zu sein? Ob er mich dafür verurteilt hat? Ich hatte immer Angst davor, ihn zu enttäuschen. Welche Geschichten wird Vater ihm aufgetischt haben? Ohne meinen Vovô wäre ich ein anderer Mensch geworden. Ohne ihn gäbe es nur wenige Momente aus meiner Kindheit, an die ich mich gern erinnere. Er hatte das gleiche Mondfinsternismal wie ich. Er hat mir erzählt, dass wir beide in einer Mondfinsternisnacht geboren wurden. Sein Mal hatten nur wenige gesehen, weil es meistens von seiner Hose verdeckt war. Aber meines trug ich auf der Stirn, und manchmal hat mein Vovô zärtlich darüber gestrichen. Nun blieb mir nur noch die Erinnerung.

Am nächsten Tag erklärte ich Mutter den Grund meines Besuches. Unter Austria konnte sie sich nichts vorstellen. Am Ende dachte sie, ich würde nach São Paulo reisen. Das war in ihrer Vorstellung der Ort, der am weitesten vom Amazonas entfernt lag. Alles Fremde kam aus São Paulo. Die Menschen im Fernsehapparat, die Politiker mit ihren Anzügen, die schönen Frauen in ihrer freizügigen Kleidung, die teuren Autos und der verschwenderische Luxus. All das war so weit jenseits ihres Lebens wie São Paulo. Sie versprach mir, meinen Vater so feinfühlig wie möglich um den Gang zur Passbehörde zu bitten.

Einige Tage später kam er aus dem Dschungel. Ich musste seine Hände küssen und seinen Segen erbitten. Dann ging ich schnell hinaus. Es dauerte nicht lange, bis ich meinen Vater brüllen hörte. »Was will das kleine Biest? Abhauen?«

Mutter schien ihn zur Ruhe zu ermahnen, denn nun konnte ich kein Wort mehr verstehen. Später rief sie mich hinein. »Er will nicht«, flüsterte sie mir zu.

»Von mir bekommst du gar nichts«, schrie Vater aus dem hinteren Raum. »Ich habe dir schon einmal gesagt, was du bist. Nichts weiter als ein Fehler der Natur. Du hast keine Moral, keine Scham, keinen Stolz. Dass du es überhaupt wagst, hier aufzutauchen und um meine Hilfe zu betteln, zeigt schon, was für eine schwache Kreatur du bist.«

Wenn er mich schlägt, dann wehre ich mich, sagte ich mir immer wieder, aber schon beim Gedanken daran fing ich an zu zittern. Diesmal würde ich es mir nicht gefallen lassen. Ich ballte meine Fäuste und sah die Knöchel weiß hervorschimmern. Aber Vater schien mich nicht einmal sehen zu wollen und blieb hinter der verschlossenen Tür.

Unverrichteter Dinge reisten Senaé und ich wieder ab. Keine Unterschrift, kein Pass. Aber jetzt erst recht, dachte ich.

Mein Wunsch, dieses Land zu verlassen und ein neues Leben zu beginnen, wurde immer stärker. Von solch einem Tyrannen durfte ich mich nicht aufhalten lassen. Schließlich erinnerte ich mich an eine Bekannte, die in der Stadtverwaltung arbeitete. Ich erzählte ihr von meinem Problem, und ihr fiel eine einfache Lösung ein. Sie stellte mir eine Geburtsurkunde aus, die mich volljährig machte. Prompt bekam ich meinen Pass, und Werner schickte mir ein Flugticket. Noch einmal fuhr ich nach Manacapuru, um mich von meiner Mutter und meinen Geschwistern zu verabschieden. Wer wusste schon, wann wir uns wiedersehen würden.

»Tainá, meine Kleine«, sagte ich, »wenn es mir in Austria gefällt und ich genug Geld habe, dann hole ich dich nach. Das verspreche ich dir. Du hast dich so lieb um meinen Rodrigo gekümmert. Das werde ich dir nie vergessen.«

»Austria?«

»Dort gibt es keine Moskitos.«

»Und keinen Tonio.«

»Ganz sicher nicht.«

Bevor ich an eine Abreise denken konnte, musste ich viele Vorbereitungen treffen. Rodrigo wollte ich vorerst in der Obhut Dona Waudas belassen. Ich teilte ihr, dem Großvater und Jânio mit, ich würde vorübergehend nach Austria reisen und Rodrigo am liebsten mitnehmen. Da ich aber über die dortige Lage noch zu wenig wisse, wolle ich kein Risiko eingehen. Sollte ich dort allerdings eine Zukunft für mich und meinen Sohn sehen, so würde ich ihn holen. Sie schauten mich verwundert an. Ich erklärte es ihnen noch einmal. Offenbar konnten sie es sich nicht vorstellen, dass ausgerechnet ich nach Europa reiste. Die Möglichkeit, meinen Sohn jederzeit abzuholen, formulierte ich als Bedingung für meinen Abschied. Dona Wauda überlegte eine Weile und nickte, und auch Jânio gab mir sein Wort, dass ich unseren Sohn zu mir nehmen könne, wenn ich es wünschte. An ihren Blicken erkannte ich, dass sie mir nichts dergleichen zutrauten. Dona Wauda schaute mich fast mitleidig an, so als hätte ich ihr einen geheimen Traum offenbart, der niemals in Erfüllung gehen konnte.

Rodrigo trug meinen Namen. Seine Geburtsurkunde wies mich als alleinige Erziehungsberechtigte aus. »Vater unbekannt.« Nun waren Formalitäten zu klären, für die sich Dona Waudas Ehemann zur Verfügung stellte. Wir gingen zur zuständigen Behörde, wo ein Dokument aufgesetzt wurde, aus dem hervorging, dass Rodrigo während meiner Abwesenheit in seiner Obhut verblieb. Er wurde nur als vorübergehender Vormund meines Sohnes bezeichnet, nicht als Großvater. Mir war diese Regelung sehr wichtig. Keinesfalls wollte ich offizielle Ansprüche auf meinen Sohn verlieren.

Dann kam der Tag der Abreise. Ich blieb einen ganzen Nachmittag bei meinem Sohn und tollte mit ihm durchs Haus. Immer wieder redete ich mir ein, dass unser Abschied nur von kurzer Dauer sei. Das erleichterte mir die letzten Stunden. Rodrigo war jetzt zehn Monate alt. Wie lange würde er mich in Erinnerung behalten?

Ich küsste ihn ein letztes Mal und verließ den Hof, ohne mich von den anderen zu verabschieden. Jânio wusch gerade den Wagen seines Vater, aber ich schaute ihn nicht einmal an.

ABSCHIED UND NEUBEGINN

Ein neues Leben

Wie ein gefährliches Insekt stand das plumpe Flugzeug auf der Startbahn. Ich kämpfte mit den Tränen und ging zögernd die schmalen Stufen der Gangway hinauf. Unentwegt dachte ich an Rodrigo. Ich musste mich zwingen, an ein gutes Ende dieses Unternehmens zu glauben. Die Stewardess führte mich zu meinem Platz und lächelte mich aufmunternd an. Ich schloss die Augen und öffnete sie erst wieder, als mich die Schubkraft der Turbinen in den Sitz drückte. Bald versetzten mich die Schlingerbewegungen des Flugzeugs derart in Panik, dass ich laut aufschrie. Meine Sitznachbarin schaute mich mitleidsvoll an. »Sie müssen keine Angst haben. Das ist völlig normal«, versuchte sie mich zu beruhigen. Ich sah aus dem Fenster. Irgendwann tauchte neben dem Festland das endlose Meer auf. Eine Weile begleitete es uns an unserer rechten Seite. Wie riesig es war! Das musste der Ozean sein. Der Pilot schien hineinstürzen zu wollen. Wir sanken immer tiefer. Die Maschine schaukelte und dröhnte. Ich hörte Geräusche unter meinen Füßen, und dann klappte auch noch ein Teil des Flügels herunter. Wir fielen vom Himmel! Irgendwie gelang es dem Piloten, die Maschine abzufangen. Er setzte den Koloss dort auf, wo das Meer ans Ufer stieß. Bis hierher reichte die endlos lange Piste des Flughafens. Einige Passagiere applaudierten. Es dauerte eine Ewigkeit, bis wir endlich aussteigen durften. Caracas. Für mich war es nur eine Zwischenlandung. Der Großteil der Reise lag noch vor mir. Ich musste den gewaltigen Ozean überqueren. Dafür stieg ich in ein Flugzeug nach Amsterdam, ohne zu wissen, wo sich diese Stadt befand. Plötzlich sprach niemand mehr portugiesisch. Ich verstand keine einzige Durchsage. Man zeigte uns Schwimmwesten, und mir wurde wieder übel. Himmel, was hatte ich nur angestellt? Wohin führte mich diese Reise? In Austria gebe es Kängurus, hatte Senaé gesagt und mich damit vollkommen verunsichert. Soraia und Dona Ilza hatten ihr zugestimmt. Warum hatte ich in der Schule nicht besser aufgepasst? Irgendetwas stimmte nicht mit diesem geheimnisvollen Austria. Wo Schnee fiel, da gab es sicher keine Kängurus. Aber das Land, aus dem die Kängurus kommen, hieß genauso. Oder nur so ähnlich? Émile hatte mir doch alles über Europa erzählt. Warum wusste ich jetzt nicht mehr Bescheid? Mein Gott, was machte ich hier? Und wenn Werner tatsächlich ein Zuhälter war, mir den Pass abnahm und mich in einen Nachtclub steckte? Ich kannte ihn doch gar nicht. Keine andere Frau wäre einem fast Fremden in ein Land am anderen Ende der Welt gefolgt. Wie konnte ich so dumm sein?

Vor unserer Ankunft in der Stadt mit dem unaussprechlichen Namen musste ich dringend etwas unternehmen. Ich musste Sicherheitsvorkehrungen treffen. Neben mir saß ein Mann, der sympathisch aussah. Er war höchstens Mitte zwanzig und trug sportliche Kleidung. Bestimmt war er keiner von diesen europäischen Zuhältertypen. Und er schien mutig zu sein. Denn während ich im Verlauf von sechs Stunden nicht ein einziges Mal zur Toilette gegangen war, obwohl ich dringend musste, war er schon zweimal in dem merkwürdigen Raum verschwunden. Niemals würde ich mich dort hinein trauen. Wenn genau in dem Moment etwas passiert, überlegte ich, dann bin ich gefangen. Nein, das Risiko wollte ich nicht eingehen.

»Entschuldigen Sie«, sagte ich, »verstehen Sie mich?«

»Was? Ja, ein wenig«, antwortete er in demselben gebrochenen Spanisch, mit dem mich der dicke Hansi angesprochen hatte.

»Wohin fliegen wir?«

»Wie bitte?«

»Wohin? Dieses Flugzeug! Fliegt es nach Austria?«

»Nein, es fliegt in die Niederlande, nach Amsterdam.«

Ich zeigte ihm das Sammelsurium meiner Flugtickets.

»In Amsterdam müssen Sie umsteigen und nach Wien weiterfliegen. Vienna in Österreich.«

»Ach so.«

Ich nahm meinen ganzen Mut zusammen und erzählte dem Mann in einer Mischung aus Portugiesisch und Spanisch, dass ich mich auf ein Abenteuer eingelassen und nun Angst vor meiner eigenen Courage hatte. Er schien mich gut zu verstehen und schaute mich aufmerksam an. Auch von Nachtclubs, in denen Mädchen zur Prostitution gezwungen werden, hatte er offenbar schon gehört. Er sagte, er sei Fotograf und kenne sich aus in der Welt. Überall gebe es gute und schlechte Menschen. Und mein Werner gehöre sicher zu den guten. Er schien zu merken, dass ich nicht überzeugt war, und gab mir seine Karte. Er steige in Amsterdam aus, sagte er, aber ich könne ihn anrufen, wenn ich seinen Schutz bräuchte. Er würde kommen und mir helfen. Ich war erleichtert, denn Frank, so hieß er, hatte mein Vertrauen gewonnen. Ich glaube, in meinem ganzen Leben habe ich noch nie jemandem so innig vertraut wie ihm. Wir befanden uns hoch über dem Atlantik, und er kam mir vor wie ein Geschenk des Himmels. Irgendwann traute ich mich sogar auf die Toilette, nachdem Frank mir erklärt hatte, wie sie funktionierte. So schnell ich konnte, pinkelte ich in die metallene Toilettenschüssel und drückte den Knopf, den er mir genannt hatte. Beim folgenden Geräusch blieb mir fast das Herz stehen. Brüllaffen! Wie kommen Brüllaffen in das Flugzeug? Panisch schloss ich die Tür und rannte zurück zu Frank.

»Dort, dort ... in der Toilette ... das Geräusch ist ganz genau wie bei Brüllaffen.«

»Du zitterst ja. Beruhige dich«, sagte er lachend.

Langsam schlug mein Herz wieder normal, und ganz allmählich schöpfte ich Mut. Irgendwie würde ich dieses Abenteuer schon überstehen.

Der Flughafen von Amsterdam war gigantisch. Ohne Frank hätte ich den richtigen Abflugschalter nicht gefunden. Vienna und Wien waren ein und dasselbe, und Austria hatte in Wirklichkeit den sonderbaren Namen Österreich. Warum man die Reisenden derart verwirren musste, blieb mir ein Rätsel. Für Manacapuru, Manaus und Brazil gab es diese Zweitnamen sicher nicht.

»In zwei Stunden bist du da«, sagte Frank zum Abschied. »Viel Glück! Und ruf mich an, ob alles okay ist.«

»Sim, obrigada.«

Nur noch ein Start und eine Landung. Das musste ich einfach überstehen. Hoffentlich war Werner so jemand wie dieser Frank. Es war der 1. Juli 1988. Unter mir tauchten Berge auf. Einige Kuppen leuchteten strahlend weiß. Ob das Schnee war? Die Maschine flog immer tiefer. Bald konnte ich Straßen, Häuser und sogar Autos erkennen. Es gab sehr viel Grün, aber wenige Flüsse. Sicher regnete es hier viel, doch wo blieb das Wasser? Wieder dröhnte die Maschine, und wieder klappte ein Teil des Flügels herunter. Mein ganzer Körper verkrampfte sich. Ich blickte aus dem Fenster und sah dicht unter uns eine Wiese, auf der seltsame Tiere mit hellbraunem Fell und langen Ohren hüpften. Das waren sicher die Kängurus. Senaé hatte Recht. Sanft setzte die Maschine auf. Begeistert applaudierte ich, blieb aber mit meinem Beifall allein.

Ich hatte wenig Gepäck. Eine kleine Tasche, in die ich ein paar Blusen, Röcke, zwei Hosen und Sandalen gepackt hatte. Mehr besaß ich nicht. Am Zoll musste ich meinen Pass vorzeigen. Ein Mann mit einem gewaltigen blonden Schnurrbart, der sein Gesicht in zwei Hälften teilte, redete auf mich ein. Ich lächelte, und schließlich gab er mir ein Zeichen weiterzugehen. Die Glastür öffnete sich automatisch, und plötzlich standen viele Leute vor mir. Manche riefen Namen oder winkten. Andere hielten Schilder in die Höhe. Ich schaute in unzählige Gringogesichter. Die meisten sahen sehr blass aus. Ich entdeckte eine wunderschöne Frau. Sie war groß und schlank und hatte lange, hellblonde Haare und leuchtend blaue Augen. In Manaus hätten sich die Männer auf sie gestürzt. Hier nahm keiner besondere Notiz von ihr. Ich blickte in die Runde. Mit Schrecken wurde mir bewusst, dass ich nicht mehr genau wusste, wie Werner aussah.

»Su! Hier, hier bin ich. Su, hier hinten.« Er kam auf mich zu, drückte mich, hob mich hoch wie ein kleines Mädchen und gab mir einen Kuss auf den Mund. »Bem vindo a Österreich.«

Da war es wieder, dieses merkwürdige Wort für Austria.

»Du müde? Nach Hause fahren?«

Ich nickte, obwohl ich vollkommen aufgedreht war. Werner hatte kein Wörterbuch dabei, aber er hatte sein Portugiesisch hörbar verbessert.

Alle Autos waren groß und sauber und fuhren in geraden Linien hintereinander her. Es erstaunte mich, dass sie offenbar keine Hupen besaßen. Die Luft war warm und klar. Genüsslich atmete ich tief durch. Ich musste an Émile denken.

»Wir fahren zu meiner Mutter. Mama! Du verstehst? Sie will dich kennen lernen. Nicht lange. Dort Kaffee trinken.«

»Gut. Sehr gut.«

In Amsterdam hatte ich Blumensamen für sie gekauft. Im letzten Moment hatte ich mich daran erinnert, dass Werner in Manaus verzweifelt nach Saatgut für seine Mutter gesucht hatte. Ich war gespannt, ihren Garten zu sehen, und stolz darauf, nicht mit leeren Händen dazustehen. Auf dem Flughafen in Amsterdam hatte es so viele fremdartige Blumen gegeben, dass ich mich kaum hatte entscheiden können. Hoffentlich eigneten sie sich für das Wiener Klima.

»Und ich zeige dir eine Stelle. Für Bauen. Ich baue ein Haus. Schön, groß, sehr groß.«

Ich nickte und wusste nicht, ob ich alles verstanden hatte. Überall sah ich Häuser. Große, saubere, robuste und vollkommen unbeschädigte Häuser. Kein einziges war aus einfachen Brettern gezimmert. Nirgends standen Ruinen. Auf den Straßen waren erstaunlich wenige Menschen unterwegs. Die meisten saßen in ihren schönen Autos.

»Hier ist Wien vorbei. Verstehst du? Die Grenze. Anderes Dorf. Von hier komme ich, und hier baue ich Haus.«

Wir hielten vor einer Grube, aus der Beton und Eisenstäbe in die Höhe ragten. Ich sah kein Haus, nur ein paar Mauern, die im Boden steckten, tief in der Erde.

»Das wird mein Haus! Der Keller, zuerst der Keller.«

»Schön – groß«, sagte ich, ohne etwas zu erkennen.

Es war drei Uhr nachmittags und wunderbar warm. Mein Arm hing aus dem geöffneten Fenster, und ich fühlte mich wohl. Wenn wir zu seiner Mutter fahren, überlegte ich, wird er sicher kein Zuhälter sein. Ich schämte mich für meine Skepsis. Ich konnte Frank beruhigt anrufen.

Werners Mutter empfing mich sehr herzlich. Sie stellte einen Kuchen auf den Tisch. Aus meiner Heimat kannte ich süße, leckere Cremetorten. Dieser war trocken und ein wenig herb. »Das ist ein Gugelhupf«, sagte sie stolz, und ich versuchte es nachzusprechen.

Auf einer Anrichte im Wohnzimmer standen alte Fotos. Sie erinnerten mich an die Aufnahmen aus dem Krieg, die Émile mir gezeigt hatte. Als ich mir ein Bild von einem Soldaten ansah, sagte sie: »Mein Mann, Krieg, Russland.« Ich verstand, was sie meinte. Dieser schreckliche Krieg in Europa war auch Émile unvergesslich gewesen. Immer wieder hatte er von dem Leiden der Menschen gesprochen, die hungern mussten und im Winter fast erfroren. Werners Mutter strich mir übers Haar. Auf den Fotos war sie eine junge Frau, nur wenig älter als ich. Zum Abschied nahm sie mich in den Arm.

»Warm, sehr warm«, sagte Werner. »Schwimmen gehen?« Ich wunderte mich. Wo wollte er schwimmen gehen? Gab es hier einen Strand, einen Fluss, ein Meer? Ich zuckte mit den Schultern. Schon nach wenigen Minuten parkten wir an einem See. Überall lagen die Leute auf Decken im Gras. Sie waren nackt. Niemand trug eine Badehose oder einen Bikini. So etwas hatte ich noch nie gesehen. Ich wusste nicht, wohin ich schauen sollte. In Brasilien waren die Bikinis zwar klein, aber niemals zeigte sich eine Frau ohne Oberteil, geschweige denn ohne Höschen. Das Ausziehen war besonderen Momenten vorbehalten. Viele Leute grüßten Werner. Er stellte mich vor, aber ich konnte mir keinen einzigen Namen merken. Ein braun gebrannter Mann mit langen Haaren, die er sich zu einem Zopf gebunden hatte, stand wie Adam vor mir und gab mir die Hand. Werner zog sich aus und sprang kopfüber ins Wasser. Der Mann mit dem Zopf redete auf mich ein, aber ich verstand kein Wort. Ich setzte mich auf den Rasen und wartete auf Werner. Viele Leute schauten zu mir herüber.

Als wir vor einem mehrstöckigen Appartementhaus standen, zeigte Werner nach oben. »Siehst du? Da hängt eine brasilianische Rede, eine Hängematte. Da, auf dem Balkon!« Ich verstand. Die Hängematte hatte er in Manaus gekauft. Sie sollte mir schon von weitem zeigen, wo mein neues Zuhause war. Dort oben im vierten Stock. Werners Wohnung war klein. Sie hatte nur ein Zimmer, eine Küche und ein Bad. Es gab kaum Möbel, und Werner erklärte mir, er stecke seine gesamten Ersparnisse in den Hausbau. In Österreich sei alles sehr teuer. Die Miete, das Essen, der Strom, die Heizung und ganz besonders mein Flug, der viele Zigtausend Schillinge gekostet habe. Ich bekam ein schlechtes Gewisses.

Schon am nächsten Tag musste er arbeiten. Geld verdienen, wie er es nannte. Ich räumte die Wohnung auf. Stundenlang war ich mit Abwaschen, Wäschewaschen und Putzen beschäftigt. Dabei versuchte ich mir vorzustellen, wir seien ein Ehepaar, was mir nur halbwegs gelang. Noch immer war ich nicht verliebt, aber alles, was ich bisher gesehen hatte, gefiel mir. Die Fenster waren weit geöffnet, ein warmer Wind wehte herein. In der Ferne sah ich grüne Hügel. »Geh nicht allein aus dem Haus«, hatte Werner zum Abschied gesagt. Aber danach stand mir ohnehin nicht der Sinn.

Am Wochenende begleitete ich ihn zu einem Weinfest. Auf den Straßen waren Verkaufsstände aufgebaut, und unter einem großen Baum stand ein Kinderkarussell. Werner wurde ständig gegrüßt, blieb stehen und redete mit Dutzenden von Leuten. Die meisten schauten mich neugierig an. Ich hörte, wie er von Brasilien sprach. Ich gab allen die Hand und lächelte.

Ein älterer Mann redete auf ihn ein und zeigte dabei auf mich. Ich verstand nur *Negerin* und so etwas Ähnliches wie *Thailand*. Werner lachte. Auch mir reichte jemand ein Weinglas. Schon bald war mir wohlig zumute, und ich stimmte in das Lachen ein. Bei einem Freund von Werner hakte ich mich unter, ganz so, wie wir es am Amazonas machten, wenn wir Feste feierten. Einem Tischnachbarn klopfte ich in meinem Übermut einige Male auf den Schenkel, aber das schien hier nicht üblich zu sein, wie mir sein erstaunter Blick verriet. Ein weiterer Freund von Werner forderte mich zum Tanzen auf. Ich versuchte den fremden Rhythmus zu verstehen und schwang meine Hüften. Der Mann jauchzte begeistert. Ein Fremder gab mir einen Klaps auf den Po. Dann zog eine kräftige Blondine meinen Tanzpartner fort, aber schon kam ein anderer und wirbelte mit mir im Kreis. Irgendwann sprach Werner mich an. Ich verstand kein Wort, aber anscheinend wollte er nicht mit mir tanzen, und auch ich sollte damit aufhören. Das Wort »Amazonas« hatte eine faszinierende Wirkung auf die Leute. Alle Weinfestbesucher schienen die Indianer vom Amazonas zu lieben. Das hatte ich nicht erwartet.

Gern hätte ich mich mit den Menschen unterhalten, und mir grauste bei dem Gedanken, diese seltsame Sprache erlernen zu müssen. Bestimmt waren meine Stimmbänder und mein Kehlkopf gar nicht geeignet, solche Laute hervorzubringen. Wir setzten uns auf eine Bank, und plötzlich drehte sich die Welt vor meinen Augen. Nebenbei grüßte Werner alle Vorbeikommenden und nannte ihnen meinen Namen. »Su aus Brasilien.« Manchmal hörte ich, wie sie »Oh, interessant, Brasilien« sagten. Werner sah stolz aus. »Amazonas«, ergänzte ich. Eine Frau gab mir ein Glas Wasser.

»Schwester«, sagte Werner, »meine Schwester Gerti.«

Sie schaute mich freundlich an und fächelte mir Luft zu. Werner ging zu seinen Freunden. Ab und an prosteten sie mir zu. Mir wurde immer übler.

»Wein? Problem? Vino, nix gut?«, fragte Gerti.

»Sim, problema grande.«

Gerti half mir auf und führte mich in einen Gasthof. Auch hier saßen Menschen und tranken. Die Musik war laut. Zwei Männer redeten auf mich ein, aber Gerti schickte sie fort. Sie legte mir ein nasses Handtuch auf die Stirn. Was war nur los mit mir? Ich wollte schlafen. Als wir hinausgingen, zog Gerti meinen Jeansrock in Form. Er war ein wenig hochgerutscht. Die Männer starrten auf meine Beine. Sie sprach mit Werner, und er setzte mich in sein Auto. Wie schön dieses Auto war. Ein Auto für reiche Leute. In diesem Wagen sollte ich mich besser nicht übergeben.

»Stopp!«, rief ich, als wir die erste Kurve hinter uns hatten, und zeigte auf den Straßenrand. Werner verstand sofort, bremste und stieß meine Tür auf. Ich erbrach eine saure Flüssigkeit und schämte mich. Wenn man uns sah! Was würden sie über diese fremde Frau aus dem Dschungel denken, die ihre sauberen Straßen bespuckte? Der Weg nach Hause erschien mir unendlich lang. Endlich erkannte ich den Block mit der bunten Hängematte auf dem Balkon. Ich versuchte mich zusammenzureißen, aber es gelang mir nicht. Der Wein hatte mich vollkommen verändert. Mir fielen die Augen zu, und dann begann sich die Welt zu drehen. Ich war unfähig, aus dem Auto zu steigen. Werner musste mich tragen. Vier Etagen trug er mich hinauf, und ich war ihm unendlich dankbar. Kaum hatte er mich auf die Füße gestellt, stieg die Übelkeit wieder in mir hoch. Ich beugte mich über die Wanne und erbrach mich erneut. Schlotternd versuchte ich Halt zu finden. Ich fühlte mich schwach und hilflos. »Werner!«, rief ich. »Hospital!«

»Keine Angst!«, sagte er und zog mich aus. Dann sollte ich mich setzen. Er drehte die Dusche auf, und ein Schwall kaltes Wasser ergoss sich über meinen Kopf. Werner gab mir zu verstehen, dass es das Beste für mich sei. Ich zitterte und weinte.

»Hospital! Hospital!«

»Nein, nein, nicht nötig.«

Wieder duschte er mich ab, aber es half nicht. Ich übergab mich ein weiteres Mal und ekelte mich, sah mich inmitten meines Erbrochenem sitzen und heulte. Irgendwann trocknete Werner mich ab und legte mich auf die Couch. Nie wieder würde mir so etwas passieren. Plötzlich befiel mich die Angst, Werner könnte schlecht von mir denken und mich zurückschicken.

Am nächsten Tag brachte er mich zu Mutti, wie sie alle nannten. Gerti wohnte im selben Haus. Sie hatte das obere Stockwerk für sich. Werners Schwester lächelte freundlich, als sie mich sah, und ich hoffte, dass sie von den gestrigen Vorfällen nicht alles mitbekommen und vor allem nicht Mutti davon erzählt hatte. Gerti war eine hübsche Frau mit blonden Haaren. Ich schätzte sie auf Mitte dreißig. Sicher war sie einige Jahre älter als Werner. Ich zeigte auf ihren Ringfinger und fragte nach ihrem Mann. Sie schüttelte den Kopf. Kein Mann. Das konnte ich nicht glauben. Sie hatte auch keine Kinder. Ob sie keine Männer mochte? Sie arbeite viel, das sei ihr wichtiger, erklärte sie mir. Zu gern hätte ich mich mit ihr unterhalten. Ich musste dringend Deutsch lernen. Gerti schrieb mir einige Wörter auf und versprach, ein Lehrbuch für mich zu besorgen. Dann fragte sie mich, ob ich genügend Kleidung habe. Sie zeigte mir ihren Kleiderschrank, und ich probierte eine Jeans an. Sie war zu groß, aber das ließ sich ja ändern. Gerti gab mir noch einige T-Shirts und Blusen. Dann schaute sie auf meine Plastiksandalen und reichte mir zwei Paar elegante Damenschuhe. Sie hatten genau die richtige Größe, und ich dankte ihr mit einem Kuss auf die Wange, woraufhin sie errötete und verlegen lächelte.

Einige Tage später besuchte sie mich und brachte die Lehrbücher. Werner musste arbeiten, und ich hatte die Wohnung bereits aufgeräumt. Sie schaute sich wohlwollend um, und ich bot ihr etwas zu trinken an.

»Nein, nein, spazieren gehen«, sagte Gerti und machte entsprechende Handbewegungen. »Komm, wir beide gehen spazieren.«

Wir fuhren ein kleines Stück mit dem Auto und bogen in einen Feldweg ein. Sie warf ihre Tür zu, ohne abzuschließen. Ich machte mir Sorgen, dass man ihr Radio stehlen könne, aber sie schüttelte den Kopf. Der Weg führte einen Hügel hinauf. »Wein, vino«, sagte Gerti. Ich schaute mich verwundert um. Was meinte sie? Sie verließ den Weg und schlug sich ins Grüne. Sofort war sie von rankenden Pflanzen verschluckt.

»Gerti, aí cobra! Cobra, perigoso!«, rief ich, um sie zu warnen. Ich zog an ihrem Arm, aber Gerti lachte. Sie schien die Gefahr zu verkennen. »Nein, hier gibt es keine Kobras. No cobra! Keine Angst. Cobra, no! Überhaupt keine Schlangen.«

Aber ich wusste genau, dass die gefährlichsten Schlangen im Unterholz lauerten. Dort fanden sie die besten Verstecke. Vielleicht hatte Gerti keine Erfahrung mit der Wildnis. Doch sie beteuerte, dass es hier und sogar in ganz Österreich keine gefährlichen Schlangen gäbe. Ich beschloss, ihr zu glauben. Ein Land ohne Schlangen. Es wurde immer besser. Sie zeigte mir kleine grüne Früchte und sprach wieder von Vino. Ich verstand kein Wort, aber das störte mich nicht. Es war einfach schön, mit ihr spazieren zu gehen. Wie lange war ich nicht mehr in der Natur gewesen! Die Stille war vollkommen. Ich dachte an meinen Vovô, erinnerte mich, wie wir beide uns durch den Dschungel geschlagen hatten. Er hatte mir alles beigebracht, die Namen der Pflanzen und Tiere und welche Blätter und Kräuter bei welchen Krankheiten halfen. Er kannte alle Geheimnisse der Natur und konnte die berüchtigten Armeeameisen von weitem anmarschieren hören. Lange bevor ich oder irgendjemand sonst das unheimliche Rauschen wahrnahm, schien er es zu spüren. Je näher sie kamen, desto mehr wandelte sich das Rauschen zu einem fremdartigen Rascheln. Als würde ein Tier von gewaltigen Ausmaßen über den Boden kriechen und alles unter sich begraben. Wenn wir bei einem Angriff der Ameisen tief im Dschungel unterwegs waren, mussten wir schleunigst unsere Hängematten aufspannen und uns hineinlegen. Unter uns tauchte zunächst die Armada der Flüchtlinge auf. Käfer, Schaben, Wanzen, Spinnen, Skorpione, alles, was Beine hatte, floh in panischer Eile. In ihrem Gefolge tauchte der schwarze gefräßige Strom aus dem Dschungel auf. Hunderttausende gepanzerter Armeearmeisen auf Beutezug. Wie ein einziges furchtloses Tier attackierten sie alles, was ihnen in die Quere kam. Selbst Kinder und Kranke fielen ihnen zum Opfer. Ihr Angriff dauerte Stunden, und danach herrschte eine leblose Stille, die uns anzeigte, dass wir aus unseren Hängematten steigen konnten. Die Augen meines Vovô waren überall und seine Schritte bedächtig. Niemals eilte er, denn dann hätte er etwas übersehen oder überhören können. »Im Dschungel kann ein einziger Fehler das Ende bedeuten«, sagte er manchmal. »Der Biss einer Schlange, die Pranken eines Jaguars, ein rasendes Krokodil in einem austrocknenden Igarapé. Der Dschungel ist für die Geduldigen, nicht für die Mutigen.« Mein Vovô war beides gewesen, geduldig und mutig. Ich erinnerte mich an ein Lied, das er manchmal gesungen hatte, und ich sang es Gerti vor. Sie schaute mich erstaunt an, aber dann lächelte sie. Einmal blieb sie sogar stehen und schloss die Augen. Ich sang einfach weiter. Ich hakte mich bei ihr ein. Zuerst fühlte ihr Arm sich ein wenig steif an, aber dann wurde er immer lockerer. Als wir den Hügel erklommen hatten, kamen wir zu einem Aussichtspunkt. Gerti nannte die Namen der Orte, die man von hier oben sehen konnte. Es waren sehr schwierige Wörter, und ich merkte mir nur Wien und Baden. Überall im Tal sah ich Häuser. Die Ortschaften gingen ineinander über. Sie deutete in eine bestimmte Richtung.

»Haus von Mutti und mir«, sagte sie. Dabei formte sie mit ihren Händen ein Dach, und ich verstand.

»Haus«, wiederholte ich, »casa.«

Später fuhren wir zu ihr. Mutti saß im Garten. Es gab selbst gebackenen Schokoladenkuchen, und die beiden Frauen versuchten alles, um sich verständlich zu machen. Auch sie schienen begeistert vom Amazonas und den Indianern. Hier war es etwas Besonderes, wenn man aus dem Dschungel kam. Mutti blätterte in einem Buch und fand Aufnahmen vom Amazonas. Aber von den Orten in ihrem Buch hatte ich noch nie etwas gehört. Dann zeigte Werners Mutter mir einige Blumen, die sie selbst gezüchtet hatte. Als sie eine Gießkanne mit Wasser füllte, nahm ich sie ihr aus den Händen. »Ich helfen«, sagte ich.

»Gerti! Gerti!«, rief sie ihrer Tochter zu, die auf der Terrasse saß. »Unsere Kleine kann schon Deutsch.«

Wir waren oft auf der Baustelle. Ich konnte mir kaum vorstellen, dass aus diesem Durcheinander mal ein Haus entstehen sollte. Aber nach einer Weile begriff ich, in welchen Schritten es vorwärts ging. Zuerst musste der Keller gemauert werden. Diese Arbeit war fast abgeschlossen. In einer Mischmaschine rührten wir Zement. Werner strich damit die Steine ein und setzte einen auf den anderen. Ich balancierte auf wackeligen Gerüsten, und er rief mir zu: »Sei bloß vorsichtig. Du hast keine Krankenversicherung. Ärzte sind teuer.«

Am Abend saßen wir über den Plänen, und Werner schwärmte: »Das wird das größte Haus weit und breit. Ich heiße Kaiser, und jeder soll sofort erkennen, wo ich wohne. In einem Palast!«

Das sagte er oft, und ich hoffte, diesen Palast eines Tages sehen zu können. Aber das konnte eine Ewigkeit dauern. Werner machte alles selbst. Die teuren Handwerker wollte er sich sparen. Einmal kam eine Frau vorbei, die sich sehr lange mit ihm unterhielt. Ab und zu schaute sie zu mir herüber. Irgendwie sah sie traurig aus. Werner verlor kein Wort über die Begegnung. Gerti erklärte mir später, die Frau sei Werners ehemalige Verlobte, die er meinetwegen verlassen hatte. Viele seiner Freunde seien ihm deswegen böse und redeten schlecht über uns. Die Verlobte wohnte nur ein paar Straßen entfernt. Und wenn er zu ihr zurückkehrte? Was würde dann aus mir? Ich war eifersüchtig, aber das sollte er nicht merken. Vielleicht traf er sie gar heimlich. Fortan bemühte ich mich noch mehr, ihm eine gute Frau zu sein. Die kleine Wohnung war immer perfekt geputzt. Ich wusch seine Wäsche und bügelte seine Hemden. Aber er schien auf all diese Dienste keinen besonderen Wert zu legen. Viel wichtiger war es ihm, dass ich ihn mit offenen Armen empfing und er in meiner schwarzen Mähne versinken konnte.

Schnee

Als er die erste Telefonrechnung nach meiner Ankunft in den Händen hielt, gab es Streit. Er beschimpfte mich, und ich verstand nur »teuer«, »viel Geld«, »woher nehmen?«. Meine Erklärungen wollte er nicht hören. Aber ich musste doch bei

Senaé und Dona Wauda anrufen! Ich musste doch wissen, wie es meinem Sohn ging, wie Rodrigo sich entwickelte, ob er nach mir fragte! Später versprach ich Werner, nur noch zweimal im Monat ein paar Minuten lang zu telefonieren. Das schlechte Gewissen plagte mich, denn schließlich hatte er ja auch schon Tausende Schilling für meinen Flug bezahlt. Viele Male entschuldigte ich mich bei ihm und fragte mich, ob ich seine Gastfreundschaft ausnutzte. Werner sollte mir nicht böse sein. Keinen einzigen Moment vergaß ich, dass er mich jederzeit zurückschicken konnte.

Dann bekam er einen Auftrag in Salzburg, und ich durfte ihn begleiten. Dort wurde eine Fernsehserie für das österreichische Fernsehen gedreht, und er arbeitete an der Kamera. Werner erklärte mir, dass es sich um einen Mehrteiler mit berühmten Schauspielern handelte. »In Zeiten wie diesen« lautete der Titel, und oft kamen Schaulustige an den Drehort. Wir lebten wochenlang in einem Hotel. Tagsüber war ich entweder am Set oder schlenderte durch die Stadt, die mich verzauberte. Das Stadtbild wurde von alten, mächtigen Gebäuden beherrscht, die noch viel imposanter und schöner waren, als ich es mir beim Betrachten europäischer Filme vorgestellt hatte. In Manaus gab es die Oper, die Markthalle, die alte Bibliothek und eine Menge verfallener Kolonialbauten, aber hier fand das Auge an jeder Ecke eine neue Sehenswürdigkeit. Es war Spätsommer, die Temperatur angenehm und die Luft so klar und rein, dass jeder Atemzug zu einem Genuss wurde. Ich kaufte unzählige Postkarten und schickte sie nach Brasilien. Das würden sie mir zu Hause nie glauben! Unmöglich konnten sie sich vorstellen, dass die kleine Sueli aus Parana do Paratari nun in einer traumhaften europäischen Stadt in einem Hotel logierte und den ganzen Tag durch ein herrliches Ambiente spazierte. Werner machte viele Fotos, die ich in einen Umschlag steckte und Senaé schickte.

Am Set herrschte eine fröhliche Stimmung. Die Schauspieler redeten deutsch mit mir und machten sich über meine ersten sprachlichen Gehversuche lustig. Sie lachten ohnehin sehr viel. Der Bekannteste von ihnen war Karl Mehrkatz, den alle nur Mundl nannten. Viele Leute fragten ihn nach Autogrammen. Die Filmcrew wurde von morgens bis abends von einem Lieferwagen aus mit Essen und Trinken versorgt, eine fahrbare Küche, die mich begeisterte. Manchmal schickten Mundl und sein Kollege Ludwig Hirsch mich dorthin.

»Kaffee! Sagst einfach Kaffe, hearst, du kleine Amazone?«, redeten sie auf mich ein. Ich muss sie sehr verdutzt angeschaut haben, denn sie beratschlagten sich und schrieben einen Zettel, den sie mir in die Hand drückten. Ich überreichte ihn dem jungen Mann, der hinter der Theke stand. Er schaute mich böse an und schimpfte. Als er merkte, dass ich nichts verstand, brach er in schallendes Gelächter aus. Mit Tränen in den Augen stellte er mir schließlich die Kaffeebecher hin.

Ludwig und Mundl erwarteten mich bereits. Sie freuten sich wie kleine Kinder, als sie mich kommen sahen. »He, du Eierschädel! Gib mal zwei Kaffe, aber schnell, sonst setzt es was«, riefen sie mir entgegen. Und als ich trotzdem noch nicht verstand, zeigten sie auf den Zettel, den ich immer noch in meiner Hand hielt.

Einige Tage später fuhr das gesamte Team nach Italien. Wir durchquerten die Alpen. So mächtige Berge hatte ich noch nie gesehen. Sie kamen mir auch ein wenig unheimlich vor. Es war mir unmöglich, die Entfernungen bis zu den Gipfeln abzuschätzen. Die vielen Tunnel bedrückten mich, was Werner lustig fand. Als wir endlich unser Ziel erreichten, überraschte er mich. »In einigen Tagen machen wir noch viel schönere Fotos als in Salzburg. Wir beide fahren nach Venedig.«

»Venezia?«

»Sim!«

Ich umarmte ihn. Venedig! Tief in meinem Innern hatte ich immer daran gezweifelt, dass es diese Stadt überhaupt gab. Die Straßen aus Wasser, jedes Haus ein Palast! Die Menschen bewegen sich mit Booten fort, die sie Gondeln nennen. Ihr Remo ist lang und schmal und am Heck angebracht. Alle berühmten Leute dieser Welt fahren einmal im Leben nach Venedig. Das alles wusste ich aus einer brasilianischen Telenovela, die seit Jahren bei uns im Fernsehen lief. Dort wandelten die Schauspieler über geschwungene Brücken und küssten sich in blumengeschmückten Gondeln. Meine Landsleute waren begeistert von dieser fremdartigen Stadt, und ich hatte das große Los gezogen, sie wahrhaftig zu erleben. Wie wunderbar!

»Es ist nicht weit. Wir müssen nur ein kleines Stück mit der Fähre fahren. Bis hier alles aufgebaut ist, haben wir eine kurze Drehpause. Wir bleiben eine Nacht dort. Venedig ist die Stadt der Liebe. Du musst also ganz lieb zu mir sein.«

Ich verstand, was er meinte. Er wollte von mir verwöhnt werden. Am liebsten jede Nacht und jeden Morgen und immer, wenn er von der Arbeit kam.

Inzwischen war der Sommer vorbei, und abends wurde es sehr kalt. Aber in Gertis Wintermantel spürte ich den frischen Wind nicht, und ich genoss die Schönheit der Stadt. Ein strahlend blauer Himmel krönte das Labyrinth aus Wasserstraßen und reich verzierten Häusern. Wir gingen über die unzähligen Brücken, überquerten den berühmten Markusplatz und fuhren mit einem Boot auf dem Canal Grande. Es war wie in einem Traum, aus dem ich nie erwachen wollte. Das würde mir daheim doch niemand glauben! Diese Stadt war einfach zu wunderbar, um wahr zu sein. Womit hatte ich es verdient, solche Schönheit mit eigenen Augen zu sehen? Mir liefen Tränen über die Wangen, und Werner schaute mich fragend an. Ich küsste ihn und bat ihn, mich ganz fest in den Arm zu nehmen. Zum ersten Mal stieg in mir das Gefühl auf, ihn wirklich lieben zu können.

Der Umschlag mit den Fotos für Senaé wurde sehr dick, denn ich wollte, dass alle sahen, wie gut ich es hatte. Sicher würde sie die Aufnahmen zuerst Dona Ilza zeigen und dann in ganz Manacapuru von Hand zu Hand reichen. Nie zuvor war jemand aus der Gegend in einer derart berühmten Stadt gewesen. Kaum einer hatte es bis zur Küste oder gar nach São Paulo oder Rio de Janeiro geschafft. Und ausgerechnet ich reiste durch das märchenhafte Italien. Was Vater wohl denken mochte? Einige Fotos schickte ich auch Dona Wauda.

Der Winter kam über Nacht. Viel schneller, als mir lieb war, spürte ich, wie es in einem gigantischen Kühlschrank zuging. Die Welt um ich herum veränderte ihr Aussehen. Die Bäume standen kahl und erstarrt in einer Landschaft, aus der das Grün fortgezaubert war. Eine Welt ohne Grün! Wie konnte es dazu kommen? Jeglicher Lebenssaft schien versiegt zu sein. Immer wieder schaute ich aus dem Fenster und hatte das Gefühl, ein Schwarzweißfoto zu betrachten. Die Tage begannen spät und endeten früh, und die Menschen versteckten sich mehr denn je hinter den dicken Mauern ihrer Häuser. Wenn sie dann doch einmal auf die Straßen gingen, trugen sie mehrere Schichten Kleidung übereinander, und ihre Füße steckten in dicken Stiefeln: ein ledernes Gefängnis, das jeden Schritt zu einem Wagnis werden ließ. Selbst die Hände wurden verpackt und verharrten bewegungsunfähig in unförmigen Handschuhen. Aber auch daran gewöhnte ich mich. Mit der richtigen Kleidung ließ sich die Kälte ertragen. Die größten Probleme bereiteten mir meine Zähne. Oberhalb der Stelle, wo Vater sie mir rausgeschlagen hatte, schmerzte der Kiefer, wenn ich aus warmen Räumen in die Kälte trat. Jedes Mal überraschte mich dieser stechende Schmerz, und ich schloss meine Lippen und versuchte, meinen Oberkiefer mit der Zunge zu wärmen. Dennoch erwartete ich sehnsüchtig den ersten Schnee.

»Heute könnte es was werden«, sagte Werner mit einem Kennerblick zum Himmel.

Er kam spät in der Nacht. In dicken weißen Flocken fiel er vom Himmel und ließ jedes Geräusch verstummen. Schon nach einer Stunde häufte er sich glänzend auf der Straße, der Auffahrt, den Dächern und sogar auf den kahlen Ästen der Bäume. Was für eine Kulisse! Ich weckte Werner. »Schnee ist da! Ich will raus. Komm!«

»Was? Nein? Um diese Zeit? Ich bin müde.«

»Aber ich möchte Schnee streicheln.«

»Komm wieder unter die Decke. Hier ist es schön warm.«

Ich zog meine dickste Kleidung an und ging hinunter. Es hatte aufgehört zu schneien. Die Ruhe war vollkommen und die Luft von reinster Frische. Vorsichtig setzte ich einen Schritt vor den anderen. Der Schnee knirschte unter meinen Füßen. Wie ein dicker weißer Teppich hatte er sich über die Rasenfläche vor dem Haus gelegt. Ich zog meine Handschuhe aus und griff hinein. Der Schnee war weich und ließ sich formen. Er klebte, ohne klebrig zu sein. Im Nu hatte ich einen Ball in meinen Händen und warf ihn gegen einen Baumstamm. Ich suchte mir immer neue Ziele. Bald waren meine Hände eisig kalt, und ich schlüpfte wieder in die Handschuhe. Ich stapfte durch den knietiefen Teppich und rutschte aus. Im ersten Moment erschrak ich, aber dann spürte ich unter mir den Schnee wie ein weiches Federbett. Ich blickte zum Haus hinauf und sah Werner am Fenster stehen. Ich winkte ihm zu und tollte wie ein übermütiges Kind in der weißen Pracht umher. Immer wieder warf ich mich in den Schnee und jauchzte vor Vergnügen. Inzwischen waren meine Hände enorm heiß geworden. Werner hatte mir von Schneemännern erzählt, und so rollte ich zwei große Kugeln über das Gelände und setzte sie übereinander. Morgen früh würde ich sie dekorieren. Am nächsten Tag saßen die Kinder glückstrahlend auf Schlitten und wurden durch die weiße Wunderwelt gezogen. Ich wünschte mir meinen kleinen Rodrigo herbei und weinte.

Dezember, die Zeit der Weihnachtsfeiern. Werner war gleich zu vier verschiedenen eingeladen. Zur Feier seiner Firma nahm er mich mit. Gerti schenkte mir ein festliches Kleid, das ich körperbetont veränderte. Am Abend frisierte und schminkte ich mich. Werner stieß bewundernde Pfiffe aus und warf mich aufs Bett.

»Não, jetzt nein!«, protestierte ich und konnte mich ausnahmsweise durchsetzen. »Meine Kleid und Haar, alles kaputt.«

Als wir den Saal betraten, merkte ich, wie stolz Werner auf mich war. »Meine schöne Amazonense«, flüsterte er in mein Ohr. Die meisten Gäste stammten aus der Film- und Fernsehbranche. Alle waren elegant gekleidet. Und ich gehörte zu ihnen! Keiner konnte ahnen, dass ich nur ein einfaches Mädchen aus dem Dschungel war, das der Zufall ins Land der Kängurukaninchen verschlagen hatte. Ich entdeckte den dicken Hansi und winkte ihm zu, aber er schaute mich an, als kenne er mich nicht mehr. Hatte ich mich so sehr verändert, oder konnte er sich nicht vorstellen, hier eine brasilianische Doméstica anzutreffen? Nach dem Essen wurde getanzt, und mich hielt es nicht lange auf dem Stuhl. An der Bar lernte ich eine junge Frau von den Kapverdischen Inseln kennen. Welch wunderbares Gefühl, mit Louisa in meiner Muttersprache zu reden. Bald tanzten wir ausgelassen miteinander, wie früher Senaé und ich, wenn wir das Radio aufdrehten und unsere Hüften in rasendem Tempo kreisen ließen. Die Leute machten Platz für uns und schauten begeistert zu. Als die Band Lambada spielte, zog man uns auf die Bühne, und alle Gäste im Saal applaudierten. Eine Frau sprach mich an. Ob ich als Tänzerin arbeite, wollte sie wissen. Mein Stil habe ihr sehr gut gefallen, sagte sie, und im gleichen Atemzug bot sie mir an, in ihrer Show Lambada zu tanzen. Ich gab ihr unsere Telefonnummer, vergaß aber bald schon unser Gespräch.

Hochzeit

Es blieb nicht mehr viel Zeit, bis mein Visum auslief. Wenn ich jetzt zurückflog, hatte ich alle Chancen auf ein besseres Leben verspielt. Noch konnte ich Rodrigo nichts bieten. Ich war noch genauso mittellos wie zuvor, und Werner hatte mit keiner Silbe erwähnt, dass er bereit wäre, Rodrigo bei uns aufzunehmen. Weder konnte ich mir ein Flugticket leisten, noch wusste ich, wie viel es kostete. Die österreichische Währung blieb mir ein Rätsel. Aber durch Werners Erzählungen ahnte ich, wie teuer das Leben hier war und wie viel ich ihn schon gekostet hatte. Ich nahm mir fest vor, ihm eines Tages das Ticket und alle anderen Ausgaben zurückzuzahlen. Nur wie ich das bewerkstelligen sollte, wusste ich noch nicht. Vorerst hatte ich andere Sorgen. Wenn ich bleiben wollte, mussten wir heiraten. Nur so bekam ich eine dauerhafte Aufenthaltsgenehmigung, die es mir erlaubte, zu arbeiten und einen staatlichen Sprachkurs zu besuchen. Werner schwieg, und mir fiel kein Weg ein, das Thema anzusprechen. *Er* musste die Initiative ergreifen. Ich konnte ihm doch beim besten Willen keinen Heiratsantrag machen. Aber ich fühlte mich bereit für die Liebe, denn nach und nach waren meine Empfindungen für ihn stärker geworden. Gleichzeitig hatte ich Angst vor diesem Schritt, was mir unsinnig vorkam, weil wir ja bereits wie Mann und Frau zusammenlebten.

Ich verbrachte viel Zeit mit Mutti. Ich hatte sie in mein Herz geschlossen, und sie liebte mich, weil Werner bei mir in guten Händen war. Dass ich jeden Tag die Wohnung putzte, die Wäsche wusch und ihm Essen kochte, schien sie zu begeistern. Als sie sah, wie ich seine Tennisschuhe einseifte, sie mit einer Bürste reinigte und immer wieder abspülte, war sie so erfreut, dass sie auf der Stelle Gerti anrief. Die jungen Frauen in Österreich machten so etwas nicht mehr für ihre Männer, gab sie mir zu verstehen. Sie verdienten ihr eigenes Geld und seien anspruchsvoll. Mutti sprach offen aus, was sie sich wünschte: Sie wollte, dass ich ihre Schwiegertochter würde. Aber das lag nun einmal nicht in meiner Hand.

Wenn Mutti ihre Fotoalben hervorholte und über vergangene Zeiten sprach, dachte ich häufig an Émile. Die Bilder in den Alben ähnelten sich, und auch wenn ich nur wenig verstand, so ahnte ich, was sie meinte, wenn sie vom Krieg erzählte. Wie oft hatte Émile protestiert, wenn Dona Iara Essensreste wegwerfen wollte? »Im Krieg hätten wir uns über so etwas gefreut. Das wäre ein Festmahl gewesen, und hier landet es im Müll? Nein, das essen wir morgen!« Er hasste jegliche Verschwendung von Nahrung. Und auch Mutti erzählte von Lebensmittelmarken, dem Kampf um ein Stück Butter oder ein paar Eier. Damals war sie kaum älter gewesen als ich. Einmal ging sie mit mir hinaus. Wo die Siedlung endete, lag ein überwuchertes Stück Brachland. »Bomben«, sagte sie. »Hier sind die Bomben gefallen. Eine Fabrik, verstehst du? Sie haben alles bombardiert. Viele Tote!«

Mutti und Émile mussten ungefähr dem gleichen Jahrgang angehören. Nach dem Geburtsdatum meines Ziehvaters hatte ich nie gefragt. Sein weißes Haar, seine faltige Haut, die sehnigen Arme, das alles hatte von jeher greisenhaft auf mich gewirkt. Zu gern hätte ich ihm jetzt, da ich erwachsen war, Fragen gestellt. Warum hatte er mich damals aufgenommen, warum meinem Leben eine derartige Wendung gegeben? Ohne ihn wäre ich sicher nicht in Wien gelandet. Doch das ließ sich nicht nachholen. Er war verschwunden. Ich wusste nicht einmal, wo sich sein Grab befand. Noch fehlten mir die Worte, um Mutti zu erklären, dass die Geschichten aus dem großen Krieg in Europa zu meinen unauslöschlichen Kindheitserinnerungen gehörten.

Dann endlich kam der Moment, auf den ich so lange gewartet hatte. Mein Visum war bereits abgelaufen, und sehr unromantisch präsentierte mir Werner eine Heirat als die einzig praktikable Lösung, um meinen Aufenthalt zu verlängern. Ich gab ihm meine Einwilligung, und er reichte die Papiere ein. Das zuständige Amt nannte uns einen Termin. Wir traten nicht vor den Altar, sondern heirateten in einem schlichten Bürozimmer im Standesamt. Wir feierten kein großes Fest, sondern saßen im kleinen Kreis in einem Lokal. Nichts entsprach meinen naiven Mädchenträumen von einer glanzvollen Hochzeit, am wenigsten meine Kleidung. Ein wenig beschämt schaute ich an mir hinunter. Ich trug kein reich verziertes weißes Brautkleid mit Volants, keinen Schleier und keine Perlen, wie sie sich jede brasilianische Braut für ihren schönsten Tag im Leben wünscht, sondern eine orangefarbene Bluse und einen schlichten schwarzen Rock, den Gerti mir gekauft hatte.

Muttis Geschenk war ein Zuckerhutbaum für unseren Garten, und sie überreichte mir einen rührenden Brief, der mir Tränen in die Augen trieb, als Werner ihn mir übersetzte. Sie hieß mich als ihre geliebte Tochter willkommen. Außerdem hatte sie uns das Geld für die Ringe gegeben.

Ich schaute in die Runde unserer Gäste. Gerti fühlte sich verantwortlich für den Ablauf der Feier. Sie hatte das Menü ausgewählt und war auf unser Wohlbefinden bedacht. Mutti hatte mir verraten, dass Gerti noch eine Überraschung bereithielt. Werners Freunde lachten und tranken Wein. Offenbar überraschte es sie, ihn als Bräutigam zu erleben. Es gab nur eine einzige Person, die ich eingeladen hatte. Ich hatte sie einige Tage zuvor in der Straßenbahn kennen gelernt. Sie war die erste Brasilianerin, mit der ich gesprochen hatte, seitdem ich in Österreich lebte. So hatte ich an diesem Tag doch ein klein wenig Heimat an meiner Seite.

Später wurde das Licht gelöscht und ein Rolltisch hereingeschoben. Gerti hielt eine kleine Ansprache und wünschte uns viel Glück. Dann führte sie uns zur Hochzeitstorte. Über Cremeröschen thronte ein Brautpaar, das eine österreichische und eine brasilianische Flagge in den Händen hielt. Sie reichte

Werner und mir ein Messer, und gemeinsam schnitten wir die Stücke für unsere wenigen Gäste. Ich sah, wie der Kellner Gerti einen gefalteten Zettel reichte. Bald danach brachen wir auf.

Tanzen

Nun hatte ich meine Aufenthaltsgenehmigung, eine Arbeitserlaubnis und eine Krankenversicherung. Als Mona mich anrief, musste ich einen Moment überlegen.

»Mona von der Weihnachtsfeier. Weißt du nicht mehr? Ich habe dich tanzen gesehen. Hast du Lust, zu unserer Tanzprobe zu kommen? Wir fangen bald mit der Show an und sind schon für einen Auftritt gebucht.«

»Ich nicht gut verstehen … ich weiß nicht, keine richtig tanzen.«

»Doch, du tanzt wunderbar. Wirklich! Ganz toll. Dein Lambada ist wunderbar.«

»Wenig Lambada.«

»Du musst unbedingt kommen. Mit den Auftritten kann man auch Geld verdienen.«

»Ich verstehe nicht.«

»Entschuldige, ich spreche langsamer. Bitte komm zur Probe. Trainieren, verstehst du? Und Geld verdienen. Schilling.«

»Ich versuche.«

Sie nannte mir eine Adresse, und Gerti fuhr mich dorthin. Warum sollte ich es nicht probieren?

Neben Mona gehörten noch eine Kolumbianerin und ein Brasilianer zu der Gruppe. Mona konnte sich wie eine Südamerikanerin zurechtmachen. Niemand merkte, dass sie eine waschechte Wienerin war. Sie hatte einen sehr weiblichen Körper und schöne lockige Haare. Der Mann kam aus Mato Grosso und sah sehr attraktiv aus. Ich war die erste Amazonense, die er kennen lernte. Ailton wollte alles über meine Heimat wissen. Er träumte von einer Fahrt auf dem Amazonas und vom Karneval in Paritins. Selbst Brasilianer schienen in Wien vom Dschungel fasziniert zu sein. Ailton stammte aus einer Familie von Großgrundbesitzern, aber ich spürte nichts von der Arroganz dieser besonderen brasilianischen Spezies, der ich bisher nie persönlich begegnet war. Wir verstanden uns auf Anhieb. Ailton war ein begnadeter Tänzer, unter dessen Händen wir Mädchen zu Wachs wurden. Er konnte uns in jedem gewünschten Tempo in jede beliebige Richtung führen. Für die erste Show stand ein halbes Dutzend raffinierter Tänze auf dem Programm, und wir probten mehrmals die Woche. Mona versprach uns eine goldene Zukunft. Abends fertigte ich mein Kostüm. Ich brauchte dringend einen farbenfrohen Lambadarock. Als ich Mutti bat, mir zu helfen, setzte sie sich begeistert an die Nähmaschine.

Gemeinsam suchten wir in einer Truhe nach Stoffresten und fanden einen Vorhangstoff aus den fünfziger Jahren. Wir hatten Freude daran, einen Schnitt zu entwerfen, aber Mutti rümpfte zunächst die Nase, als ich ihr klar zu machen versuchte, dass möglichst viel Bein den Zuschauern nicht vorenthalten werden dürfe. Zu meiner Ausstattung gehörten goldfunkelnde Schuhe mit atemberaubend hohen Absätzen, und ich hatte einige Mühe, mich an sie zu gewöhnen.

Den ersten Auftritt hatten wir beim Karneval. Schon als wir auf die Bühne traten, jubelte das kostümierte Publikum. Einige Männer johlten. Monas Mutter war für die Ansagen zuständig. Sie kündigte uns als Tanzgruppe aus Rio de Janeiro an. Wir seien soeben in Europa eingetroffen und brächten den brasilianischen Karneval nach Wien. Stolz verkündete sie, dass wir noch in der Woche zuvor an der Copa Cabana getanzt hätten.

Mona hatte einen großen Busen, den sie äußerst riskant ge-
schnürt hatte. Als wir so wild tanzten wie noch nie und mit
verlockenden Bewegungen das Publikum in Wallung brachten, hatte ich Angst, er könne jeden Moment aus dem knap-
pen Oberteil springen. Gegen Ende der Show kletterten zwei
Betrunkene auf die Bühne.

»Oida, bist deppert?«, schrie Mona den einen an. »Wannst
net glei a Woikn bist, kragst a Watsch'n.«

»Heh, die Oide is jo goar net von Rio«, lallte er.

»Hearst, hoit de Gosch'n!«, rief Mona ihm zu und baute
sich in ihrer geballten Weiblichkeit vor ihm auf.

Monas Mutter drängte die beiden von der Bühne, und wir
tanzten weiter. Es machte mir großen Spaß, dem Publikum
unser Können zu zeigen. Als es immer noch mehr Zugaben
forderte, obwohl wir schon unser gesamtes Repertoire absol-
viert hatten, begannen wir wieder von vorn. Der stürmische
Applaus ließ ein wohliges Kribbeln über meinen Körper laufen. Mutti, Gerti und Werner standen an der Bar und winkten
uns zu.

Während wir uns abschminkten und umzogen, überschüttete Mona uns mit Lob. Ihre Mutter gab jedem fünfhundert
Schilling. Mir klopfte das Herz. Mein erstes selbst verdientes
Geld seit meiner Ankunft in Wien. Stolz reichte ich es an meinen Mann weiter, der es mit zufriedener Miene in seiner Brieftasche verschwinden ließ.

Mit meinem neuen Aufenthaltsstatus konnte ich mich endlich
zu einem staatlichen Deutschkurs anmelden, der im Frühjahr
beginnen sollte. Bis dahin half Gerti mir, so gut es ging, die
Sprache zu lernen. Sie schrieb mir unbekannte Wörter auf,
versuchte die Grammatik zu erklären. Ich hatte keine Angst
vorm Sprechen, redete drauflos, auch wenn mich keiner verstand. Manche fanden es lustig, wie ich etwas sagte, und reimten sich zusammen, was ich wohl ausdrücken wollte. Und es
gab Momente, wo alle in schallendes Gelächter ausbrachen.

Eine dieser Situationen wurde in Werners Familie zur häufig erzählten Anekdote. Und auch ich denke gern an diese Geschichte zurück.

Einmal fiel mir eine streunende Katze auf. Den ganzen Vormittag pirschte sie auf dem Grundstück hinter unserem Wohnblock auf und ab. Ich stand eine Weile auf dem Balkon und beobachtete sie. Irgendwie kam sie mir bekannt vor. In Muttis Nachbarschaft gab es eine Katze, die genauso aussah. Aber das lag einige Kilometer entfernt. Ob sie sich verlaufen hatte? Das Tier ließ mir keine Ruhe. Ich lockte sie mit einer Dose Tunfisch, die ich in den Hauseingang stellte. Als sie die Schwelle übertrat, machte ich die Tür hinter ihr zu. Sie zeigte keinerlei Angst und schnurrte, als ich sie streichelte.

Als ich Werner mit dem Wagen vorfahren sah, nahm ich die Katze auf den Arm und versuchte ihm zu erklären, dass wir sie abliefern müssten. Mit Werner unterhielt ich mich in einer Mischung aus Portugiesisch und Deutsch, die sich zu unserer ganz persönlichen Sprache entwickelt hatte. Zum Glück konnte ich ihn schnell zu dem Ausflug mit der Katze überreden. Normalerweise wollte er ein wenig entspannen, wenn er von der Arbeit nach Hause kam, und sich mit mir hinlegen. Er mochte es nicht, wenn ich nicht daheim war oder ihm lustlos gegenübertrat.

Ich dirigierte ihn zu dem Haus des vermeintlichen Katzenbesitzers. Zufällig war der Mann draußen und fegte seinen Hof.

»Stop aqui!«, sagte ich zu Werner. »Halt! Da … sprechen.«

Die Katze hockte zwischen meinen Beinen am Boden. Ich drehte die Scheibe herunter und rief: »Du, Mann von Brille! Wo ist Katze?«

Er schaute mich verdutzt an und fasste sich ans Brillengestell.

»Katze, du Katze, wo ist?«

Werner krümmte sich vor Lachen und war nicht in der Lage zu sprechen. Unmöglich konnte er mir helfen. Der Mann kam näher.

»Was wollnst?«

Erneut versuchte ich mein Anliegen zu erklären, aber Werners Lachen raubte mir die Konzentration, und so brachte ich nur ein Kichern hervor.

»Meine Katze ist abgehauen«, sagte der Mann schließlich.

»Ja, gut!«, sagte ich, griff zwischen meine Beine und präsentierte ihm freudestrahlend das braun gefleckte Tier. Er lachte wie ein kleines Kind, nahm seine Katze in den Arm und dankte mir immer wieder.

»Woher hast du das gewusst?«, fragte Werner, als er sich ein wenig beruhigt hatte. »Woher kennst du ›Mann von Brille‹, und den verdammten streunenden Kater?«

Am Abend erzählte er Mutti und Gerti von dem Vorfall, und sie wollten sofort ihr Lieblingsspiel mit mir spielen. Ich war immer bereit dazu, auch wenn auf meine Kosten gelacht wurde.

»Sueli, wie heißt der Schauspieler, der mit euch in Salzburg war.«

»Mundl.«

»Ja, der auch, aber wir meinen den anderen. Mit Vornamen Ludwig.«

»Ihr wollt immer ärgern. Seine Name ist Ludwisch Hiisch.«

»Wie?«

»Hiissch.«

»Hirsch, mit einem kräftigen r.«

Meine brasilianische Zunge kapitulierte vor einer derartigen Akrobatik, aber ich genoss die ausgelassene Stimmung. Wenn Mutti mich bat, den schrecklichen Reim aufzusagen, gab ich mir allergrößte Mühe.

»Fischees Fitsche fischt fische Fische.«

»Super!«, riefen sie. »Mach weiter!«

»Fische Fische fischt Fischer Fitsche.«

Endlich begann der Kurs. In meiner Klasse waren hauptsächlich Männer aus Kurdistan, Iran, Afghanistan, Pakistan und

Indien. Allesamt Länder, von denen ich noch nie etwas gehört hatte. Es gab auch einige schwarzhaarige Frauen. Sie sahen aus wie hellhäutige Brasilianerinnen aus dem Süden, aber sie kamen aus Jugoslawien und dem Nahen Osten. Als wir uns der Reihe nach vorstellten, merkte ich, dass meine Mitschüler viel schlechter Deutsch sprachen als ich. Was die Lehrerin sagte, konnten sie kaum verstehen. Untereinander verständigten sich die meisten in einer sehr fremdartig klingenden Sprache. Nach einigen Tagen wurde mir klar, dass sie einen anderen Gott hatten, oder jedenfalls kam es mir so vor. Einige von ihnen beteten in der Mittagspause, weil ihre Religion es von ihnen forderte, wie sie sagten. Das war eine Pflicht, viel strenger als der sonntägliche Kirchgang. Dreimal oder sogar fünfmal am Tag. Eine Brasilianerin hatte keiner von ihnen je kennen gelernt, aber anscheinend eilte meinen Landsleuten ein gewisser Ruf voraus. Einige der jungen Männer stießen Pfiffe aus, wenn ich meine Jacke auszog. Ich genoss ihre Aufmerksamkeit. Schon seit langem fragte ich mich, warum die Österreicher so geizig mit anerkennenden Blicken und Kommentaren waren. Es gab auch eine kleine Gruppe von bärtigen Männern aus Afghanistan und Pakistan, die nie mit mir sprachen. Sie behandelten mich, als hätte ich eine ansteckende Krankheit. Mit den Freuden des Lebens kannten sie sich offenbar nicht aus. Sie lachten nur selten und schauten mittags ständig auf die Uhr, um ihre Gebetszeit nicht zu versäumen. Manchmal sah ich, wie zwei Frauen vor dem Schulgebäude auf einen meiner bärtigen Mitschüler warteten. Ihre weiblichen Reize verbargen sie unter Tüchern und weiten Mänteln. Wie konnte eine Frau nur darauf verzichten, die Schönheit ihres Körpers zu präsentieren? In meiner Heimat hatte dafür kein Mensch Verständnis.

Der Unterricht gefiel mir, und ich lernte schnell. Gerti half mir bei den Hausaufgaben und übte mit mir für die monatlichen Leistungstests. Mit beneidenswerter Geduld sprach sie mir Worte vor, die im Hals kratzten und an denen ich regelmäßig scheiterte.

Nach der Schule fuhr ich mit meinem Fahrrad zum Einkaufen, putzte und kochte und wartete auf Werner. Abends gingen wir zur Baustelle. Wir kamen nur langsam voran, aber seit der Frühling in voller Blüte stand, machte es wieder Spaß, unter freiem Himmel zu arbeiten. Endlich kamen die Leute aus ihren Häusern. Die Lebensfreude, die monatelang auf Sparflamme geköchelt hatte, wurde neu entfacht. Im Winter war ich oft durch das nahe gelegene Einkaufszentrum geschlendert, nur um andere Menschen um mich zu haben. Jetzt, da das Leben wieder erwacht war, genoss ich es, in einem Eiscafé zu sitzen, den Nachbarn bei der Gartenarbeit und den Kindern beim Spielen zuzuschauen. Erst kürzlich hatte ich eine junge Frau kennen gelernt, mit der ich mich auf Anhieb gut verstand. Manchmal besuchte sie mich abends oder nahm mich mit zum Heurigen, wo wir ein Glas Wein tranken. Äußerlich unterschieden wir uns sehr – »Black and White«, sagte Werner manchmal. Sie war jünger als ich und in einen Freund von Werner verliebt. Wir tuschelten und tauschten uns über die Männer im Allgemeinen und unsere eigenen im Besonderen aus. Susi wurde meine Vertraute, die meine jeweilige Stimmung sofort spürte. Wenn das Heimweh mich plagte, nannte sie es Amazonasblues. Sie war die erste Frau aus dem Dorf, die weder eifersüchtig schien noch ihren Freund vor mir in Sicherheit bringen wollte.

Unsere Tanzgruppe wuchs beständig. Bald waren wir zehn Tänzerinnen und Tänzer. Wir wurden für Stadtfeste, Sommerpartys, Betriebsfeiern, Geschäftseröffnungen und sogar als Vorprogramm bei Konzertveranstaltungen gebucht. Werner freute sich über mein Einkommen und hatte nie etwas an meiner Arbeit auszusetzen. Im Gegenteil, er hielt sich nach den Auftritten bei uns Mädchen auf und konnte sich kaum satt sehen an den schrillen Kostümen und stark geschminkten Gesichtern. Fast alle Mädchen in der Gruppe waren mit österreichischen Männern verheiratet, die jeden Auftritt skeptisch

beäugten und nicht selten über die freizügigen Kostüme mä-
kelten. Mir schien es bald so, als würde Werner meinen Erfolg
und die damit verbundenen Einkünfte regelrecht genießen.
Nach den Auftritten wurden wir manchmal an die Tische gebeten, um Autogramme zu geben. Aus den Augenwinkeln sah
ich meinen Mann an der Bar stehen und stolz lächeln.

Ich verbrachte viel Zeit mit Proben und dem Anfertigen
neuer Kostüme. Mona hatte Kopfschmuck aus Brasilien ein-
fliegen lassen, und wir mussten lernen, uns mit dem schweren
Zubehör aus Federn und Strass frei zu bewegen. Unsere Frisuren ergänzten wir mit wallenden Haarteilen. Bald waren wir
als exotische Schönheiten unter dem Namen »Companhia
Tropical« aus Rio de Janeiro bekannt. Der Erfolg wuchs mit
jedem Auftritt. Die Presse jubelte. Wir standen Modell für
Werbeaufnahmen. Im Sommer gingen wir auf Tournee durch
Österreich. Ich lernte Innsbruck, Graz, Klagenfurt und einige
kleinere Städte kennen. Zu unserem Programm gehörte nun
eine richtige Sambashow und natürlich weiterhin unser Lam-
badatanz. Dabei beugte Mona sich in Ailtons Armen so tief
nach unten, dass er darauf achten musste, nicht auf ihr fal-
sches Haarteil zu treten, was ihm manchmal nicht gelang.
Dann blieb die schwarze Pracht am Boden liegen, während
Mona und Ailton zur nächsten Figur ansetzten, und das
Publikum und wir hatten unseren Spaß. Schon bald tanzte ich
mein erstes Solo.

Im August verdiente ich so viel, dass ich nicht nur das Geld
für mein Flugticket zurückzahlen konnte, sondern sogar die
Beträge auf den Telefonrechnungen der letzten drei Monate,
um die es heftigen Streit gegeben hatte. Immer wieder versuchte ich Werner zu erklären, dass ich den Kontakt zu meinem Sohn nicht verlieren wollte. Ich hatte furchtbare Sehnsucht nach ihm, und an manchen Tagen wäre ich am liebsten
auf der Stelle zurückgeflogen. Einmal meldete sich Jânios Vater am Telefon. Er tat mir den Gefallen und hielt Rodrigo den
Hörer hin. Ich lauschte seiner Kinderstimme und glaubte zu

hören, wie er »oi, mamãe« sagte. Er gluckste und lachte. Mein Gott, ich konnte es kaum ertragen. Wenn ich ihn doch nur bei mir hätte!, dachte ich immer wieder. Und wenn Werner sich doch auch für ihn interessieren würde! Er fragte nie nach ihm. Ich sprach mit Werner über mein Heimweh und versuchte ihm zu erklären, dass ich die Gespräche mit meiner Schwester brauchte. Senaé berichtete mir alle Neuigkeiten von unserer Familie. Selten hatte sie mir etwas Erfreuliches mitzuteilen. Für mich war es dennoch schön, mit ihr im Dialekt unserer Region zu sprechen. Senaé konnte das kleinste Ereignis in schillernden Farben ausmalen und mir ein Stückchen Heimat vermitteln.

»Sag mal, Sueli, die Fotos, die du geschickt hast. Ich meine … ich habe sie natürlich allen gezeigt. Und die wollen wissen, wie ihr das gemacht habt!«

»Wie haben wir was gemacht?«

»Na, diese Aufnahmen von Venedig. Das sieht richtig echt aus. Wie macht man so etwas?«

»Ich weiß nicht, was du meinst.«

»Alle denken, das ist eine Montage. Wo du angeblich vor den Palästen und Kanälen von Venedig sitzt. Wie in unserer Telenovela. Wenn ich sage, das ist echt, dann erklären sie mich für verrückt.«

»Ach, Senaé«, lachte ich in den Hörer. »Alles ist echt. Ich war in Venedig. Es ist nicht weit von hier. Ein paar Stunden mit dem Auto.«

»Ist Werner ein reicher Mann?«

»Nein. Das habe ich dir doch schon hundertmal gesagt. Er ist nicht reich. Und in diesem Monat habe ich sogar mehr Geld verdient als er. Ich habe Schulferien, und wir hatten viele Auftritte und sogar ein bezahltes Foto-Shooting.«

»Ich kapier überhaupt nichts mehr.«

»Ich werde es dir bald in Ruhe erklären können. Ich komm euch besuchen.«

»Wann?«

»Das weiß ich noch nicht. Ich muss sehen, was Werner dazu sagt. Hier ist alles sehr teuer.«

Als ich Senaé von meinen Fortschritten in der fremden Sprache und meiner Gage als Showtänzerin erzählte, konnte ich mir ihren ungläubigen Gesichtsausdruck bildlich vorstellen. Wir plauderten angeregt und vergaßen die Zeit. Das Verhältnis zu meiner Schwester wurde immer inniger. Manchmal hatte ich das Gefühl, ihr aus der Entfernung noch näher zu sein als sonst. Und auch sie schien meinen Anrufen entgegenzufiebern. Manchmal hatte ich ein schönes Bild vor Augen: Wir beide saugten gemeinsam an den Brüsten unserer Mutter. Den Gedanken daran, dass ich kurz zuvor in ein Baumwolltuch gewickelt auf unserer Türschwelle gefunden worden war, versuchte ich zu verdrängen. Wir waren wie Zwillinge, auch wenn wir uns äußerlich nicht ähnelten. Senaé hat lockiges Haar, das üppig über ihren Rücken fällt. Sie ist kräftiger gebaut als ich. Ihre Lippen sind voll, während mein Mund eher schmal ist.

Durch meine finanzielle Unabhängigkeit konnte ich mir endlich eine Laserbehandlung zur Narbenentfernung leisten. Noch immer trug hatte ich die Male des Rei de viado auf meinem Rücken. Es waren schmale dunkelbraune Striemen geworden, die nur bei genauem Hinsehen auffielen. Aber mich sollte nichts mehr an die erlittene Misshandlung erinnern. Die Bestrahlung war weniger schmerzhaft, als ich befürchtet hatte, und führte zu dem gewünschten Erfolg. Nun blieben nur noch einige fast unsichtbar gewordene Narbenlinien auf meinen Händen.

Als die nächste Telefonrechnung kam, war Werner am Ende seiner Geduld. Sein Unverständnis und seine Wut machten mich traurig. Vor lauter Kummer und Heimweh saß ich weinend auf dem Sofa.

»Hör endlich auf zu heulen«, sagte er. »Ich verstehe nicht, was du willst. Dir geht es doch wunderbar. Du schmeißt das Geld zum Fenster raus und flennst auch noch.«

»Mir fehlen mein Sohn und meine Schwester, meine Heimat.«

»Möchtest du etwa wieder zurück in das Elend?«

»Das habe ich nicht gesagt.«

»Du solltest dich nicht beklagen, sondern dankbar sein.«

»Dankbar? Warum?«

»Ich habe dich da rausgeholt. Ohne mich würdest du jetzt noch immer am Amazonas hocken und deine Wäsche im Fluss waschen.«

»Ohne dich wäre ich jetzt bei meinem Sohn.«

»Aha, ich verstehe. Weißt du was? Du kannst mich mal. Ich verschwinde. Und wenn ich wiederkomme, dann will ich von dieser verdammten Heulerei nichts mehr hören. Verstanden?«

Ich sagte keinen Ton, und er knallte die Tür hinter sich ins Schloss.

Erst spät in der Nacht kroch er unter meine Decke.

Nach Hause

Endlich war es so weit. Ich hatte zwei Jahre lang gespart. Unser Gepäck bestand aus sechs schweren Taschen. Einhundertfünfzig Kilo. Meine Familie sollte reich beschenkt werden. Sie würden staunen! Aus einem mittellosen Mädchen, einem »Fehler der Natur«, war eine Frau geworden, die in Europa lebte und mit Koffern voller Präsente zu ihnen kam.

Mein Ticket hatte ich selbst bezahlt, und in meiner Reisekasse befand sich ein Vielfaches dessen, was Werner für sich eingesteckt hatte. Er wollte sparen. Das Haus war noch nicht fertig. Er hätte mir die Reise gern ausgeredet, aber ich ließ mich nicht aufhalten. Und weil er endlich meine Familie kennen lernen und, zumindest nachträglich, um meine Hand anhalten musste, konnte er mich nicht allein reisen lassen. Vielleicht hatte er auch Angst, ich würde mich entschließen, dort zu bleiben.

Als die Maschine in Manaus aufsetzte, hielt es mich nicht mehr im Sitz. Ich fieberte dem Moment des Wiedersehens entgegen. Gleich würde ich meine Schwestern treffen und morgen meinen Sohn.

»Senaé! Luara!«, rief ich über die Menge der Wartenden hinweg. Ich fiel in ihre Arme und hätte ihnen am liebsten auf der Stelle alles erzählt, was ich gesehen und erlebt, was ich gefühlt und erlitten hatte. Zwei Jahre in einem fremden Land, das manchmal zu einem Stück Heimat geworden war. Zwei Jahre, in denen ich unendlich viel gelernt und gearbeitet hatte. Zwei Jahre ohne meinen Sohn, die Schwestern, die schwülwarmen Nächte am Amazonas.

»Sueli! Willkommen zu Hause!«

Werner küsste meine Schwestern auf die Wangen, und sie kicherten. Senaé war reifer geworden. Beide sahen hübsch und zufrieden aus. Sie wirkten wie von einem Sommerurlaub gebräunt. Ich konnte nicht aufhören, sie anzustarren. Sie staunten über die schweren Taschen und halfen uns beim Tragen.

»Alles für euch!«, sagte ich, und beide lachten. Vor der Tür traf uns die tropische Hitze wie ein Schlag. Ich atmete tief ein und genoss den lange vermissten Duft, der vertraut und fremd zugleich in meiner Nase kitzelte.

Senaé arbeitete und wohnte noch immer bei Dona Ilza. Über meine Briefe und Telefonate hatte die Hausherrin Anteil an meinem Schicksal genommen und die Geschichten aus dem fernen Europa wie einen Fortsetzungsroman verfolgt. Wir begrüßten uns herzlich, und sie musterte den Gringo an meiner Seite. Wir saßen gemeinsam auf der Terrasse, und eine junge Doméstica brachte uns Getränke. Eine Nacht würden wir bleiben, bevor wir nach Manacapuru aufbrachen.

Ich konnte nicht schlafen. Unentwegt dachte ich an Rodrigo. Wie würde er reagieren? Mich mögen oder ablehnen? Nur noch eine Nacht, dann war ich endlich bei ihm.

Dona Wauda hatte ich regelmäßig geschrieben, und viel zu häufig hatten wir miteinander telefoniert. Mein Sohn hatte sich prächtig entwickelt. Auf Fotos hatte ich gesehen, wie ähnlich er seinem Vater geworden war. Schon jetzt bekam er dessen kräftige Augenbrauen. Hatte ich die richtige Entscheidung getroffen? Sollte ich ihn wirklich mit nach Österreich nehmen? Der morgige Tag würde Klarheit bringen.

Ich ging allein. Das Taxi hielt vor dem Tor aus dunkelbraunem Metall mit der eingelassenen Tür, vor der ich einst so viele Stunden vergeblich gewartet hatte. Alles schien unverändert. Ich kannte jeden Stein im Mauerwerk, den Betonpfeiler mit der Hausnummer. Zweihundertzehn, daneben der Briefschlitz mit der Aufschrift Cartas. Hier waren unzählige Briefe aus Österreich eingetroffen. Was hatten sie meinem Sohn über mich erzählt?

Mit einem Summen öffnete sich das Tor. Zunächst sah ich Maria, die alte Doméstica. Sie hatte schon im Haus gearbeitet, als Dona Wauda noch eine junge Braut gewesen war, und würde sicher bis an ihr Lebensende bleiben! Wortlos lächelnd verschwand sie im Flur.

Dona Wauda bat mich herein, grüßte höflich und musterte mich. In ihrem Blick spiegelte sich, was sie sah: eine elegant gekleidete junge Dame, der es offenbar an nichts mangelte.

»Bitte, nimm Platz. Maria wird uns etwas bringen.«

»Danke. Wo ist Rodrigo?«

Ein Junge kam lachend auf mich zu. Mein Sohn!

»Rodrigo, mein Junge.«

Er schaute mich an, als hätte er mich schon einmal gesehen.

»Bom dia, como vai a senhora?«, begrüßte er mich wohlerzogen. Dann schien er zu erkennen, dass ich die Frau auf den Fotos war, die regelmäßig in einem Briefumschlag aus der Ferne eintrafen.

»Schau, was ich dir mitgebracht habe.«

Ich reichte ihm ein österreichisches Feuerwehrauto mit

Fernbedienung. Begeistert begann er, damit zu spielen. Meine Tasche war voller Kleidung, Spielzeug und Süßigkeiten. Gerti hatte eine steirische Lederhose gekauft, und Dona Wauda staunte über die typischen Stickereien und den komplizierten Verschluss.

Ich schenkte ihr ein teures französisches Parfum, und sie bedankte sich überschwänglich. Immer wieder roch sie am Zerstäuber und bewunderte den schönen Flakon. Sie fragte nach dem Leben in Europa, aber ich hatte nur Augen für meinen Sohn. Was für ein wohlgeratenes Kind! Nach einer Weile setzte er sich sogar auf meinen Schoß. Ich hatte Mühe, meine Tränen zurückzuhalten. Es ging ihm gut. Er wurde geliebt. Das merkte ich ihm sofort an. Dona Wauda war ihm sicher eine treu sorgende Großmutter. Hier war sein Zuhause. Er lachte und hielt gedankenverloren meine Hand. Er tollte über den Hof und ich folgte ihm. Im Swimmingpool war kein Wasser, und unter den Mangobäumen, dort, wo ich einst meine Hängematte aufgespannt hatte, wirkte der Garten verwildert. Warum kümmerte sich der Gärtner nicht darum? Rodrigo zeigte mir sein Revier. Hinter dem Schuppen spielte er gern Verstecken, und auf dem Hof half er seinem Vater beim Autowaschen. Er wirkte so lebendig. Ein glücklicher Junge.

Durfte ich ihn seiner Welt entreißen und nach Österreich mitnehmen? Dieser Gedanke ging mir unentwegt durch den Kopf. Mit Dona Wauda vermied ich zunächst das Thema. Für diese Entscheidung hatte ich drei Wochen Zeit.

Am Nachmittag verabschiedete ich mich. Dona Wauda begleitete mich zum Tor und reichte mir die Hand. »Wie hübsch du geworden bist. Eine feine Dame! Und nochmals vielen Dank für die schönen Geschenke«, sagte sie, und ich war zufrieden.

Das Taxi brachte uns zur Fähre. Auf der anderen Seite des Rio Negro wartete der Bus nach Manacapuru. Vor den Verkaufsbuden wurde Fleisch gegrillt. Die Holzkohle qualmte, und Abgaswolken vermischten sich mit dem Geruch von Abfällen und schwüler Luft. Das Wasser stand hoch, und mancher Unrat war angeschwemmt worden. Niemanden schien das zu stören. Achtlos wurde der Müll auf die Straße oder in den Fluss geworfen. In Ufernähe tollten einige Kinder im Wasser.

»Schau dir das an, Sueli. Die schwimmen richtig weit raus. Haben sie keine Angst vor den Piranhas?«

»Piranhas sind keine Ungeheuer, auch wenn alle Europäer das denken. Aggressiv sind sie nur in der Trockenzeit. Und selbst dann fressen sie keine kleinen Kinder.«

»Aber warum heißt es dann immer, sie würden einem sofort den Finger abnagen, wenn man ihn ins Wasser hält?«

»Sie haben sehr scharfe Zähne. Eigentlich verhalten sie sich wie die Geier an Land. Sie fressen alles, also auch Kadaver. Sie räumen den Müll weg. Man sollte nur keine offene Wunde haben, wenn man ins Wasser geht. Mich hat jedenfalls noch keiner gebissen.«

»Und was passiert in der Trockenzeit?«

»Dann fehlt ihnen Sauerstoff und manchmal auch Lebensraum. Übrigens schmecken sie nicht schlecht. Wir bekommen sicher welche aufgetischt.«

Werner hatte Durst und bestellte vor der Abfahrt noch ein Bier. Ein Mann goss einen halben Liter in einen Plastikbeutel, warf einige Eiswürfel hinein, steckte einen Strohhalm in die Mitte und band das Ganze mit einem Gummi zu.

»Was soll das denn? Sieht nicht sehr appetitlich aus.«

»Schau einfach nicht hin. Du solltest dir eine Flasche besorgen, dann füllen sie es dir ein.«

Werner saugte an dem Strohhalm, und kurze Zeit später hatte er glasige Augen. Ein kleiner Junge bot uns selbst gebackenen Kuchen an, ein anderer verkaufte Nüsse. Beide waren nur mit schmutzigen kurzen Hosen und verschlissenen Zehensandalen bekleidet.

Meine Familie erwartete uns. Als wir die ersten Häuserreihen erreichten, erschrak ich. Hatte es hier schon immer so ausgesehen? Diese winzigen Hütten, aus einfachen Brettern gezimmert! Österreichische Gartenhäuschen machten einen robusteren Eindruck. Die wenigen portugiesischen Kolonialbauten an der Uferstraße glichen Ruinen, in denen man die vergangene Pracht nur noch mit Mühe erahnen konnte. Dächer waren eingestürzt, und die allgegenwärtige Feuchtigkeit hatte das Unkraut wuchern lassen. Der Verfall und die Armut schlugen mir überraschend hart entgegen. Viele Türen standen offen, auf den Terrassen und Mauervorsprüngen saßen Menschen in Schaukelstühlen oder lagen in ihren Hängematten. Niemand schien etwas zu tun zu haben. Kinder spielten auf der Straße, und ich blickte in manches vertraute Gesicht.

Schon aus der Ferne sah ich die Menschentraube vor unserem Haus. Tainá kam uns entgegengelaufen. Wie groß sie geworden war! Und wie hübsch! Ein gertenschlanker Teenager. Im Nu umringten sie uns.

»Bença, mamãe! Segnet mich, Mutter!«

»Gott segnet dich!«

Sie begrüßte Werner und lachte. Alle riefen durcheinander. Nachbarn kamen herbei, um den Gringo zu begutachten. Vater und Tonio waren nicht zu sehen. Ich atmete auf. Aber in einer Ecke saß Großmutter im Schaukelstuhl. Alt und gebrechlich sah sie aus, und wieder musste ich bei diesem Anblick an die Hexe denken, die sie in meiner Vorstellung seit frühester Kindheit war. Jeder starrte irgendwann einmal auf unsere Koffer und Taschen. Wir bahnten uns einen Weg ins Haus, und der Tross folgte uns. Ich wusste nicht, was wir tun sollten. Wie gern wäre ich allein mit meiner Mutter und meinen Geschwistern gewesen! Ich konnte doch nicht vor aller Leute Augen Geschenke verteilen. Wenn Werner und ich deutsch miteinander sprachen, schauten sie uns verwundert an. Es schien, als versuchten sie, diese sonderbare Sprache von unseren Lippen abzulesen.

»Verstehst du wirklich, was er zu dir sagt?«, fragte meine Mutter mich.

»Aber sicher.«

»Wie ist das möglich?«

»Ich habe es gelernt.«

Sie sah mich an, als würde ich ein ganz besonderes Kunststück aufführen. Im Haus gab es kaum genug Platz für alle. Der Ventilator lief auf Hochtouren, und doch war die Luft zum Schneiden dick. Werner lief der Schweiß in Strömen von der Stirn. Er saß zwischen Senaé und Luara und versuchte sich zu unterhalten. Sein Portugiesisch war immer noch sehr bescheiden.

»Das Beste wird sein, wir verschwinden hier. Ich halte das nicht aus. Die vielen Menschen, die gierigen Blicke«, sagte ich auf Deutsch zu ihm.

»Was können wir tun?«

»Wir besuchen einen Bekannten. Nicht weit von hier. Wenn wir wiederkommen, sind die Schaulustigen vielleicht weg.«

»Mir egal.«

Ich gab Senaé ein Zeichen. Sie verstand sofort. Der Plan ging auf, und am späten Abend konnte ich endlich meine Geschenke auspacken. Solche Dinge hatten sie noch nie gesehen. Hosen, Röcke und Blusen von Gerti. Knappe T-Shirts, leichte Sommerkleider, Jeans, Sportschuhe, Ledergürtel, Kosmetika, Zahnbürsten und eine große Menge Süßigkeiten, die ich von meiner Gage für sie gekauft hatte, zauberte ich aus den Reisetaschen. Ich hatte auch eine Hand voll Armeemesser mitgebracht. Fasziniert bewunderten sie die vielen Funktionen, und ich konnte Nando nur mit Mühe davon abhalten, sie auf der Stelle allen Nachbarn vorzuführen. Für die Kinder meines ältesten Bruders hatte ich Spielsachen dabei. Das Sammeln und Einkaufen hatte sich gelohnt. Alle probierten die neuen Kleidungsstücke und drehten sich vor dem Spiegel. Tainá sah im rückenfreien Kleid entzückend aus. Ich dachte daran, wie verantwortungsvoll sie sich um Rodrigo gekümmert hatte, als ich im Kinderheim hatte arbeiten müssen. Hoffentlich war Vater gut zu ihr. Einen kurzen Moment lang stellte ich mir vor, sie würde bei mir in Österreich leben. Eine Schwester in meiner Nähe! Ich hatte das Gefühl, ihr etwas schuldig zu sein.

Am nächsten Tag kam Vater aus dem Dschungel. Zuerst betrachtete er stumm das Sammelsurium der Geschenke, Taschen und Plastiktüten mit den fremdartigen Aufschriften. Mein Herz klopfte bis zum Hals. Aber Werner stand dicht neben mir, und ich fühlte mich unverwundbar.

»Oi, papai.«

Verwundert schaute er mich an. Sein Blick hielt länger an als alle Blicke, an die ich mich erinnern konnte. Dann drehte er sich um und rieb sich die Augen. Mit gebeugtem Rücken verschwand er im hinteren Zimmer.

»Warum weint er?«, fragte ich Luara.

»Vielleicht ist er gerührt.«

»Ich muss hier raus.«

»Und dein Mann?«

»Erkläre du ihm, was er tun muss.«

Draußen atmete ich tief durch. Es war ein gutes Gefühl. Er hatte keine Macht mehr über mich.

»Sueli, was ist denn los? Warum stehst du hier draußen?«, fragte Werner. »Ich musste deinen Vater doch um deine Hand bitten. Ich hätte deine Übersetzungshilfe gebraucht.«

»Hast du es auch allein geschafft?«

»Ja, irgendwie schon. Habe ja geübt. Er ist einverstanden, soweit ich sein Genuschel verstehen konnte. Er verschluckt die meisten Worte. Aber er ist ein netter Kerl. Dein Vater gefällt mir. Aber was ist mit dir? Warum sprichst du nicht mit ihm?«

»Ich habe keine gute Beziehung zu meinem Vater.«

Werner begleitete meinen Vater in den Dschungel. Er war abenteuerlustig und wollte Piranhas, Krokodile und Anakondas mit eigenen Augen sehen. Auch ich wäre gern nach Parana do Paratari gefahren, aber weder konnte ich die Nähe

243

meines Vaters ertragen, noch hatte ich Zeit dafür. Die beiden wollten mehrere Tage fortbleiben. Derweil versuchte ich, mich ein wenig zu Hause zu fühlen. Ich half Mutter beim Kochen und Waschen, vertilgte gewaltige Portionen gegrillten Tambaqui und genoss mein lang vermisstes Farinha. Den ganzen Tag und bis spät in die Nacht redete ich mit Mutter und meinen Schwestern über mein Leben in Wien. Von den Geschichten aus der fremden Welt glaubten sie mir sicher nur die Hälfte. Es machte sie sprachlos, dass ich Gilberto Gil kannte, einen der berühmtesten Sänger Brasiliens, und ihn vielleicht sogar bei seiner nächsten Europatournee als Tänzerin begleiten würde. Sie schauten sich ungläubig die Fotos mit den Sambakostümen und dem üppigen Federschmuck an. Immer wieder betrachteten sie meine Alben, und ich musste ihnen alles über Mutti, Gerti, die Berge, den Schnee und die europäischen Männer erzählen. Offenbar waren sie von deren erotischer Ausstrahlung nicht überzeugt. Luara hatte inzwischen einige Erfahrungen mit Männern und sprach unverblümt über die Vorzüge gut gebauter Exemplare. Ach, wie sehr hatte ich die offene brasilianische Art vermisst! Wenn es um Bettgeschichten ging, gab es keine Zurückhaltung. Meine Mutter hatte Werner bereits am Telefon gefragt, wann er ihr einen Enkel schenkt. Leider hatte er alles falsch verstanden und gedacht, sie wolle wissen, wann er sie besuchen kommt.

»Dein Mann hat mir gesagt, dass er keine Zeit hat, ein Kind zu machen, und dass es zu teuer ist. Was hat das zu bedeuten? Ist der etwa schwul?«

Ich klärte lachend das Missverständnis auf.

»Willst du denn kein Kind, Sueli?«

»Doch, schon, aber er will nicht. Zuerst müssen wir das Haus bauen. Alles kostet sehr viel Geld.«

»Was für ein Quatsch! Ihr habt doch einen Haufen Geld, und Kinder gibt's gratis. Oder hat er ein Problem? Da unten, meine ich. Kann er etwa nicht?«

»Mamãe! Was denkst du? Und ob er kann! Viel zu oft,
wenn du mich fragst.«

»Ist er gut zu dir?«

»*Sim.*«

Mit Senaé fuhr ich nach Manaus und quartierte mich bei
Dona Ilza ein. Für einen Nachmittag traf ich sogar meine alte
Freundin Soraia.

»He, Kleine, was ist denn mit dir passiert? Europa scheint
dir verdammt gut zu tun. Du siehst blendend aus.«

»Danke. Du bist aber auch nicht hässlicher geworden.«

»Nun erzähl schon, wie ist das Leben mit den Kängurus?«

Ich lachte los, und im Nu war die alte Vertrautheit wieder
da. Soraia und ich hatten uns regelmäßig Briefe geschrieben.
Ihrer Meinung nach hatte ich das große Los gezogen. Ein Leben in Europa stellte sie sich wunderbar vor. Und dass mein
Mann wirklich kein Zuhälter war und wir ein ganz normales
Leben führten, begeisterte sie regelrecht. Am liebsten hätte sie
ihre Koffer gepackt und wäre mit uns gekommen. Es stellte
sich heraus, dass ihre gute Freundin Ninka mit einem Österreicher verheiratet war. Er liebte das Leben in den Tropen und
wollte nie wieder zurück nach Europa. Leider traf ich Ninka
und ihren Mann nicht persönlich an.

Ich verbrachte so viele Stunden wie möglich mit meinem
Sohn. Rodrigo war ein aufgeweckter und niedlicher Junge.
Alle liebten ihn. Immer wieder fragte ich mich, wie es ihm
in Europa ergehen würde. Das enge Zusammenleben in einer
winzigen Wohnung mit einem Stiefvater, der nie davon
sprach, ein Kind haben zu wollen! Der kalte Winter, die
fremde Sprache und die Sehnsucht nach seiner Familie.
Würde er all diese Veränderungen verkraften? Niemand
konnte mir die Entscheidung abnehmen. Oder sollte ich gar
in Manaus bleiben? Jânio war unverheiratet, offenbar traf er
sich nicht einmal mit einer Freundin. Bei unserem Wieder-

sehen schaute er mich an, als hätte er auf mich gewartet. Am darauf folgenden Sonntag lud er mich in ein Restaurant ein, und wir nahmen unseren Sohn mit. Unter freiem Himmel fanden wir ein wunderbares Plätzchen und schauten auf den Rio Negro. Wie zufällig berührte Jânio meine Hand, und ich ließ es geschehen.

»Sollen wir es noch einmal versuchen?«, fragte er und sah mich mit demselben Blick an, den ich vor langer Zeit einmal genossen und dann so schmerzlich vermisst hatte. Er küsste mich scheu auf die Wange.

»Deine Familie wird mich niemals akzeptieren.«

»Woher willst du das wissen? Du hast dich verändert. Du bist eine stolze Frau geworden. Schön und stark. Du hast viel Erfahrung. Du kommst aus Europa. Meine Mutter denkt genauso.«

»Ich bin noch immer Sueli Menezes. Meine Vergangenheit ist dieselbe geblieben. Ich komme aus dem Dschungel und war eine Doméstica.«

»Warum bist du so hart? Unser Sohn braucht uns beide.«

»Genau das hat er von Anfang an gebraucht. Aber du warst nicht da. Nicht einmal im Krankenhaus.«

»Die Situation war eine andere. Ich war unerfahren. Wir waren sehr jung.«

»Das sind wir immer noch. Nach meinem neuen Pass bin ich dreiundzwanzig.«

»Wir beide hatten eine wunderbare Zeit, erinnerst du dich nicht?«

»Oh, doch.«

Auf dem Heimweg lag Rodrigo auf meinem Schoß. Seine Beinchen streckte er auf Jânios Oberschenkeln aus. Bald war er eingeschlafen, und aus dem Radio erklang ein altes Liebeslied. Ich wünschte mir, die Zeit würde stehen bleiben.

»Es ist schon spät. Besser, du kommst mit zu uns.«

»Ja, ich möchte heute Nacht bei meinem Sohn bleiben.«

Ich musste mich entscheiden. Unsere Reise ging zu Ende. Nicht meine eigenen Gefühle sollten mein Handeln leiten, sonders einzig und allein das Wohl meines Jungen. Trotz aller Distanz gab es eine enge Beziehung zwischen uns. Das spürte ich deutlich. Für ihn war ich viel mehr als eine unbekannte Frau, die ihm Geschenke brachte. Dieses Band durfte nicht zertrennt werden. Ich suchte nach einem Weg, der ihn fühlen ließ, dass ich seine Mutter war, obwohl ich kaum bei ihm sein konnte. Er sollte eines Tages begreifen, dass ich ihn liebte, obwohl ich ihn zurückgelassen hatte. Oder würde er mich eines Tages gerade dafür lieben, dass ich ihn nicht von seinem Vater und seinen Großeltern getrennt hatte? Ich war hin- und hergerissen. Jânio schien zu allem entschlossen. Warum träumte meine einstige große Liebe erst jetzt den Traum von einer ganz normalen Familie? Dona Wauda, Jânio und ich setzten uns zu einem klärenden Gespräch auf die Terrasse.

»Ich möchte ganz ehrlich sein«, sagte ich. »Bevor ich nach Manaus kam, hatte ich eine Entscheidung getroffen. Ich war gekommen, um meinen Sohn abzuholen! Meine Sehnsucht nach ihm ist unerträglich. Es gibt keinen Tag, an dem ich nicht an ihn denke, keinen Tag, an dem ich mich nicht frage, wie es ihm geht und ob er ein glücklicher Junge ist. Und immer wieder hat mich die Frage gequält, ob er sich an mich erinnert. Auch wenn meine Lebensumstände in Austria nicht perfekt sind, so bin ich doch in der Lage, mich um Rodrigo zu kümmern.«

Die beiden schauten mich erwartungsvoll an. Bis zu diesem Zeitpunkt hatte ich nicht gewusst, was ich ihnen sagen wollte. Erst durch das Formulieren meiner verwirrenden Gedanken wurde mir klar, was meine innigsten Wünsche waren.

»Seitdem ich hier bin, sehe ich, wie gut es ihm geht und dass er glücklich ist. Alle sorgen sich herzlich um ihn. Nun spüre ich deutlich, dass es nicht richtig wäre, ihn aus diesem Leben herauszureißen. Das würde ihm sehr wehtun. Aber ich möchte in Zukunft einen engeren Kontakt zu ihm haben.

Auch wenn ich weit entfernt lebe, will ich es versuchen, und ihr könnt mir dabei helfen. Jânio, bitte lies ihm meine Briefe vor, gib ihm meine Geschenke und erzähl ihm von mir. Erinnere ihn an diesen Besuch, an den Abend im Restaurant, daran, wie er im Auto zwischen uns geschlafen hat. Lass mich mit ihm telefonieren. Unser Sohn darf mich nicht vergessen. Sooft ich kann, werde ich nach Brasilien kommen. Und eines Tages soll mein Sohn mich auch in Europa besuchen.«

Mir versagte die Stimme. Dona Wauda schaute mich mitfühlend an. Sie schien zu spüren, wie schwer das alles für mich war. Gleichzeitig wirkte sie sehr erleichtert.

»Ich glaube, es ist das Beste für ihn«, sagte ich leise. Ich stand auf und ging in Rodrigos Zimmer. Er spielte mit dem Feuerwehrauto und zeigte mir, wie man die Leiter ausfährt und das Blaulicht zum Blinken bringt.

»Rodrigo, deine Mama möchte sich von dir verabschieden. Ich fahre nach Austria, aber bald komme ich dich wieder besuchen. Und ich werde dir ganz viele Briefe schicken.«

Er schaute mich an und fuhr mit dem Auto einen großen Bogen durch das Zimmer. Direkt vor meinen Füßen stoppte er und reichte mir die Fernbedienung.

Ich hielt seine Hand und wollte nicht weinen.

»*Adeus, mamãe!*«

Ein Kind

Ailton übernahm die Leitung unseres Ensembles, engagierte neue Tänzerinnen und Tänzer und entwickelte eine Sambashow mit brasilianischer Livemusik. Ich trainierte mehrmals die Woche, und schon bald setzte er mich als Solotänzerin ein.

In den Wintermonaten hatten wir sehr viel zu tun. Das »Ailton Tropical Dance Ensemble« konnte sich vor Engagements kaum retten. In den großen Zeitungen erschienen regelmäßig Artikel über unsere Auftritte. Wir hatten einen vollen Terminkalender. Wir tanzten bei großen betrieblichen Weihnachtsfeiern, dann folgte die anstrengende Silvesternacht mit einem halben Dutzend Auftritten an verschiedenen Orten. Es blieb kaum Zeit, um die Kostüme zu wechseln, und selbst der Gang zur Toilette musste ausfallen. Im neuen Jahr folgte die Ballsaison, und wir tanzten beim Bonbonball, Johann-Strauß-Ball, Journalistenball, Ärzteball, Hofburgball und vielen anderen.

Im Frühjahr wurde es etwas ruhiger. Mit meinen lateinamerikanischen Tanzpartnerinnen tauschte ich mich über alle Fragen des Lebens aus, und wir gaben uns gegenseitig Ratschläge. Europa erschien uns manchmal viel komplizierter als unsere Heimat. Hier drehte sich alles um Papiere, Geld und Sicherheit. Man riet mir dazu, neben dem Tanzen eine feste Arbeitsstelle zu suchen, die mir ein geregeltes Einkommen und eine Sozial- und Rentenversicherung garantierte.

Nicht weit von unserer Ortschaft, am Stadtrand von Wien, gab es ein großes Einkaufszentrum. Dort kannte ich ein Schuhgeschäft, dessen Auslagen ich schon häufig bewundert hatte. Ich ging hinein und fragte, ob sie nicht zufällig eine gute Verkäuferin suchten. Schon am nächsten Tag konnte ich anfangen.

Das Arbeiten machte mir Freude, und der Chef und die Kunden waren gleichermaßen zufrieden. Einen Teil meines Geldes sparte ich für meine Familie in Brasilien, aber das meiste floss in die Fertigstellung unseres Hauses. Es wurde immer größer und schöner, aber ein Ende der Plackerei war nicht in Sicht. Im Rohbau bezogen wir einen kleinen Raum, der nicht viel mehr als eine provisorische Bleibe war. In den Nächten wurde es oft empfindlich kühl. Und da es noch keinen Anschluss für den Elektroherd gab, konnten wir auch nicht kochen. Selbst das Bad war noch nicht fertig. Aber durch unseren Einzug sparten wir die Miete für die kleine Wohnung.

Mutti und Gerti waren zu meinen besten Freundinnen geworden. Ihnen konnte ich meinen Kummer und meine alltäglichen Sorgen anvertrauen. Sie kannten meinen Lieblingsplatz auf der Baustelle, die Gaube, von der aus man den gesamten Ort und die Weinberge überblicken konnte. Häufig schaute ich der Abendsonne zu, wie sie den Himmel entflammte und am Horizont verschwand. Ich stellte mir vor, wie sie nach Westen wanderte, über den europäischen Kontinent und den weiten Atlantik hinweg, bis sie schließlich über Brasilien aufging. Wie gern wäre ich mit dem Feuerball übers Meer gezogen und an der Mündung des Amazonas in ein Boot gestiegen, das mich nach Manaus brachte. Wenn ich auf dem Dach saß, versank ich manchmal in einen schönen Traum und hörte die Vögel des Dschungels zwitschern und die Brüllaffen schreien. Ich roch den Duft des Solimões und fühlte die Hitze der Tropen auf meiner Haut. Wenn in Wien die Sonne verschwunden war, zeigte sich zumeist ein sternloser Himmel. In den ersten Wochen meines Lebens in Österreich hatte dieser nächtliche Himmel mich über alle Maßen enttäuscht. Wo waren die funkelnden Sterne? Warum stand der Mond so tief, und wo versteckten sich die Sternschnuppen, die in meiner Heimat zu Hunderten in den schwarzen Wald fielen? Hier unterschieden sich selbst die Geräusche der Nacht kaum von denen des Tages. Manchmal stand ich sogar im Morgengrauen auf, um den Sonnenaufgang zu sehen, der den neuen Tag oft kühl und farblos ankündigte. Alles war anders.

»Sueli! Kleines! Träumst du?«

»Was? Nein! Mutti, ich komme runter.«

Auf dem Rückweg vom Friedhof, wo sie jeden Abend die Blumen auf dem Grab ihres Mannes goss, kam sie regelmäßig an der Baustelle vorbei.

»Schaust du schon wieder nach Brasilien?«

»Dort geht bald die Sonne auf.«

»Hast du ihr einen Gruß mitgegeben?«

Ich nickte, und Mutti verstand.

»Du vermisst ihn sehr, nicht wahr? Deinen kleinen Rodrigo.«

»Ich würde am liebsten heute noch zu ihm fliegen. Eine Mutter sollte bei ihrem Kind sein. Aber wir brauchen das Geld für die Fliesen und die Elektroleitungen.«

»Meine Kleine, du musst auch mal an dich denken. Und ein wenig auch an mich.«

»Willst du mit mir nach Brasilien?«

»O Gott, nein. Wo denkst du hin? Die Hitze würde mich umbringen. Ich meine etwas anderes. Du weißt schon. Wann werde ich endlich Oma?«

»Frag mich nicht! Du weißt, wie gern ich dir dieses Geschenk machen möchte. Am liebsten sofort, aber allein schaff ich das nicht.«

»Warum will er nicht?«

»Das Haus.«

»Ich kann es nicht mehr hören. Warum stellst du ihn nicht einfach vor vollendete Tatsachen?«

»Ich verstehe nicht.«

»Wenn du ein Kind willst, dann musst du einfach schwanger werden. Wenn es erst einmal passiert ist, wird er sich schon damit abfinden.«

»Du meinst, ohne zu fragen?«

»Ja! Setz die Pille ab! Wie lange willst du noch warten? Ich merke doch, wie sehr du dich danach sehnst.«

»Aber das ist nicht richtig.«

»Es ist auch nicht richtig, dass er es ablehnt. Du bist eine junge Frau. Es ist das Normalste von der Welt, dass du ein Kind möchtest.«

Wie gern hätte ich Mutti alles erzählt. Von meinem ersten Kind, das auf die Welt kam, als ich selbst noch ein Kind gewesen war. Kein Mensch wusste davon. Nie hatte ich mich getraut, es jemandem zu erzählen. Ich schämte mich und wollte es vergessen. Aber das gelang mir nicht. Und niemand wusste etwas von meinem Kampf um Rodrigo. Sicher fragten sich Werners Freunde und die Leute aus dem Ort, warum ich mein Kind in Brasilien zurückgelassen hatte. Vielleicht hielten sie mich für kaltherzig, oder sie dachten, ich sei eine schlechte Mutter, der das eigene Vergnügen wichtiger sei als das Wohl ihres Kindes. Keiner kannte meine wahre Herkunft, meine erlittenen Qualen, meine Schwächen, meine Ängste und meine Sehnsucht nach Harmonie und einer glücklichen Familie. Niemand ahnte etwas davon. Die Vergangenheit brodelte unter der Oberfläche, aber noch war ich nicht bereit, sie zum Vorschein kommen zu lassen. Zu oft hatte ich Rückschläge erlebt. Auch von der letzten Schmach wusste Mutti nichts. Erst kürzlich hatte ich Dona Wauda darum gebeten, mir Rodrigos Geburtsurkunde zu schicken. Ich wollte einen österreichischen Pass für ihn beantragen. Erst nach mehrmaligem Drängen kam aus Manaus das verlangte Dokument. Ich traute meinen Augen nicht! Sie müssen den zuständigen Beamten gut bezahlt haben, denn nun war Jânio als Vater und Erziehungsberechtigter eingetragen. Mit meinem Einverständnis! Meine Unterschrift war gefälscht worden. Der Anblick des Papiers mit den vielen Stempeln versetzte mir einen Schlag, und ich vergrub die erneute Demütigung tief in meiner Seele. Sie dachten noch immer, dass sie alles mit mir machen konnten. Und in gewisser Weise hatten sie sogar Recht.

Wir gingen gemeinsam zum Gynäkologen. Werner war genauso aufgeregt wie ich. Noch bevor wir das Testergebnis kannten, merkte ich, dass er sich mit jedem Ausgang zufrieden geben würde. Das hatte ich nicht erwartet. Als der Arzt uns zulächelte, küsste mein Mann mich liebevoll auf die Wange. Unser erster Weg führte uns zu Mutti. Noch bevor Werner die Tür aufschließen konnte, öffnete sie uns.

»Und? Wie ist das Ergebnis? Nun sagt schon!«

Ich brauchte sie nur anzuschauen. Sie verstand sofort und nahm mich in die Arme.

»Meine Kleine. Herzlichen Glückwunsch. Ich freue mich ja so.«

Ihre Prophezeiung war eingetreten. Werner fand sich nicht nur mit der Situation ab, sondern schien sogar stolz zu sein und sich auf das Baby zu freuen. Seine Mutter verwöhnte mich wie ein krankes Kind. Sie kochte meine Leibgerichte und zwang mich sogar zum Essen, wenn ich keinen Appetit hatte. Schon bald hatte ich zehn Kilo zugenommen. Das Tanzen musste ich im vierten Monat aufgeben, aber bis zum Ende des siebten Monats arbeitete ich im Schuhgeschäft. Mir ging es rundum gut. Wenn es auf der Baustelle ausnahmsweise nichts zu tun gab, half ich Mutti in ihrem Garten oder ging mit ihr zum Blumengießen auf den Friedhof. Sie erzählte allen, dass sie nun bald die Großmutter eines österreichischen Indianerbabys sein werde. In ihrer Nähe fühlte ich mich geborgen. Mutti hatte mich so lieb, dass ihre eigenen Kinder manchmal eifersüchtig wurden. Ich war glücklich und sehnte den Tag der Geburt herbei. Das neue Leben in meinem Bauch machte mir Hoffnung auf einen Neuanfang. Endlich würde ich mein Kind bei mir behalten. Was auch immer die Zukunft brächte, dieses Kind würde ich niemals hergeben.

DISTANZ UND NÄHE

Thomas

Ende Juli kam Thomas auf die Welt und veränderte mein Leben. Sein Dasein überwältigte mich. Ich lag in einem Krankenhaus und hatte meinen Sohn im Arm. Ich wurde wunderbar versorgt, und mein Mann, meine Schwiegermutter und meine Schwägerin saßen an meinem Bett. Ich wusste, dass mir und meinem kleinen Engel nichts passieren konnte.

Keine Minute wich ich von seiner Seite. Den halben Tag trug ich meinen Sohn auf dem Arm, und nachts nahm ich ihn mit ins Bett. Wenn er weinte, tröstete ich ihn und legte ihn an meine Brust. Mutti und Gerti waren vollkommen vernarrt in ihn. Sie schauten jeden Tag bei mir vorbei, oder ich schob den Kinderwagen durchs Dorf und besuchte sie. Meine Welt drehte sich nur noch um Thomas. Sein dunkles Haar und seine braunen Augen erinnerten mich an Rodrigo, aber während der als Neugeborener an seinem kranken Körper hatte leiden müssen, war Thomas kerngesund und lachte, sobald man ihn anschaute.

Mein Glück hätte perfekt sein können, wenn Mutti nicht plötzlich krank geworden wäre.

Es sah nach einer normalen Grippe aus. Dann erlitt sie einen Herzinfarkt. Gerti fand sie morgens leblos auf ihrer Couch. Sie starb im November 1992.

Wehrlos versank ich in eine tiefe Depression. Warum starben die liebsten Menschen und ließen mich zurück? Der Verlust war unerträglich. Selbst wenn es bitterkalt war, ging ich zum Friedhof.

Nur noch mein Sohn konnte mich zum Lächeln bringen. Auf ihn richtete ich meine ganze Liebe und Aufmerksamkeit. Gleichzeitig erinnerte er mich an alles, was mir je widerfahren war. Durch ihn kam mir meine Vergangenheit deutlicher denn je zu Bewusstsein. Ob auch ich als kleines Baby geliebt worden war? Ob meine Mutter, die nicht einmal meine leibliche Mutter ist, mich genauso umsorgt hat? Ob sie einen Unterschied zwischen Senaé und mir gemacht hat? Wir beide tranken von derselben Brust. Warum hatte meine richtige Mutter mich auf die Schwelle unseres Hauses gelegt? Warum hat Dona Iracema mich nicht bei sich behalten? Und später, als ich geschlagen und gequält wurde! Warum ist niemand eingeschritten? Wie konnte alle Welt es zulassen, dass unser Vater seine Kinder mit brutalen Schlägen traktierte? Wie hatte man zusehen können, wie unsere kleinen Seelen zerstört wurden? Niemals würde Thomas so etwas passieren. Niemals sollte jemand wagen, ihn zu schlagen. Aus den Tiefen meiner Erinnerung brachen die alten Geschichten hervor. Wenn ich meinen Vovô und Émile nicht gehabt hätte, dann wäre ich zerbrochen. Sie haben mich gerettet. Ohne sie wäre ich jetzt nicht hier. Ohne sie wäre ich keine Frau geworden, die in einer fremden Welt bestehen kann. Aber wie weit war ich wirklich schon gekommen? Warum verfolgte mein Vater mich noch immer? Warum tauchte er in meinen Träumen auf? Und warum hatte ich seit Jahren die Beerdigung meines Großvaters vor Augen, obwohl ich gar nicht an ihr teilgenommen hatte? Immer wieder der gleiche Traum! Mein Vovô sieht so friedlich aus. Auf seinem Schoß liegt seine Hängematte, das Fischernetz, das er selbst geknotet hat, seine Kleidung und viele wunderschöne Blumen. Die Trauergäste versammeln sich zum Abschiednehmen. Jeder will seine Stirn und seine Füße küssen. Manche klagen und weinen. Dann schließt Vater den Sarg. Meine Brüder legen ihn für seine letzte Reise ins Kanu.

Als die Trauergemeinde in die Boote steigt, um zum Friedhof zu paddeln, entscheidet mein Vater, dass ich nicht mitfahren darf. »Du bleibst hier!« Meine kurze rote Hose sei eine Respektlosigkeit. So dürfe ich nicht dabei sein. Weit und breit gibt es keine lange Hose für mich. Ich verstecke mich in einem anderen Kanu. Am Friedhof beobachte ich von weitem, wie sie Vovôs Sarg in das Grab hinablassen. Alles ist voller Blumen. Aber ich kann mich nicht von meinem geliebten Vovô verabschieden.

Wenn die Milch aus meinen Brüsten floss und Thomas zufrieden trank, konnte ich vor Rührung in Tränen ausbrechen. Ich dachte daran, wie sich damals, nach der Geburt meines ersten Sohnes, die Milch gestaut hatte und wie ich mich hilflos in der Hängematte meinem Schicksal hatte ergeben müssen. Das war zehn Jahre her, und noch immer versetzte mich die Erinnerung an Dona Iaras einfache Hütte, an den Geruch von frischer Farbe und an die Hilflosigkeit eines dreizehnjährigen Mädchens in tiefe Trauer.

Werner litt unter meiner Schwermut und verbrachte immer mehr Zeit außerhalb des Hauses. Ich schnitt mein Haar kurz und schminkte mich nicht mehr. An das Tanzen dachte ich nicht einmal. Ich führte das Dasein einer Hausfrau und Mutter. Den Garten legte ich an, wie ich es von Mutti gelernt hatte. Hier konnte mein Sohn im Sommer seine ersten Gehversuche unternehmen und in der Sandkiste spielen.

Irgendwann konnte mein Mann es nicht mehr ertragen, dass ich meine gesamte Aufmerksamkeit unserem Sohn widmete. »Erinnerst du dich noch an den alten Mann auf dem Weinfest, gleich am ersten Wochenende nach deiner Ankunft?«, fragte er mich. »Er hatte mir etwas über ausländische Frauen gesagt.«

»Klar erinnere ich mich, aber ich habe ihn nicht verstanden. Nur etwas von Negerin, glaube ich. Damit meinte er wohl mich. Warum fragst du? Was willst du mir sagen?«

»Der Alte hatte vielleicht Recht. Er meinte zu mir: Wie viel hat die Negerin gekostet?«

»Gekostet? Ich? Und, was hast du ihm geantwortet? Wie teuer war ich?«

»Darauf habe ich natürlich nichts gesagt. Der Alte hat mir erzählt, dass er eine Thailänderin hatte. Die war billig.«

»Na super! So einer hätte auch keine Einheimische abge-kriegt.«

»Und dann hat er seine Erfahrung zum Besten gegeben. Scheint sich auszukennen. Er meinte, *oaba wann die erst mal länger hier sind, dann werden die in Oarsch*.«

»Verstehe! Du brauchst nicht weiterzureden.«

Eines Tages traf ich Ninka. Soraias Freundin hatte ich nie zu-vor gesehen, aber sie erkannte mich sofort. Wir begegneten uns bei einem brasilianischen Fest. Endlich gab es eine zweite Amazonense in Wien. Ich war begeistert. Die brasilianische Wirtschaftskrise hatte ihren österreichischen Mann und sie dazu veranlasst, nach Europa zu kommen. Doch auch hier waren sie mit einer Vielzahl von Problemen konfrontiert. Sie hatten nicht einmal eine geeignete Bleibe. In ihrer Not zogen sie vorübergehend zu uns und richteten sich zwei Kellerräume ein. Ninka war erst kürzlich Mutter geworden. Wir verstan-den uns auf Anhieb, und ihre Gegenwart heiterte mich ein we-nig auf. Über Gerti und andere Freundinnen besorgte ich ihr mehrere Putzstellen. Wenn sie arbeiten musste, kümmerte ich mich um ihr Baby. Ich hatte genug Milch für zwei.

Als Thomas groß genug war, nahm ich ihn auf dem Fahrrad mit. Er saß vor mir in seinem kleinen Korb und liebte es, wenn wir Ausflüge machten. Während wir durch den Ort ra-delten, erzählte ich ihm alles über seine Tante Gerti und seine Oma. Meistens sprach ich portugiesisch mit ihm. Ich wollte, dass er meine Muttersprache genauso lernte wie Deutsch. Es war ganz egal, was ich ihm erzählte, meistens lachte er mich an. Ich zeigte ihm den Friedhof, und schon bald konnte er das portugiesische Wort *avó* für Großmutter sagen. Ich gab ihm eine kleine Gießkanne, mit der er Muttis Grab besprenkelte. Aber weil er noch nicht sicher auf den Beinen war, plumpste er immer wieder hin. Wenn ich nicht andauernd von traumatischen Erinnerungen eingeholt worden wäre, hätte es ein schöner Sommer sein können. Der erste Sommer mit meinem Sohn. Stattdessen machten mir meine Stimmungstiefs das Leben schwer. Ich verschloss mich immer mehr, obwohl ich mich gern geöffnet hätte. Manchmal setzte ich dazu an, mir den Kummer von der Seele zu reden, aber dann bekam ich Angst, nicht richtig verstanden zu werden. Mein Mann konnte nicht begreifen, was in mich gefahren war. Nichts war wie zuvor. Die Geburt unseres Sohnes hatte mich verändert. Mit niemandem fühlte ich mich so verbunden wie mit ihm.

Natal

Im Winter entschlossen wir uns zu einer Brasilienreise. Meine Familie und Rodrigo sollten Thomas kennen lernen. Es war Weihnachten und meine Taschen voller Geschenke. Ich genoss meinen neuen Status als verheiratete Frau und Mutter. Werner filmte alles, was ihm vor das Objektiv kam. So vollzählig hatte ich meine Familie selten erlebt. Selbst Großmutter war aus dem Dschungel gekommen und saß den ganzen Tag schweigsam in ihrem Schaukelstuhl. Sie war eine greise Frau mit verhärmten Gesichtszügen geworden. Ich tauschte nur wenige Worte mit ihr. Meine Großmutter mütterlicherseits sah ich zum ersten Mal. Die kleine Frau hatte vierundzwanzig Kinder auf die Welt gebracht. Mutter erzählte mir, dass viele

Jahre vergangen waren, bis ein Teil ihrer Geschwister samt der Mutter sich in Manacapuru wiedergefunden hatten. Mutter hatte sich damals als Erste mit ihrem Mann, meinem Vovô und dessen Frau in ein Kanu gesetzt, um flussabwärts ein besseres Leben zu finden. Sie wollten so lange paddeln, bis sie eine Stadt erreichten, doch nach zwei Monaten waren sie ermattet, und der Proviant ging aus, deshalb siedelten sie sich in Parana do Paratari an. Dort war die Erde fruchtbar, und sie konnten Jute im Überschwemmungsgebiet anbauen. Jahre später hatte die Nachricht von dem glücklichen Ausgang ihres Unternehmens eine Schwester von Mutter erreicht. Tante Vera war ebenfalls in der Nachbarschaft sesshaft geworden.

Werners Videoaufnahmen wurden zur Attraktion, und jeder sprach etwas in die Kamera oder führte gar einen Tanz auf. Die Familie hatte weiteren Zuwachs bekommen. Nandos Kinder waren sehr häufig bei meiner Mutter im Haus. Auch Tonio tauchte auf. Er war inzwischen in Manaus verheiratet. Wir wechselten kaum ein Wort. Mir fiel auf, dass Francisca ihn mit ängstlichen Augen betrachtete. Immer wenn er etwas sagte, zog sich ihre Stirn in Falten. Sie versuchte ihm auszuweichen und verschloss sich noch stärker als sonst. Ob sie Angst vor ihm hatte? Hasste sie ihn gar? In meiner Familie schienen noch viele Ereignisse unerzählt zu sein. Tainá war inzwischen ein reifer Teenager und verdrehte den jungen Männern den Kopf. Sie hatte eine zarte Figur und spielte mit ihren Reizen. Zum Fest stellten wir einen Plastikbaum auf, den ich aus Österreich mitgebracht hatte. Am Abend wünschten wir uns *Feliz Natal* und umarmten uns. Mein Herz pochte, als mein Vater mir näher kam. Einen Moment lang spürte ich seinen Atem an meinem Hals und wünschte mir, es möge ganz schnell vorüber sein.

Später schaltete Tainá den Kassettenrecorder ein, und im Nu tanzten wir gemeinsam zu den neuesten Hits vom Amazonas. Fast jeder tanzte mit jedem, und selbst Mutter wiegte ihre Hüften zum Rhythmus der Musik.

Am nächsten Morgen saß ich mit Großmutter und Mutter im Hof. Werner kam mit der Videokamera aus dem Haus und filmte uns.

»Dreht euch alle drei zu mir! Drei Generationen in einer Aufnahme.«

Ich sah, wie er unsere Gesichter durch das Teleobjektiv betrachtete. Die Frage stand ihm ins Gesicht geschrieben.

»Nein. Du wirst keine Ähnlichkeit finden«, sagte ich und biss mir auf die Lippen.

»Stimmt, ihr seht wirklich sehr unterschiedlich aus.«

Ich stand auf und kümmerte mich um Thomas. Er vertrug die Hitze erstaunlich gut, aber ich machte mir Sorgen um seine Ernährung und die Qualität des Wassers. In einem kleinen Supermarkt an der Ecke hatte ich eine große Kiste Mineralwasser gekauft. Ich schüttete es in eine Wanne und badete meinen Sohn. Niemand konnte begreifen, warum ich das tat. Keiner in meiner Familie wäre auf den Gedanken gekommen, Wasser in Flaschen zu kaufen. Sie tranken aus dem Brunnen und im Dschungel sogar aus dem Fluss.

Rodrigo erkannte mich auf Anhieb wieder. Anfangs war er etwas schüchtern, aber dann fand auch er Gefallen an seinem Halbbruder. Die beiden beschäftigten sich mit den Spielsachen, die ich aus Österreich mitgebracht hatte. In Rodrigos Zimmer entdeckte Thomas das Feuerwehrauto. An vielen Stellen war die Farbe abgestoßen, und ein Stück der Leiter fehlte. Als Rodrigo ihm die Fernbedienung erklärte und sich das Auto auf seinen Knopfdruck hin in Bewegung setzte, lachte er vor Vergnügen.

Rodrigo ging bereits in die zweite Klasse und konnte schon gut lesen und schreiben. Er war ein aufgeweckter Junge. Aber bis er meine Handschrift entziffern konnte, würde sicher noch etwas Zeit vergehen.

Die jüngste brasilianische Wirtschaftskrise ging einher mit einer Währungsumstellung, durch die Millionen von Bürgern plötzlich vor dem Nichts standen. Wer sein Geld auf der Bank gehortet hatte, war über Nacht nahezu mittellos geworden. Auch Jânios Familie schien davon betroffen zu sein. Das Haus und der Garten machten bei genauerer Betrachtung einen vernachlässigten Eindruck. Ob sie ihre Ersparnisse verloren hatten? Als einzige Doméstica war ihnen die alte Maria geblieben. Und auch Dona Wauda machte einen weniger hochmütigen Eindruck als in früheren Tagen. Sie ließ mich ausreden und hörte mir sogar aufmerksam zu, wenn ich über das Leben in Europa sprach. Als mir die Ausmaße ihrer angespannten finanziellen Lage immer deutlicher wurden, machte ich einen Vorschlag.

»Ich möchte mich in Zukunft stärker an der schulischen Erziehung meines Sohnes beteiligen. Das sehe ich als meine Pflicht an. Was haltet ihr davon, wenn ich sein Schulgeld übernehme?«, fragte ich Jânio, als wir gemeinsam mit seinen Eltern auf der Terrasse saßen.

»Das wird nicht nötig sein«, antwortete er.

»Das weiß ich, aber ich würde es gern tun. Es wäre ein gutes Gefühl für mich, wenn ich mich wenigstens auf diese Art an seiner Ausbildung beteiligen könnte. Ich würde mich gern mit der Schule in Verbindung setzen und das Finanzielle klären.«

Sie überlegten ein Weile, und schließlich einigten wir uns auf meinen Vorschlag.

Angst

Thomas besuchte inzwischen den Kindergarten. Ich fragte Ailton, ob ich wieder im Ensemble tanzen könne. Er begutachtete mich und sprach unverblümt die Wahrheit aus.

»Sueli, du bist zu dick! Wenn wir dich in ein Sambakostüm stecken, laufen uns sie Leute davon.«

»Und als *Destaque*?«

»Wenn du dich damit zufrieden gibst.«

Als Destaque trägt man ein wallendes Gewand und bewegt sich leicht tänzelnd im Hintergrund. Diese Figuren gehören zu jeder Sambaaufführung und sind im Grunde genommen nicht viel mehr als ein Teil der üppigen Dekoration. Anfangs störte es mich nicht, derart unterfordert im Hintergrund zu agieren, aber dann kam es zu einem Wendepunkt. In unserem Haus gab es eine Spiegelwand. Eines Tages ging ich fast nackt an diesem Spiegel vorbei, betrachtete mich und erschrak. Was war aus mir geworden? Warum wirkte ich so unzufrieden? Wie ein unglücklicher Mensch, eine enttäuschte Hausfrau? Mein Gesicht strahlte Kummer und eine gewisse Härte aus. Meine Haare waren weder kurz noch lang, zu viel Speck saß auf meinen Hüften, und meine Beine waren rund und stämmig geworden.

»So geht es nicht weiter!«, rief ich meinem Spiegelbild entgegen. »Ich lasse mich nicht länger gehen! Die Schatten der Vergangenheit werden mein Leben nicht länger verdunkeln! Ich schaue in die Zukunft!«

In meinem Innersten mobilisierte ich ungeahnte Kräfte. Ich wollte stark und fröhlich sein! Für meinen Sohn und auch für mich selbst! Ich trainierte härter als zuvor. Neben den Tanzübungen nahm ich Gymnastikstunden und begann mit dem Dauerlaufen. Möglichst schnell wollte ich wieder Solos tanzen und die gesamte Palette der Auftritte absolvieren. Die Bühne und der Applaus des Publikums motivierten mich. Die bewundernden Blicke der Zuschauer taten meiner Seele gut. Die Shows brachten mich auf andere Gedanken. Während daheim zumeist eine angespannte Atmosphäre herrschte, konnte ich auf der Bühne und den anschließenden Partys allen Kummer für ein paar Stunden vergessen. Und zudem halfen die Gagen meiner Familie und auch meinem Sohn

Rodrigo. Jeden Monat erhielt er von mir sein Schulgeld, damit er, genau wie einstmals sein Vater, eine der besten Schulen in Manaus besuchte.

Unser Ensemble war inzwischen bis weit über die Landesgrenzen bekannt, und wir wurden sogar für eine Italien-Tournee gebucht. Mein Foto zierte die Plakate, und oft wurde ich ans Mikrofon gebeten, um Ansagen zu machen und das Publikum zu animieren. Bei vielen Auftritten lernte ich Prominente kennen, und ich wurde immer häufiger zu Empfängen und Partys eingeladen, auf denen die Reichen und Schönen sich ein Stelldichein gaben. Mir ging es gut, aber auf Dauer war mein Leben als Tänzerin schwer mit den Bedürfnissen eines kleinen Jungen zu vereinbaren. Wenn er nicht so unkompliziert gewesen wäre, hätte ich ein großes Problem gehabt. Aber so, wie er war, konnte er mich fast immer begleiten. Selbst nach Italien hatte ich ihn mitgenommen.

Thomas und ich fuhren mit der Bahn nach Wien. In der letzten Reihe saßen mir einige angetrunkene Männer gegenüber. Sie sprachen im breitesten Wienerisch und machten sich gegenseitig auf mich aufmerksam.

»Heasd, is des ned de Oide, de Jugohur von letzta Wochn?«

»Jo kloa, des is.«

»Waast no, de homma in Oasch pudat.«

»Und sie is drauf gschdaundn.«

Sie lachten und grölten, und mein Herz klopfte bis zum Hals. Thomas saß in der Karre und schaute mich an, als spüre er meine Angst.

»Heasd, Oide, red'st nimma mid uns. Soi ma di no amoi pudan?«

Mir wurde heiß. Sie waren sehr nah. Ihr Biergeruch stieg mir in die Nase. Nur eine Sitzreihe entfernt saß ein Pärchen. Sie schauten weg. Ich warf einen prüfenden Blick nach hinten. Der Wagen war gut gefüllt, aber niemand schien sich für die pöbelnden Männer und mich zu interessieren.

»I red' mit dir, Jugohur. Oder kaunsst ka Deitsch? Du Deitsch vaschtehn?«

Ich stand auf und ging zur Tür. Auch wenn wir unser Ziel noch lange nicht erreicht hatten, stand ich auf. Warum hielt die Bahn nicht endlich an? Wann kam die nächste Station? Zu meinem großen Schrecken folgten mir drei der Männer. Ich schob Thomas nah an die Tür und versuchte ihn abzuschirmen. Er weinte. Warum bremste der Zug nicht endlich? Ich drehte den Männern meinen Rücken zu.

»Schau da den Oasch au. Heasd, dea Oasch is a Waunsinn.«

Zuerst roch ich seine Alkoholfahne, dann fühlte ich etwas an meinem Hintern. Ich drehte mich um. Er war nur eine Handbreit von mir entfernt.

»Lassen Sie mich in Ruhe. Bitte!«

Ihr Gelächter war furchtbar.

»De Oide red't io do wos.«

»Wir haben Ihnen nichts getan. Sie sind betrunken«, sagte ich und merkte im selben Moment, dass dies nicht die passenden Worte waren.

»Mir saufn, waunn mir woin, is des kloa. Du hosd do goa nix zum sogn. Geh ham, waun da do wos ned passt.«

Endlich hielt der Zug. Die Tür öffnete sich, und im selben Moment fühlte ich den Stoß. Ich stolperte, versuchte mich zu fangen, aber schon fiel ich auf die Kinderkarre und stürzte. Thomas kippte heraus und schrie. Ich rappelte mich auf, nahm ihn in den Arm und weinte. Die Männer grölten. Dann schlossen sich die Türen. Meinem Sohn war nichts passiert. Zumindest waren keine sichtbaren Wunden zu erkennen.

Aber von diesem Tag an sprach ich außerhalb unseres Hauses kein Wort Portugiesisch mehr mit ihm, und ich fuhr nie wieder mit der Bahn. Wenige Wochen später besaß ich einen Führerschein. Das Fahren fiel mir leicht. Es kam mir zugute, dass Émile mich schon als Elfjährige hatte fahren lassen, und später hatte ich Jânio gelegentlich überredet, mir das Lenkrad zu überlassen. Wenn Werner mir sein Auto gab, fühlte ich mich frei und sauste stundenlang durch die Landschaft. Morgens brachte ich Thomas zum Kindergarten, und nachmittags holte ich ihn wieder ab.

Helfen

Thomas saß mit Ninkas Sohn in der Sandkiste. Er und Daniel gruben mit bunten Plastikschaufeln tiefe Löcher, gossen Wasser hinein und spielten mit der breiigen Masse. Der Matsch glitt durch ihre Finger, die immer wieder neue Häufchen formten. Dabei unterhielten sie sich in einer mir unverständlichen Fantasiesprache, und es ging weder um Fragen und Antworten noch um einen Dialog. Jeder brabbelte vor sich hin. Vielleicht teilten sie dem Sand und dem Wasser etwas mit. Offenbar bestand aber ein gewisses Einverständnis über die weitere Vorgehensweise beim Umpflügen und Fluten der Sandkiste. Unsere beiden Jungen haben es gut! Bei diesem Gedanken durchlief mich ein wohliger Schauer. Mein Sohn ist glücklich! Auch Rodrigo wusste ich in guten Händen. Und mein erster Sohn? Lucas? Ich dachte nicht mehr so häufig wie früher an ihn, aber es gelang mir nicht, den Kummer um ihn gänzlich zu verdrängen. Hoffentlich hatte auch er ein gutes Leben.

Aber was war mit den vielen Millionen Kindern auf der Welt, die unter widrigen Umständen litten? Seitdem ich Thomas an meiner Seite hatte und mir meine eigene Kindheit ständig quälend vor Augen stand, wünschte ich mir nichts sehnlicher als Glück und Zufriedenheit für alle. Manchmal erschreckte mich die Naivität meiner Gedanken, wusste ich

265

doch genau, dass dieser fromme Wunsch fern aller Realität
war. Wenn ich nur an die vielen Probleme in meiner Heimat
dachte! Dort wurden Kinder tagtäglich vor den Augen anderer ausgebeutet, verstoßen und misshandelt, ohne dass sich
jemand daran störte. Erst wenn sich die Verletzungen nicht
mehr übersehen ließen und das kleine Wesen dem Tod näher
als dem Leben war, versuchte man hier und da den Peinigern
Einhalt zu gebieten. Ich dachte an Dona Chica. Als ich kopfüber und mit ausgeschlagenen Zähnen an der Kokospalme
hing, kam die alte Nachbarin herüber und wies meinen Vater
zurecht. Aber wie viele andere Nachbarn hatten zuvor jedes
Mal tatenlos zugesehen, wenn er uns quälte! Wie viele sahen
immer noch tatenlos zu! Wie viel Gewalt wird mein Vater
meinen anderen Geschwistern angetan haben, und was tut er
heute vielleicht noch immer seinen Enkeln an? Es war zum
Verzweifeln. Etwas musste geschehen! Ich musste helfen! So –
weit es in meiner Macht stand, wollte ich dazu beitragen, das
Leid ein wenig zu mildern. Die beiden Jungen in der Sandkiste
gaben den Anstoß.

Gemeinsam mit einigen Tänzern und Musikern aus unserem Ensemble gründeten wir einen gemeinnützigen Verein.
Unser Ziel bestand darin, benachteiligten Kindern in Brasilien zu helfen. Wir konnten unser privilegiertes Leben in Europa dafür nutzen, Spenden zu sammeln und an die Bedürftigen weiterzuleiten. Wir hatten hundertfach gespürt, wie gut
wir beim Publikum ankamen. Die Zuschauer schienen sich
nicht nur für unsere gewagten Kostüme und unsere kreisen-
den Hüften zu interessieren, sondern stellten immer häufiger
auch Fragen nach dem Leben in Brasilien. Nicht selten sprachen uns auch Menschen an, die schon selbst dorthin gereist
waren und die Armut in den Favelas, wenn auch nur aus
der Ferne, mit eigenen Augen gesehen hatten. Ein Teil des Ensembles trat immer häufiger auch für karitative Zwecke auf.
Wir veranstalteten Shows und Tombolas und forderten das
Publikum zu Spenden auf. Es zeigte sich bereitwilliger, als wir

es uns hatten träumen lassen. Besonders zur Weihnachtszeit schienen die Menschen dankbar zu sein, wenn sie ihr eigenes Vergnügen mit einem nützlichen Zweck verbinden konnten. Wir nahmen Kontakte zu verschiedenen Kinderprojekten auf, und ich plante, so bald wie möglich mit einem anderen Vereinsmitglied nach Rio und São Paulo zu reisen, um die Projekte zu begutachten.

Wir trafen eine Menge Vorbereitungen. Man hatte uns gesagt, dass die Straßenkinder dringend wärmende Schlafsäcke benötigten. Während in Europa der Frühling in voller Blüte stand, wurden die Nächte am Zuckerhut und in São Paulo empfindlich kühl. Wir baten sämtliche Kaufhäuser und Sportfachgeschäfte in Wien und Umgebung um Unterstützung und stießen auf große Resonanz. Bald hatten wir einen enormen Fundus angesammelt, und die brasilianische Fluggesellschaft Varig erklärte sich bereit, unsere Hilfsgüter kostenlos zu transportieren. Unser Verein richtete in Brasilien ein Konto ein und überwies die Geldspenden.

Als es endlich so weit war, stieg meine Nervosität. Nie zuvor war ich in Rio gewesen. Genau wie die ausländischen Touristen hatte ich die Bilder von der Copa Cabana und vom Karneval im Kopf. Wir landeten morgens um fünf und wurden von einem grauen Himmel begrüßt. Das Thermometer zeigte zehn Grad. Am Flughafen erwartete uns der Mitarbeiter eines Straßenkinderprojektes. Er war sichtlich erfreut über die vielen Schlafsäcke, die wir gemeinsam in einen Transporter luden. Unsere Fahrt führte zu den Hügeln von Rio de Janeiro. Die Armen hatten sich oberhalb der Stadt angesiedelt. Die jüngsten Favelas bestehen aus primitiven Hütten, die kaum einen Regenguss überstehen und nicht selten zu Tal geschwemmt werden. In den älteren Armenvierteln gibt es dagegen stabiles Mauerwerk und regenfeste Wellblechdächer. Unser Ziel waren die Schlafplätze der Straßenkinder. Die Kleinen hatten nicht einmal ein Dach über dem Kopf, keine Familie, keinen Ort, der die Bezeichnung »Zuhause« verdiente. Zunächst verstand ich nicht, warum wir an einer Stelle hielten, an der weit und breit kein bedürftiges Kind zu sehen war. In der Morgendämmerung sah ich einen langen Zaun, der an die Absperrung eines Fabrikgeländes erinnerte. Im Transporter befand sich eine Schubkarre, und Manuel, der brasilianische Mitarbeiter, belud sie mit einem Dutzend Schlafsäcken.

»Kommt mit, ich zeige euch, wo die Kinder sind.«

Er reichte mir einen langen Holzstab. Das Unternehmen wurde immer rätselhafter.

»Hier vorn ist der erste Platz.«

Bis auf ein kleines Loch im Boden war nichts zu entdecken. Er nahm den Stab und stieß vorsichtig hinein.

»*Oi crianças!* Guten Morgen, Kinder! Ich bin es, Manuel. Wacht auf! Wir haben euch etwas mitgebracht.«

Wir schauten Manuel fragend an.

»Das Loch liegt oberhalb eines Entwässerungskanals der Fabrik. Nachdem das Kühlwasser durch die Maschinen gelaufen ist, hat es eine ziemlich hohe Temperatur. Es erwärmt sogar den Boden oberhalb der Leitung. Da unten ist es einigermaßen auszuhalten.«

Ein Junge kam aus dem Loch gekrochen. Er sah erschöpft aus und blinzelte ins trübe Tageslicht. Es folgten zwei weitere Jungen und schließlich ein kleines Mädchen. Es war nicht älter als drei oder vier und trug einen Pyjama. Manuel reichte ihnen etwas zu essen und machte uns ein Zeichen, damit wir die Schlafsäcke verteilten.

Ich konnte meinen Blick nicht von der Kleinen lassen. Sie hatte dunkle Locken, die ein wenig verfilzt in ihr Gesichtchen fielen. Sie schaute uns aus müden Augen an.

»Bitte schön! Der ist für dich!«, sagte ich. »Damit hast du es schön warm. Wie heißt du, meine Kleine?«

»Rainha.«

»Ein schöner Name!«

Das Mädchen lächelte, und in meiner eigenen Müdigkeit nach der langen Reise stellte ich mir vor, es in ein Hotel mitzunehmen, unter die Dusche zu stellen und an meiner Seite unter einer flauschigen Decke zu wärmen, in den Schlaf zu wiegen.

Manuel zeigte uns unterschiedliche Schlafstätten, von denen die meisten an stinkenden Wärmequellen lagen. Erst gegen Mittag brach die Sonne durch den Dunst, und es wurde angenehm mild. Später steuerte er den Wagen durch eine Favela, und mich beschlich das Grauen. Nie im Leben hätte ich hier einen Schritt allein zurücklegen wollen. Diese Welt war mir fremder als alles, was ich bisher gesehen hatte. Die Armenviertel von Manaus waren im Vergleich dazu eher klein und unscheinbar. Hier schien das Elend kein Ende zu nehmen. An manchen Straßenecken sah ich Kinder beim Klebstoffschnüffeln. Sie hielten sich eine Tüte vors Gesicht und atmeten die Dämpfe ein. Die Hoffnungslosigkeit dieses Anblicks traf mich wie ein Faustschlag. Wenn ich mir vorstellte, wie in diesem Umfeld die Gewalt tobte, Halbwüchsige sich in Banden formierten und Drogenkriege austrugen, junge Mädchen sich prostituierten und das Überstehen jedes einzelnen Tages zum Lebensmotto wurde, dann schnürte es mir die Kehle zu. Das kleine Mädchen Rainha ging mir nicht aus dem Kopf. Ihr Name bedeutet Königin. Wieso musste ein dreijähriges Kind in einem Erdloch hausen? Was war los in meiner Heimat? Warum gab es so viel Armut, wo das Land doch so reich war? Die Orte des Jetset, die ich in den Telenovelas gesehen hatte, befanden sich nur einen Steinwurf von hier entfernt. Was sollte aus Rainha werden? Ich kämpfte gegen meine Tränen. Endlich setzte Manuel uns vor einem einfachen Hotel ab. Morgen würden wir Geld von der Bank holen und es persönlich bei einem anderen Kinderprojekt abgeben. Dann führte uns die Reise nach São Paulo, wo wir den Bau eines Hauses für Straßenkinder unterstützten.

Die Mega-Metropole wirkte wie ein gefräßiges Ungeheuer. Sie verschlang die Schwachen und wucherte unkontrolliert in alle

Richtungen. Die Stadt war ein erneuter Schock für mich. São Paulo hatte nicht viel gemein mit dem beschaulichen Manaus. Ohne unsere Kontaktpersonen hätte ich mich hier kaum zurechtgefunden. Ich fühlte mich unsicher und verloren. Jeder sprach von der Gewalt und der Verrohung, die in bestimmten Stadtvierteln herrschte. Wenn ich daran dachte, dass Luara und Senaé hier ein Jahr lang gelebt und in einer Fabrik am Fließband gearbeitet hatten, dann wunderte es mich jetzt nicht mehr, dass sie damals nach Einbruch der Dunkelheit vor lauter Angst nicht auf die Straße gegangen waren. Außerdem hatten sie über die Kälte geklagt. Auch mich fröstelte es. Ich erlitt, aus dem europäischen Hochsommer kommend, einen regelrechten Temperatursturz. Die schlechte Luft tat ein Übriges. In nicht allzu ferner Zukunft soll São Paulo zur größten Metropole der Welt angewachsen sein. Wie gut, dass ich dort nicht leben muss!

Das Hilfsprojekt für Straßenkinder war in einem guten Zustand. Zwei Sozialarbeiterinnen begrüßten uns und zeigten uns das Haus. Den Kindern bot es einen geschützten Ort zum Leben, ausreichend zu essen und Zukunftsperspektiven außerhalb von Gewalt und Kriminalität. Mit unseren Spenden ermöglichten wir die Erweiterung des Angebots. Es sollte eine Schneiderei, eine Tischlerei und eine Großküche gebaut werden.

Ich dachte an meine Söhne. Hier gab es eine Menge Jungen in Rodrigos Alter, und einige waren kaum älter als Thomas. Bis vor kurzem hatten sie auf der Straße gelebt. Manche hatten Müll sortiert und sich ein paar Münzen verdient, die meisten hatten bereits einschlägige Drogenerfahrungen. Viele waren in kriminelle Machenschaften verwickelt. Ihre Gesichter wirkten, trotz ihrer jungenhaften Züge, viel zu reif und erwachsen. Die Kinder hatten für uns einen Capoeira-Tanz vorbereitet, und ich war überrascht von ihren akrobatischen und tänzerischen Fähigkeiten. In Europa hätten sie damit sofort vor einem großen Publikum auftreten können.

Unsere Hilfe ging an drei verschiedene Häuser für Straßenkinder. Eines kümmerte sich um die Versorgung aidskranker Kinder. In unserem Gepäck befanden sich spezielle Medikamente, die wir in Wien gesammelt hatten. Hier waren sie bei der richtigen Adresse gelandet.

In der Nacht konnte ich kaum schlafen. Die Sozialarbeiterinnen hatten uns von dem Ausmaß der Erkrankungen und der Bedürftigkeit erzählt. Unser Geld war eine enorme Hilfe für die Kinder, doch allzu oft erschwerten bürokratische Hürden die Arbeit der Projekte. Unser Engagement war nur ein Tropfen auf den heißen Stein. Stundenlang wälzte ich mich im Bett hin und her und grübelte über weitere Aktionen zur Unterstützung der Bedürftigen. Angesichts dieses Elends erschien mir mein eigenes Schicksal weniger schwer und mein Leben in Europa wie das Dasein im Paradies. In den folgenden Tagen machte ich eine Menge Fotos. Die Kinder stellten sich mit Tafeln vor die Kamera, auf die ich in deutscher Sprache Dankesworte an besonders großzügige Spender geschrieben hatte. Ich flog zurück mit dem schönen Gefühl, etwas Sinnvolles zu leisten.

Daheim versuchte ich auch meinem Sohn zu vermitteln, unter welchen Bedingungen viele Kinder in Brasilien leben mussten. Eines Tages, wenn er alt genug ist, werde ich ihn mitnehmen, damit er es mit eigenen Augen sehen kann.

Nach meiner Rückkehr verstärkte ich mein Engagement. Weiterhin stifteten wir das Publikum unserer Tanzshows an, sich finanziell für Straßenkinder in Brasilien einzusetzen. Mit den Eintrittskarten verteilten wir Informationsmaterial und baten um Spenden. Während unserer Auftritte übernahm ich die Animation und wies immer wieder auf den Zweck der Veranstaltung hin. Den Menschen gefiel es, wie ich mit ihnen sprach. Sie mochten meinen Akzent, der in Verbindung mit einem Wiener Einschlag mein Deutsch angeblich unwiderstehlich machte. Zunächst feuerte ich die Zuschauer zum Mittanzen an. Ich zeigte ihnen die einfachsten Sambaschritte, erklärte ihnen unsere farbenprächtigen Kostüme mit dem Federschmuck und streute aufregende Tanzpassagen in wildem Tempo ein. Dem Sambarhythmus konnte sich auf Dauer niemand entziehen. Später erzählte ich ihnen etwas über meine Heimat, in der es neben der Copa Cabana und dem Karneval noch viele andere Sehenswürdigkeiten gibt. Dann betonte ich die Schattenseiten und die besondere Problematik der Straßenkinder. Meistens fand ich mein Foto am nächsten Tag in der Zeitung. Den Fotografen kam es häufig darauf an, möglichst viel Haut zu zeigen, und einmal fand ich als Motiv nur mein von einem Tanga bedecktes Hinterteil. Aber das war mir egal, solange sie auch über die Hilfsprojekte berichteten.

Tainá

Die Zeit war gekommen, um ein altes Versprechen einzulösen. Als ich wieder einmal für unsere Initiative in Brasilien war, buchte ich einen Anschlussflug nach Manaus. Ich hatte mein Kommen nicht angekündigt, um ohne großes Aufsehen nach Manacapuru fahren zu können. Ich wollte nicht lange bleiben. Eine Trennung von Thomas konnte ich maximal zwei Wochen ertragen, dann wurde ich verrückt vor Sehnsucht nach ihm.

Tainá quietschte vor Freude über meinen Vorschlag, mich nach Europa zu begleiten. Ich erledigte in Rekordzeit alle Passformalitäten und kaufte ihr ein Ticket. Dann verbrachte ich drei wunderbare Tage mit Rodrigo. Auch wenn wir uns nur selten sahen – wir hatten ein inniges Verhältnis zueinander, und ich spürte eine Verbundenheit, die von Mal zu Mal stärker wurde. Ich war zu seiner fernen Vertrauten geworden. Jânio war noch immer ledig. Entgegen allen brasilianischen Gepflogenheiten schien er nicht daran zu denken, eine Familie zu gründen. Immer noch lebte er im Haus seiner Eltern, wo Dona Wauda unverändert das Zepter schwang.

Tainá blickte optimistisch in die Zukunft. Bei der Ankunft in Wien gab sie allen mutig die Hand und versuchte die Begrüßung sogar auf Deutsch. Wenn sie in Europa zurechtkam, würde sie hier ein besseres Leben haben als daheim in Manacapuru. Für Thomas sollte sie eine Vertraute werden. Neben seiner geliebten Tante Gerti hatte er nun auch noch eine brasilianische Tante an seiner Seite. Und ich hatte eine Schwester in meiner Nähe und konnte beruhigt meiner Arbeit nachgehen.

»Warum habe ich keine Oma und keinen Opa? Alle Kinder im Kindergarten haben welche.«

»Aber Thomas, natürlich hast du Großeltern. Das weißt du doch. Sie leben in Brasilien am Amazonas. Dein Opa ist ein Indianer. Und du hast sogar eine Urgroßmutter.«

»Aber hier habe ich keinen Opa. Die anderen Kinder werden von ihren Omas und Opas vom Kindergarten abgeholt. Und sie bekommen zum Geburtstag tolle Geschenke.«

»Ich weiß, mein Schatz. Erinnerst du dich nicht, was ich dir erzählt habe? Deine österreichische Oma ist gestorben, als du ein Baby warst. Du warst ihr kleiner Prinz. Und deshalb fahren wir beide immer auf den Friedhof und gießen die Blumen auf ihrem Grab. Dein österreichischer Opa ist schon lange tot. Ihn habe ich auch nicht mehr kennen gelernt.«

»Ich will einen Opa!«

Thomas hörte nicht auf, darüber zu sprechen. Und ich wusste nur zu genau, wie wichtig ein Großvater ist. Ich dachte mir die tollsten Dschungelgeschichten aus, verkleidete mich als Indianerin, und immer häufiger kam mein Vater in diesen

Erzählungen vor. Ich idealisierte für Thomas den Mann, der mir das Leben zur Hölle gemacht hatte. Allmählich wurde aus ihm ein liebenswerter, mit allen Wassern gewaschener Jäger und Fischer, der die Gesetze des Urwalds kannte und achtete. Am Schluss konnte er sogar zaubern. War er aber böse und hatte man ihn gereizt, dann steckte er die unartigen Kinder in eine Maniokpresse, wo sie als winzige Zwerge wieder herauskamen. Stundenlang spielten wir zusammen, und Werner behauptete, man könne nicht sagen, wer von uns beiden das Kind sei. Mal stachen wir unser Remo ein und paddelten über den Amazonas, dann verjagten wir Anakondas oder fingen Brüllaffen ein. Ich erzählte Thomas beinahe täglich Geschichten über indianische Magie, und er berichtete stolz im Kindergarten darüber. Am Ende waren die Kleinen sogar davon überzeugt, auch ich könne zaubern.

Aber keines meiner Verkleidungs- und Verwandlungsspiele konnte darüber hinwegtäuschen, dass er keine Großeltern vor Ort hatte. Er tat mir Leid.

Scherben

Es war schön, Tainá in der Nähe zu haben. Manchmal war sie wie ein Spiegelbild, das mich an meine ersten Schritte in Europa erinnerte. Stundenlang saß sie vor dem Fernseher und schaute sich Sendungen an, die sie nicht verstehen konnte, blätterte in Zeitschriften, die sie nicht lesen konnte, und staunte über den allgegenwärtigen Reichtum. Es gab keine Armensiedlungen, man konnte die Tür offen stehen lassen, ohne ausgeraubt zu werden, das Wasser kam klar, frisch und auf Wunsch sogar warm aus der Leitung. Schwitzen wurde zu einem Zustand, der langsam aus ihrer Erinnerung schwand, und Kleidung und Schuhe spielten plötzlich eine wichtige Rolle. Aber in vieler Hinsicht empfand Tainá anders, als ich die ersten Wochen in Österreich erlebt hatte. Sie erzählte mir fast täglich, dass ihr das Essen nicht schmecke und dass es in Brasilien das leckerste Obst und Gemüse gebe. Das schlechte Wetter machte sie mir persönlich zum Vorwurf, und selbst die Musik sei unerträglich. Ohnehin sei alles Brasilianische besser, und die Männer seien charmanter. Mit der Zeit steigerte sie sich in diese negative Haltung hinein. Wenn sie Entscheidungen treffen musste, verließ sie sich auf mich. Ohne meinen Rat wirkte sie orientierungslos. Wenn ich sie nicht aus dem Haus lockte, konnte sie sich tagelang abkapseln, ohne auch nur aus dem Fenster zu schauen. Allein traute sie sich nicht vor die Tür. Zu meiner Verwunderung unternahm sie auch keinen Versuch, die fremde Sprache zu erlernen. Es dauerte Monate, bis sie zum ersten Mal allein einkaufen ging. Im Winter war es besonders schlimm. Dann saß sie den ganzen Tag neben dem Heizkörper und schaute ungläubig auf das Thermometer, das außen vor dem Fenster hing. Susi konnte es nicht fassen, dass wir Schwestern sind. Um Tainá ein wenig Abwechslung zu verschaffen, nahm ich sie zum Tanzen mit. Dort entwickelte sie einen gewissen Ehrgeiz, und nach einigen Monaten standen wir zum ersten Mal gemeinsam auf der Bühne. Auch wenn sie häufig unsicher wirkte, gab Tainá mir doch ein Gefühl von Sicherheit. Trotz aller Probleme stärkte sie mein Selbstbewusstsein, wenn sie in der Nähe war.

In meiner Ehe kam es immer häufiger zu Streitigkeiten. Wenn unsere Stimmen lauter und aggressiver wurden, nahm Tainá Thomas an die Hand und ging mit ihm zu Gerti. Ich wollte nicht, dass er Zeuge unserer Auseinandersetzungen wurde. Stunden später, wenn Werner üblicherweise das Haus verließ, um dem immer gleichen Ritual von Vorwürfen, Verzweiflung und Unverständnis aus dem Weg zu gehen, rief ich sie an, damit sie zurückkamen.

Doch an einem Abend war der Streit heftiger als je zuvor. Noch ehe Tainá mit Thomas verschwinden konnte, war der Krach bereits zu einem wütenden Geschrei eskaliert. Werner hielt den Türgriff schon in der Hand, als er mir eine weitere Ungeheuerlichkeit entgegenschleuderte.

»Du bist ein Nichts. Du kannst nichts, und du hast nichts. Ohne mich stehst du mit leeren Händen da!«

Dann knallte er die Haustür hinter sich zu. Ich zitterte vor Zorn. Ich riss die Terrassentür auf und griff in rasender Geschwindigkeit nach allen Dingen, die ich in den letzten Jahren von meinem eigenen Geld angeschafft hatte. Ich trug alles nach draußen auf den Rasen. Ich nahm Bilder von den Wänden, schob das Sofa hinaus und plagte mich mit den schweren Kübelpflanzen ab, die unser Treppenhaus in einen tropischen Garten verwandelt hatten und von allem Besuchern bewundert wurden. Wie von Sinnen und schweißgebadet schleppte ich ein Möbelstück nach dem anderen hinaus.

»Sueli, nun hör endlich auf! Du hebst dir noch einen Bruch«, sagte Tainá, und Thomas schaute mich fragend an.

»Ich soll ein Nichts sein? Und ich soll nichts haben? Dem werde ich es zeigen.«

Bald wirkte das Haus wie ausgeraubt. Trostlos und leer. Erstaunlicherweise kam Werner nach kurzer Zeit zurück.

»Was ist hier denn los? Bist du jetzt total durchgedreht?«

»Schau dir an, wie es hier ohne meine Sachen aussieht! Mir gehört nichts, sagst du. Das alles habe ich gekauft. Und wenn ich könnte, würde ich die Kacheln von den Wänden reißen und die Kabel herausziehen. Die habe ich nämlich auch mit meinem Geld bezahlt.«

»Ich will, dass es hier in zehn Minuten wieder genauso aussieht wie vorher«, sagte er mit drohendem Unterton. »Du schleppst das ganze Zeug wieder hinein, sonst rufe ich die Polizei.«

»Die Polizei?«

»Dann sage ich denen, dass deine Schwester illegal in

Österreich lebt. Ihr Visum ist längst abgelaufen. Die wird man ganz schnell nach Hause schicken.«

»Du bist so gemein! Ich kann dich nicht mehr ertragen! Ich will dich nicht mehr sehen!«

»Dann verschwinde doch! Aber Thomas bekommst du nie. Dafür werde ich sorgen. Der Junge bleibt bei mir. Also, überleg es dir genau. Ich gehe kurz hinaus, und dann herrscht hier wieder Ordnung.«

Er verschwand, und ich heulte meinen Schmerz hinaus. Ich schrie wie von Sinnen und warf einen Teller gegen die Wand. Wie konnte er mir das antun? Allein die Vorstellung, er könnte mir Thomas wegnehmen, machte mich rasend. Vielleicht stimmte es. Ich war doch nur eine Ausländerin. Meine Rechte leiteten sich von meinem Ehemann ab. So dachte ich zumindest. Ich war für drei Personen verantwortlich und durfte nichts riskieren. Also musste ich mich wohl fügen. Darin war ich geübt.

»Mein Sohn bleibt bei mir!«, schrie ich durch das leere Haus, ohne daran zu denken, dass Thomas alles hörte. Ich zerrte an den schweren Pflanzenkübeln, um sie zurück ins Haus zu tragen. Aber mir fehlte die Kraft. Tainá versuchte mir zu helfen, aber selbst zu zweit brachten wir sie nicht von der Stelle.

»Sueli, du musst dich beruhigen«, sagte Tainá. Ich zitterte am ganzen Körper. Irgendwann nahm ich Susis Stimme wahr. Meine Freundin sprach zu mir wie zu einer Kranken.

»Sueli, was ist passiert?«

Ich zog weiterhin an den Möbeln und heulte. Mit letzter Kraft versuchte ich, die Couch ins Haus zu schieben, und brach zusammen. Unfähig, mich zu bewegen, lag ich auf dem Boden. Ich schmeckte Blut, das sich in meinem Mund sammelte. Ein Strom der Angst durchfuhr mich. Ich sah Susis entsetztes Gesicht.

»Sueli, was ist los? Was soll ich tun? Warum blutest du?«

»Meine Mutter«, stammelte ich.

»Deine Mutter?«

»Sie ist nicht meine Mutter.« Meine Stimme war nur noch ein fremdartiges Kratzen.

»Was redest du da? Sueli, bist du bei Sinnen? Schau mich an! Mein Gott, deine Augen sind ganz verdreht.«

Ich fühlte das kalte Wasser im Gesicht, spuckte aus, und Susi legte mich auf die Couch. Sie hielt ein Taschentuch an meinen Mund, das sich im Nu rot färbte. Mir tat nichts weh, aber die Angst ließ mich zum Spiegel rennen. Es war nichts zu sehen, keine Wunde, nur ein kleines Rinnsal, das aus meinem Rachen sickerte. Mir wurde erneut schwindelig, und wir fuhren ins Krankenhaus. Ich habe nur noch verschwommene Erinnerungen daran, wie wir dorthin gekommen sind.

Später erzählte mir Susi, ich hätte immer wieder etwas über meine Mutter gesagt, doch sie habe mich nicht verstanden. Wie alle anderen Freunde wusste sie nur sehr wenig über meine Vergangenheit. Alle stellten sich vor, ich sei eine Exotin mit etwas eigenwilliger Herkunft, die irgendwie dem Dschungel entsprungen war und in Manaus die Schule besucht hatte. Niemandem hatte ich die ganze Geschichte erzählt. Mit keinem Wort hatte ich erwähnt, dass ich als Neugeborenes vor die Tür einer Hütte gelegt worden war. Ich hatte nie über meinen Vater gesprochen. Keiner ahnte etwas von den Schlägen. Für sie hatte ich meine Zähne bei einem Sturz verloren. Meine Freunde kannten mich lachend, die strahlende Brasilianerin aus dem sonnigen Land, die so wunderbar tanzen kann. Niemand wusste, welcher Stein auf meiner Seele lastete, kannte die Dämonen, die mich immer wieder heimsuchten. Wie viele Abende hatte ich mit Susi verbracht! Wie oft hatten wir beim Heurigen zusammengesessen und unseren Spaß gehabt, wie oft über meine Eheprobleme gesprochen! Ich hatte ihr alles anvertraut, nur meine Vergangenheit nicht. Ich konnte es nicht. Etwas blockierte mich. Misshandlung, Vergewaltigung, heimliche Geburt eines Kindes im Alter eines Kindes, Abhängigkeiten, Armut und Verzweiflung. Ich wollte all das tief in mir begraben.

Am nächsten Morgen konfrontierte die Ärztin mich mit einer seltsamen Diagnose.

»Frau Kaiser, in Ihrem Rachen ist eine Ader geplatzt. So etwas geschieht sehr selten. Auch wenn man sich sehr erregt und laut schreit, kann das bei Erwachsenen eigentlich nicht passieren. Dazu muss ein enormer Druck auf die Ader wirken, es sei denn, es handelt sich um eine alte Verletzung, die aufgebrochen ist. Haben Sie als Kind schon einmal ein Problem damit gehabt?«

Sofort schossen mir die Tränen in die Augen. Ich nickte. Sie setzte sich neben mich und wartete darauf, dass ich meine Fassung zurückbekam.

»Ja ... damals ... da habe ich vor Schmerzen geschrien. Es blutete mehrere Tage, es kam nicht aus meinem zertrümmerten Kiefer, sondern von woanders her, aber die Ärzte in Brasilien konnten nichts feststellen.«

»Mit einem einfachen Röntgengerät ist das nicht zu erkennen. Vor etlichen Jahren schon gar nicht. Wie alt waren Sie damals?«

»Vielleicht zehn.«

»Es ist nicht schlimm. Sie können gleich nach Hause gehen. Dort schonen Sie sich eine Weile. Wenn die Blutung so lange nicht aufgetreten ist, wird es sicher auch nicht wieder passieren. Sie müssen sich gestern Abend sehr aufgeregt haben.«

Ich nickte erneut. Dann verabschiedete sie sich und ging zum nächsten Patienten. Im Flur des Krankenhauses stand plötzlich die Kokospalme, von der ein kleines Mädchen kopfüber herunterhing.

Vergebung

Hinterher konnte niemand mehr sagen, wer die Idee hatte. Anfangs wehrte ich mich lautstark, aber Tainá und Ninka redeten auf mich ein. Plötzlich wuchs, tief in meinem Innern, der sonderbare Wunsch nach Vergebung. Über dieses Gefühl wunderte ich mich so sehr, dass ich mit niemandem darüber sprach. Vielleicht würde Vergebung helfen. Vielleicht brächte es die Dämonen zum Schweigen. Vielleicht war auch alles gar nicht so schlimm, und ich bildete es mir nur ein. Vielleicht hatte er sich geändert. Vielleicht sollte ich wirklich vergeben. Vielleicht. Diese Gedanken verwirrten mich. Warum hatte Tainá nie von Schlägen gesprochen? Alle behaupteten, sie sei als kleines Mädchen sein Liebling gewesen. Hoffte ich nur auf ein Zeichen väterlicher Zuneigung? Wie war das möglich? Wie konnte ich diesen Gedanke überhaupt zulassen? Sein Blut floss in meinen Adern. Das hatte er nie angezweifelt. Ganz ohne Worte hatte ich das verstanden. Jeder wusste es, und niemand sprach darüber. Es gab sogar noch weitere Kinder, die er mit Dona Iracema gezeugt hatte. Auch wenn ich das alles wusste, konnte ich es mir kaum vorstellen. Meine Welt war so weit davon entfernt.

Zu meinem dreißigsten Geburtstag hatte Ninka alle meine Freunde und das gesamte Ensemble mobilisiert. Sie hatten eine große Party vorbereitet, und dann überreichten sie mir ihr Überraschungsgeschenk: ein Flugticket für unseren Vater. Er sollte nach Austria kommen. Im Frühsommer flog Ninka nach Manaus, um ihre Familie zu besuchen. Auf dem Rückflug würde sie meinen Vater begleiten. Einen Mann, der nicht daran glaubte, dass Menschen den Mond erkundet hatten, einen Mann, der nur wenige Male in Manaus gewesen war, einen, der eine Anakonda spüren konnte, lange bevor er sie sah, der aber beim Überqueren einer viel befahrenen Straße in arge Bedrängnis geriet. Dieser Mann sollte nun ein Flugzeug besteigen und nach Europa fliegen. Schon Wochen vorher raubte mir die Nervosität jeden Appetit. Mehrmals telefonierte ich mit Ninka, die sogar nach Manacapuru gefahren war, um meinen Vater persönlich auf das Unternehmen einzustimmen.

»Wie läuft es?«, fragte ich sie.

»Dein Vater ist nett, richtig charmant.«

»Nett!? Was heißt nett? Hat er dich gleich eingewickelt?«

»Nein, aber ich kann mir kaum vorstellen, dass er euch das Leben so schwer gemacht hat, wie du mir mal erzählt hast.«

»Er macht es mir immer noch schwer. Was sagt er zu der Reise?«

»Er ist begeistert und erzählt überall herum, dass sein Schwiegersohn ihn eingeladen hat. Er schwärmt regelrecht von Werner.«

»Sein toller Schwiegersohn! Die beiden sind irgendwie seelenverwandt, glaube ich.«

»Reg dich nicht auf. Hauptsache, Thomas lernt seinen Opa kennen. Ihr werdet schon mit ihm zurechtkommen.«

»Ich frag mich, ob das alles richtig ist.«

»Wird sich alles finden. Dein Vater hat Reisefieber und kann es kaum abwarten. Anscheinend ist er der Erste aus dem Dschungel, der es nach Europa schafft.«

»Nicht ganz.«

»Ach so, ja, entschuldige, aber für mich bist du eine Großstädterin aus Manaus.«

»Nein, auch ich komme aus dem Dschungel, und das werde ich nie in meinem Leben vergessen.«

Unser Vater trug eine verblichene Baumwollhose und ein einfaches Hemd. Sein Gepäck bestand aus einer mäßig gefüllten Plastiktüte. Er wirkte munter und neugierig, während Ninka vollkommen erschöpft aussah.

»*Bença, papai*«, sprach Tainá den verlangten Gruß und küsste seine Hände.

»Gott segnet dich«, sagte er.

Unser Vater lächelte, schaute von Tainá zu mir, und der Kloß in meinem Hals nahm mir die Luft zum Atmen. Ich wich ihm aus und beugte mich zu Thomas hinunter.

»Begrüße deinen Großvater! Sag es auf Portugiesisch, Thomas!«

Er schaute seinen Vovô mit großen Augen an, aber mein Vater beachtete ihn nicht, sondern wartete auf meine Reaktion.

Werner reichte ihm die Hand, und mein Vater drückte ihn. Er nahm ihn in den Arm, und erst jetzt merkte ich, wie klein er war. Er reichte meinem Mann nur bis zu den Schultern. Wieder schaute mein Vater mich an.

»*Oi, papai*«, sagte ich schließlich.

»*Oi, Sueli.*«

Er kam auf mich zu und umarmte mich.

Im Morgengrauen weckten mich laute Vogelstimmen. Noch im Halbschlaf glaubte ich zu träumen. War ich im Dschungel? Ich zog meinen Morgenmantel über und trat auf den Balkon. Ein blassgelber Streifen am Horizont kündigte den neuen Tag an.

Mein Vater stand barfuß und mit kurzer Hose auf dem Rasen und zwitscherte den hiesigen Singvögeln den Morgengruß ihrer südamerikanischen Verwandten vor. Gegen die Morgenkühle hatte er sich eine Decke um die Schultern gelegt. Er spähte in den Himmel, untersuchte das Gebüsch und stellte sich schließlich zum Pinkeln neben die Sandkiste. Es war noch keine fünf, und ich legte mich wieder ins Bett.

Zur Frühstückszeit war er nirgends zu finden. Tainá machte sich Sorgen und überredete Werner, ihn mit dem Wagen zu suchen. Schließlich fanden wir ihn inmitten der Weinberge.

Wie er unbeschadet die Fernbahnstrecke und die mehrspurige Hauptstraße überquert hatte, war uns ein Rätsel. Wir trafen ihn mit nichts weiter als seiner kurzen Baumwollhose bekleidet im Gespräch mit einem Winzer an, auf den er in Portugiesisch einredete. Es schien ihn nicht zu stören, dass der Fremde ihn nicht verstand.

Immer wieder lobte er unser Haus und betonte, wie schön Werner es gebaut und wie viel Geld er investiert habe. Diese Worte kannte ich nur zu gut, aber von meinem Vater, der nichts über diese Dinge wusste, hatte ich sie nicht erwartet.

Mit dem Essbesteck führte er einen ständigen Kampf, und auch sein unablässiges Ausspucken, selbst in der Wohnung, war ihm nicht auszureden. Thomas war darüber sehr erstaunt und in gewisser Weise fasziniert. Wenn sein Großvater nach dem Essen auf der Terrasse die Reste von den Tellern schabte, damit die nicht vorhandenen Hühner ihren Teil der Mahlzeit bekamen, beobachtete mein Kleiner jede seiner Bewegungen. Dass sein Großvater dabei ununterbrochen sprach, obwohl niemand in der Nähe war, musste auf Thomas wie eine Litanei aus unzähligen Zauberformeln wirken. Unser Vater schien jeden Gedanken laut zu formulieren. Er stand auf dem Rasen, betrachtete die Pflanzen und sprach. Mittags legte er sich in die Hängematte und schlief. Im Haus hielt er es nicht lange aus. Ständig war er im Ort unterwegs, spazierte durch unser Wohnviertel und weiter ins Gewerbegebiet. Im Ortskern suchte er Gasthöfe und Geschäfte auf. Einmal fanden wir ihn inmitten einer laut lachenden Runde fremder Männer. Er schien sich prächtig zu amüsieren. Ein Journalist schrieb sogar eine Reportage über den Amazonas-Indianer in Niederösterreich.

Am Abend saßen Werner und er meistens auf der Terrasse und tranken Bier. Wie die meisten Männer vom Amazonas trank er unglaublich schnell und hörte erst auf, wenn es keinen Nachschub mehr gab. Zunächst war ich darüber irritiert. Schließlich hatte ich dieses Trinkverhalten schon lange nicht mehr aus der Nähe gesehen. Aber dann machte ich mir einen Reim darauf. Gekühlte Getränke sind an den entlegenen Dschungelorten eine Seltenheit. Nur wenige Menschen besitzen einen Kühlschrank, mein Vater sicher auch nicht. Das Eis müssen die fahrenden Händler in Styroporkisten über große Distanzen transportieren. Kaltes Bier war in meiner Kindheit ein Luxus, den es nur an besonderen Feiertagen gab. Ich erinnerte mich an Vovôs alljährliches Fest zu Ehren des heiligen San Francisco. Die meisten Männer waren schon kurz nach der Ankunft betrunken, und nicht selten verleitete ihr Zustand sie zu handfestem Streit. Manches Mal hatte ich die Macheten aufblitzen sehen.

Am Wochenende machten wir einen Ausflug zum Schlosspark nach Laxenburg. Als mein Vater die Karpfen und Forellen in den Teichen sah, war er kaum zu bremsen. So viele Fische, und kein Mensch angelte! Er konnte es nicht begreifen, dass sich niemand dafür interessierte.

»Wir müssen morgen wiederkommen! Ich baue eine Angel, und dann haben wir frischen Fisch.«

»Aber Papai, das dürfen Sie nicht! Hier angelt niemand. Das sind Zierfische.«

»Was bedeutet das?«

»Sie sind nur zum Anschauen.«

»Fische zum Anschauen!? Was soll der Quatsch? Die sind doch echt. Sie schwimmen und sind fett.«

»Aber es ist verboten, sie zu fangen«, sagte ich.

»Und außerdem braucht man in Österreich einen Angelschein«, ergänzte Gerti, und ich übersetzte es rasch.

»Ich begreife das nicht. Dann komme ich halt in der Frühe, wenn keiner mich sieht.«

Ich zuckte mit den Schultern. Als später noch ein Rudel Rotwild unseren Weg kreuzte, fragte er Werner sofort nach einem Gewehr.

»Das ist Wilderei!«, sagte Werner, und ich hatte größte Mühe, ihm diesen Begriff zu erklären.

»Papai, wenn Sie erwischt werden, dann landen Sie im Gefängnis.«

Er starrte uns ungläubig und belustigt an. Ich versuchte mir vorzustellen, wie er das erlegte Tier durch den Ort schleifte, es auf unserer Terrasse zerlegte und am offenen Feuer zubereitete. Als er vor den Augen der anderen Spaziergänger geräuschvoll ausspuckte und sich später ungeniert zum Pinkeln an einen Baum stellte, wünschte ich mir, unsichtbar zu sein. Werner lachte amüsiert, und auch Tainá musste schmunzeln.

Als wir wieder daheim waren, fragte Papai nach einem scharfen Messer und verschwand in Richtung Weinberge. Wir hatten uns an seine Spaziergänge gewöhnt und hofften, er werde keinen Schaden anrichten. Er kam mit mehreren Ästen zurück und zeigte Thomas, wie man Pfeil und Bogen fertigt. Nachdem er dies vorgeführt hatte, versuchte er, meinem Sohn das Schießen beizubringen. Dabei redete er ununterbrochen auf ihn ein. Thomas schaute ihn nur fragend an. Mein Vater nahm ihn zwischen seine Beine und spannte den Bogen. »Hier musst du ziehen, dort peilst du das Ziel an! Deine Hand muss ruhig sein. Einatmen! Still halten! Schießen!« Thomas verstand kein Wort.

Mein Vater holte seinen Enkel auch einige Male vom Kindergarten ab. Wenn er dort auftauchte, versteckten sich die anderen Kinder und beobachteten den Indianer aus sicherer Entfernung. Seitdem Thomas' Opa im Ort war, hatte ihn kein Kind mehr geärgert oder gar geschlagen. Bald kannte jeder im Dorf meinen Vater. Thomas griff stolz nach seiner Hand.

Immer häufiger gingen Werner und Vater allein fort. Tainá und ich ahnten, was sie im Schilde führten. Entweder verbrachten sie den Nachmittag am Nacktbadestrand, oder sie besuchten eine Peepshow in Wien. Laut Werners Beschreibung war unser Vater ganz verrückt nach diesem Vergnügen. Für zehn Schilling öffnete sich kurz der Sehschlitz und gab den Blick frei auf eine sich räkelnde Frau. Tainá und ich malten uns aus, was er daheim am Flussufer wohl darüber erzählten würde.

Manchmal begleitete er uns zur Samba-Show. Vater war hingerissen von den Tänzerinnen, und besonders eine der Älteren, eine Frau, die sich in einem aufwändigen Kostüm im Hintergrund bewegte, hatte es ihm angetan. Mit ihrer frivolen Art traf sie genau seinen Geschmack.

Als ich zur Italientournee aufbrechen musste, war ich froh, dem häuslichen Rummel eine Zeit lang zu entkommen. Eine Woche tourten wir durch mehrere Städte an der Riviera und boten den Urlaubern eine temperamentvolle Show. Jeden Abend vor der Vorstellung rief ich zu Hause an. Am fünften Tag meldete sich Tainá am Telefon. Ihre Stimme verriet mir sofort, dass etwas Schlimmes geschehen war.

»Was ist los, kleine Schwester?«

»Nichts weiter.«

»Stimmt etwas nicht mit Thomas? Nun red schon.«

»Deinem Sohn geht es gut.«

»Was ist passiert? Vater?«

Schon hörte ich ihr Schluchzen.

»Was hat er getan?«

»Er hat mich geschlagen.«

»Was? Das darf doch wohl nicht wahr sein. Wie konnte er? Warum? Wieso? Schlimm?«

»Am Wochenende habe ich bei Carsten übernachtet, so wie immer. Ich hatte ihn doch schon länger nicht gesehen und mich so auf ihn gefreut. Als ich am Montag nach Hause kam, da hat Vater mich gefragt, wo ich war.«

»Und?«

»Ich habe ihm natürlich die Wahrheit gesagt.«

»Was ist das Problem?«

»Vater meinte, ich hätte ihn vorher fragen müssen. Schließlich bin ich nicht verheiratet.«

»Was bildet der sich überhaupt ein? Hat er dich schlimm geschlagen?«

»Nein, nur mit der flachen Hand ins Gesicht. Es hat nicht

wirklich wehgetan, aber es war ein Schock. Ich habe dieses Bild ständig vor Augen. Mir wird schon übel, wenn ich seine Stimme höre.«

»Der wird es nie kapieren! Das sollte er mal bei mir probieren! Dem würde ich die Augen auskratzen.«

»Du hast gut reden! Du bist in Italien.«

»Glaubst du, mir tut seine Gegenwart gut? Seitdem er da ist, habe ich Alpträume. Und neulich habe ich sogar ins Bett gepinkelt. Stell dir das mal vor! Dieser verdammte Kerl raubt mir noch immer meine Ruhe.«

»Du hast …?«

»Ja … Dieses ganze Unternehmen … ich meine, unseren Vater hierher zu holen, war ein vollkommener Blödsinn. Wie konnte ich nur so dumm sein? Was habe ich mir eingebildet? Dass alles gut wird? Dass Thomas endlich einen Opa hat?«

»Aber er ist nun mal unser Vater.«

»Weißt du, ich fange langsam an, mir Vorwürfe zu machen. Nun schlägt er dich schon. Warum habe ich auf andere gehört? Wenn ich nur daran denke, wie Senaé am Telefon sagte, dass ich irgendwann auch mal vergeben muss! ›Sueli, kannst du denn niemals vergessen?‹ Alles Quatsch! Nein, ich kann und will nicht vergessen. Und ich will auch nicht mehr gequält werden. Wenn unser Vater sich nach all den Jahren noch immer nicht verändert hat – bitte, aber ohne mich! Wir sollten ihn so schnell wie möglich wegschicken.«

»Nach Manacapuru, meinst du?«

»Ja, ab in den Flieger und nach Hause.«

»Aber wie willst du das anstellen? Er will sechs Monate bleiben. Jetzt sind erst vier Wochen um.«

»Was heißt wie? Wir sagen ihm die Wahrheit. Dass es uns reicht!«

»Nein, bitte nicht! Dann gibt er mir die Schuld. Sag ihm nicht, dass ich dir alles erzählt habe. Es war nur eine Ohrfeige. Ich will nicht, dass er meinetwegen gehen muss.«

»Tainá, wir sind erwachsene Frauen und keine kleinen Mädchen mehr. Er muss gehen, weil er noch immer derselbe Tyrann wie früher ist. Ich kann ihn nicht mehr ertragen. Mein Sohn bleibt auch ohne Großvater ein glückliches Kind.«

»Aber er ist unser Vater.«

Vorbei

Auf der Rückfahrt stand mir meine Situation plötzlich vor Augen. Im Grunde genommen lag meine Ehe in Scherben, mein Vater raubte mir die letzte Kraft, und die Dämonen der Vergangenheit machten mir weiterhin das Leben schwer. So durfte es nicht weitergehen! Zu oft hatte ich in den letzten Jahren gehört, dass ich es allein niemals schaffen würde, dass ich ein Nichts sei und vollkommen abhängig. Und ich hatte es auch noch geglaubt, denn schließlich war mir vor vielen Jahren doch auch gesagt worden, ich sei ein Fehler der Natur. Zwischen einem Nichts und einem Fehler der Natur bestand kein großer Unterschied. Wie leicht ich mich doch verunsichern ließ! Damit musste endgültig Schluss sein! Selbst die absurdesten Drohungen hatten mich in Angst versetzt. Ob es die Furcht war, meinen Sohn zu verlieren, oder die Sorge, das Wohlergehen meiner Schwester zu gefährden, jedes Argument gegen ein Ausbrechen aus meiner unglücklichen Ehe hatte ich für bare Münze genommen und mich gefügt. Die anderen sollten nicht unter meinen Handlungen leiden. Und lange hatte ich den Traum gehabt, aus uns könne eine intakte glückliche Familie werden. Unser Scheitern empfand ich als eine Niederlage, die ich mir endlich eingestehen musste. Aber nun war die Zeit gekommen! Es musste dringend etwas passieren.

Wenn ich meinen Vater gewähren ließ, würde ich meine Selbstachtung verlieren. Mit der nächsten Maschine sollte er zurückfliegen. Und dann, dachte ich, beantrage ich die Scheidung und beginne mit meinem Sohn ein neues Leben!

»Hallo! Jemand zu Hause? Tomazito, mein Schatz!?«, rief ich durch das Treppenhaus.

»Mama! Mama! Endlich bist du wieder da!«

»Thomas! Tut mir Leid, dass es so spät geworden ist. Du siehst ganz müde aus. Warum schläfst du noch nicht?«

»Tante Tainá hat mir gesagt, dass du bald kommst.«

»Es ist viel zu spät für einen kleinen Jungen. Komm, ich bringe dich ins Bett. Da kuscheln wir noch ein bisschen. Wo sind dein Vater und dein Großvater?«

»Weiß nicht.«

»In Wien«, sagte Tainá, die mir aus der Küche entgegenkam.

Noch am selben Abend wollte ich es hinter mich bringen. Ich musste rasch handeln, damit mich der Mut nicht verließ. Als die beiden endlich nach Hause kamen, hatten Tainá und ich uns einen Plan überlegt. Wir hatten sogar schon bei der brasilianischen Fluggesellschaft in Fortaleza angerufen und einen Platz für unseren Vater reserviert.

»Papai, ich habe eine schlechte Nachricht für dich. Du musst in der nächsten Woche zurückfliegen«, sagte ich zu ihm.

»Was? Aber warum denn? Ich habe doch noch fünf Monate Zeit.«

»Die Fluggesellschaft hat sich bei uns gemeldet. Sie stellt ihren Betrieb ein. Am Donnerstag geht der letzte Flug nach Fortaleza mit Anschluss nach Manaus. Wenn du nicht fliegst, verfällt dein Ticket. Ein neues können wir dir nicht kaufen. Das ist zu teuer.«

»Aber ... warum denn?«

»Es geht nicht anders. Bis Donnerstag sind es noch drei Tage.«

Vater schaute Werner an, der sicher nur die Hälfte verstanden hatte. Mich scherte es keinen Deut, was er entgegnete. Unser Vater würde nach Hause fliegen. Das war so sicher wie das Amen in der Kirche.

DIE BEFREIUNG UND DER TRAUM

Geschieden

Ich hatte fast alles zurückgelassen. Mit zwei Matratzen und zwei Decken verbrachten Thomas und ich die erste Nacht in der neuen Wohnung. Die gewonnene Freiheit war ein Durchatmen – endlich sein eigener Herr zu sein –, aber sie hatte den bitteren Beigeschmack der Angst. Reichte das Geld? Wie kam mein Sohn mit der neuen Lebenssituation zurecht? Ich nahm eine Stelle in einer Warenhauskette an und tanzte, wann immer ich Zeit dazu hatte. Tainá war zu ihrem Freund gezogen, und Werner lebte allein in unserem großen Haus.

Es war nicht einfach, aber ich fühlte mich stark. Gerti blieb mir eine treue Freundin, die meinen Entschluss akzeptierte und sich um Thomas kümmerte, wenn ich Auftritte zu absolvieren hatte.

Ich richtete mich in meinem neuen Leben ein, und nicht ein einziges Mal bereute ich meine Entscheidung, und nicht eine Sekunde dachte ich daran, den Rückweg anzutreten. Inzwischen besaß ich die österreichische Staatsangehörigkeit, und die Scheidung war in meinem Sinne ausgefallen. Aber ich verzichtete auf den mir zugesprochenen Anteil und bekam dafür das alleinige Sorgerecht für meinen Sohn. So war es mir lieber. Ich wollte meine Ruhe und meinen Frieden haben.

Susi, die selbst als Single lebte, besuchte mich häufig, und wir verbrachten mehr Zeit denn je miteinander. Nie zuvor hatte ich so viel Spaß und schaute so unbeschwert in die Welt. Es gab niemanden mehr, der mich verletzen und mit wenigen Worten an den Abgrund führen konnte. Solange ich arbeitete und die Abende in Gesellschaft verbrachte, ging es mir gut. Nach einigen tollpatschigen Zurückweisungen meinerseits ließ ich mich sogar auf einen Flirt ein.

Doch in den Wintermonaten kamen die dunklen und langen Nächte. Dann fühlte sich mein Dasein als geschiedene Frau wie ein Stigma an, und es fiel mir unendlich schwer, mich vom Ideal einer vollkommenen Familie zu verabschieden. Ich konnte und wollte nicht akzeptieren, dass ich nur Thomas hatte.

Zum Glück war das Telefonieren nach Übersee billiger geworden, und so rief ich mehrmals in der Woche bei Senaé an. Jeder Griff zum Hörer erschien mir wie eine Vergewisserung, dass es meine brasilianische Familie noch gab und dass ich zu ihr gehörte. Zwischen Senaés Worten suchte ich nach Hinweisen, ob sie an mich dachten, ob sie über mich sprachen, ob sie mich vermissten, und vor allem, ob sie mich liebten. Meine Mutter unterstützte ich mit einer monatlichen Überweisung, die sie unabhängig von meinem Vater machte. Ich hatte die Steuern fürs Haus und Grundstück bezahlt, auch für das von meinem Vovô geerbte Stück Land, keine großen Beträge, aber für meine Familie dennoch unerschwinglich. Es waren Mahnungen an sie geschickt worden, von denen ich nichts gewusst hatte. Rechtzeitig vor einer drohenden Enteignung löste ich alle Probleme. Meine Brüder waren neidisch auf das Land, das Großvater mir hinterlassen hatte, aber ich ließ mir kein schlechtes Gewissen einreden. Für meinen Geschmack waren sie ohnehin viel zu träge, und ich war mir sicher, sie würden das Grundstück brachliegen lassen. Tonio hatte ich in den letzten Jahren nur ein einziges Mal getroffen, eine Zusammenkunft, die Senaé eingefädelt hatte, weil ihr Wunsch nach Vergebung ihr Denken und Handeln stärker lenkte als die Qualen der erlittenen Erniedrigungen. Als ich Tonio sah, begann mein Herz heftig zu schlagen. Wie klein er doch war! Wie hatte dieser Wicht so viel Unheil anrichten können? Er tat so, als stünden wir in einem ganz normalen geschwisterlichen Verhältnis. Meine Zurückhaltung übersah er mit einer Arroganz, die Teil seines Charakters war. Am Ende des Gesprächs bat er mich um Geld. Für ihn war ich eine Art europäischer Goldesel. »Du hast es doch schon immer leicht gehabt. Dir hat man doch alles zugesteckt. Erst der Franzose, dann unser Großvater und jetzt der Kerl aus Austria. Hast doch immer nur Glück gehabt!«

Nur um Senaé nicht in Verlegenheit zu bringen, entschuldigte ich mich mit einer Ausrede. Am liebsten hätte ich ihm ins Gesicht gespuckt.

Aufbruch

Jeder Besuch bei meiner Zahnärztin war mit Qualen verbunden. Ich konnte und wollte keine Schmerzen mehr ertragen, aber in regelmäßigen Abständen musste ich mich Operationen unterziehen. Die Implantate fanden zu wenig Halt in meinem zertrümmerten Kiefer. Wenn ich auf dem Zahnarztstuhl lag, verkrampfte sich mein ganzer Körper. Obwohl meine Ärztin mich behutsam auf jeden Schritt vorbereitete und mir den Eingriff zu erleichtern versuchte, wurde ich wieder zu dem kleinen Mädchen, das hilflos an der Kokospalme hing. Nach einer langwierigen Behandlung, bei der ich fast vier Stunden mit offenem Mund dagelegen hatte, sagte sie einen Satz, der schmerzhaft in mir nachhallte.

»Jetzt ist alles vorbei!«

Ich brach in Tränen aus.

»Nein! Nichts ist vorbei«, schluchzte ich, »gar nichts! Wenn endlich alles vorbei wäre, dann wäre dies hier eine ganz normale Zahnarztpraxis! Verstehen Sie ... ein ganz normaler Zahnarztstuhl ... und keine Kokospalme.«

Sie schaute mich fragend an und legte behutsam einen Arm um meine Schultern. Ich ließ meinen Tränen freien Lauf und wünschte mir nichts sehnlicher als Erlösung. Endlich sollte Schluss sein mit der Geschichte vom Rollschuhunfall, Schluss mit der Lüge von der harmonischen Familie. Ich wollte endlich sagen, dass ich von meiner Mutter verstoßen und nach der Geburt vor die Tür meines Erzeugers gelegt worden war. Sagen, dass man mich Jahre später einem Fremden mitgegeben hatte. Sagen, dass sich dieser Fremde als mein Retter erwies. Sagen, dass er Jahre später ein dreizehnjähriges Mädchen allein zurückließ. Ich musste die Geschichten von Misshandlung, Vergewaltigung, Armut und Ablehnung endlich erzählen. Endlich ich selbst sein. Sueli Menezes mit ihrer wahren Vergangenheit, ihren Ängsten und Hoffnungen. Mit allen Schwächen und Stärken.

Noch auf dem Nachhauseweg traf ich die Entscheidung. Ich muss nach Brasilien! Ich muss nach Parana do Paratari! Früher wollte ich immer wissen, was sich hinter der Biegung des Flusses befindet. Das habe ich gründlich erfahren. Nun ist die Zeit gekommen, an den Ort zurückzukehren, der damals *vor* der Biegung des Flusses lag.

In Windeseile traf ich alle Vorbereitungen, buchte einen Flug, beriet mich mit einem Tropenarzt und ließ mich impfen. Er sprach über den brasilianischen Regenwald wie über eine Quarantänestation voller ansteckender Krankheiten. Aber da ich kein Risiko eingehen wollte, hörte ich auf seine Empfehlungen. Mein Körper war geschwächt. Angeblich grassierte Gelbfieber, und gegen Malaria, sagte er, müsse ich mich unbedingt schützen.

Thomas bekam Sommerferien, und Gerti nahm ihn mit auf eine Urlaubsreise. Ich setzte mich in ein Flugzeug, und am nächsten Tag befand ich mich in einem Hotelzimmer in Manaus. Schweißgebadet und mit pochendem Herzen lag ich auf dem Bett. Draußen fiel der Regen in Sturzbächen vom Himmel. Er prasselte auf Dächer, Wege und Straßen. Wenig später hörte ich das Rauschen der abfließenden Wassermassen in den Rinnsteinen. Dem Trommeln des Regens folgte das Geräusch von Autoreifen auf regennasser Fahrbahn. Gleich würde der Dampf aufsteigen. Ich sog jedes Geräusch in mich ein. In der Ferne erklang Musik, Stimmenfetzen drangen aus dem Flur herüber, eine Frau lachte, irgendwo klapperte Geschirr, und im Vorhof fegte jemand das Regenwasser in einen Abfluss. Ich war bereit. Das Telefon stand direkt neben meinem Bett. Ich musste nur zugreifen.

»Rodrigo? Hier ist deine Mutter.«

»Wo bist du?«

»Ganz in deiner Nähe. Können wir uns sehen?«

»Sag mir, wo.«

»Im Hotel Brazil, Avenida Getúlio Vargas. Findest du das?«

»In der Nähe der Oper?«

»Ja, gegenüber vom Hospital.«

»Ich komme sofort.«

Ich sah ihn schon von weitem. Er kam mit einem modernen Mountainbike und sah unverschämt gut aus. Wie groß und kräftig er geworden war! Mindestens einen halben Kopf größer als ich. Er war fünfzehn Jahre jung.

Wir umarmten uns wie Verbündete. Rodrigo lachte, und ich entdeckte die gleichen Grübchen, wie ich sie bei seinem Vater geliebt hatte. Mein Gott, dachte ich, Jânio war damals kaum älter gewesen.

»Was ist mit dir passiert, mein Schatz? Ich erkenne dich kaum wieder.«

»Was denn?«

»Du bist ein junger Mann geworden. Wenn wir spazieren gehen, werden dir die Mädchen hinterherpfeifen.«

»Ach nein.«

»Du bist ein sehr hübscher Jüngling. Ich bin stolz auf dich.«

Ich hakte mich bei Rodrigo ein, und wir schlenderten die Avenida entlang.

»Kennst du das Krankenhaus da drüben?«, fragte ich ihn.

»Das Hospital Beneficiênte Portuguesa? Was ist damit?«

»Hat deine Großmutter dir nichts darüber erzählt?«

»Was denn?«

»Dort bist du gerettet worden. In allerletzter Minute. Dein Leben hing an einem seidenen Faden. Die besten Ärzte der Stadt haben sich um dich gekümmert. Dona Wauda hatte alles arrangiert. Tag und Nacht haben deine Großmutter und ich an deinem Bett gesessen. Und nun bist du fast schon ein Mann!«

»Du zusammen mit Dona Wauda?«

Ich nickte. Rodrigo schaute mich aufmerksam an. Die Zeit war reif, ihm die Geschichte seiner Herkunft zu erzählen.

»Willst du mit mir in den Dschungel kommen?«

»Wohin in den Dschungel?«

»Das zeige ich dir dann. Wird dein Vater dir erlauben, mich einige Tage zu begleiten?«

»Dafür werde ich schon sorgen.«

»Ich freue mich.«

Senaé fiel aus allen Wolken, als ich mit Rodrigo vor der Tür stand. Sie lebte mit ihrem Mann in einem einfachen Viertel in Manaus, wo sie nur ein Zimmer mit einer kleinen Küche und einem Bad bewohnten. Das Leben spielte sich weitgehend auf dem Hof ab, an den weitere Häuschen grenzten, die offenbar alle der Familie ihres Mannes Emilio gehörten. Unzählige Kinder tollten umher, und Senaé stellte mich den Eltern, Geschwistern, Neffen und Nichten von Emilio vor. Zu viert fuhren wir nach Manacapuru. Dort lernte mein Sohn seine Großmutter, seine Tanten, Onkel, Cousins und Cousinen kennen. Er freundete sich sofort mit Belu an, einem Sohn von Nando, der einige Jahre älter war als er. Am Abend gingen sie gemeinsam zur Hafenpromenade und kehrten erst spät in der Nacht mit einem verschwörerischen Lächeln auf den Lippen zurück. Mein Sohn schien keine Probleme mit dem rauen Umgangston, der Enge in dem kleinen Haus und den vielen Menschen zu haben. Mit keiner Geste ließ er erkennen, dass er aus gehobeneren Kreisen stammte. Im Gegenteil: Er schien die Ungezwungenheit in seiner neu entdeckten Familie zu genießen. Was Dona Wauda ihm wohl über meine Herkunft erzählt hatte?

In Manacapuru war die Zeit stehen geblieben. Nur meine Nichten und Neffen waren größer geworden, und Luara hatte ein zweites Kind bekommen. Sie feilte und lackierte weiterhin die Nägel ihrer Kundinnen, während die restlichen Familienmitglieder ihre Anstrengungen darauf richteten, sich ein kühles Plätzchen unterm Ventilator zu sichern. Die allgemeine Lethargie stellte mich auf eine harte Geduldsprobe. Meine brasilianische Mentalität hatte eine kräftige europäische Einfärbung erhalten. Ich drückte meinem Neffen Carlo ein paar Scheine in die Hand, damit er Süßigkeiten für die Kinder und Bier für die Männer holte. Vater ließ sich nur noch selten blicken, was niemand bedauerte. Die meiste Zeit blieb er mit meiner Großmutter im Dschungel. Einmal im Jahr jedoch, zum Fest zu Ehren meines Vovô, wenn seiner Errettung vor den Flammen durch den heiligen San Francisco gedacht wurde, versammelte sich die ganze Familie in Parana do Paratari. Am Gelage nahmen mittlerweile fünfhundert Personen teil, während sich zur Prozession am Folgetag nur noch ein Dutzend Nachbarn und Freunde einfand. Die Verköstigung war zu einer teuren Angelegenheit geworden. Jedes Jahr im Oktober musste der Festplatz vorbereitet werden. Inzwischen hatte meine Familie ihn regensicher überdacht und erweitert, wie Luara stolz berichtete. Zwei Tage bevor die Gäste anreisten, wurde ein Rind geschlachtet. Eine erfahrene Köchin kümmerte sich um das Fleisch, das auf offenem Feuer zubereitet wurde. Fünfhundert Portionen mit Reis und Bohnen mussten rechtzeitig fertig sein! Nach dem Essen hielten Vater und Luara die obligatorischen Festreden. Meine Schwester schilderte mir den Ablauf bis ins kleinste Detail. Mir wurde schwer ums Herz, wenn sie über meinen Vovô sprach. Luara hatte sich zu einer reifen Frau entwickelt. Sie wirkte wie ein Familienoberhaupt. Ihr konnte ich vertrauen.

»Ich fahre hin«, sagte ich ihr.

»Wohin?«

»Nach Parana do Paratari. Mit Rodrigo. Wir nehmen morgen früh das Boot.«

»Wozu? Was wollt ihr dort? Sollen die Mücken euch auffressen, oder was hast du mit dem Bengel vor?«

»Ich will meinem Sohn zeigen, woher ich stamme.«

»Was gibt es da schon zu sehen?«

»Mehr als genug.«

Vor der Abfahrt versorgten wir uns mit einem Moskitonetz, Strohhüten, ausreichend Frischwasser und einem Nachttopf. Ich hatte keine Vorstellung davon, was uns erwartete, wusste nicht, wo sich das nächste Geschäft und wo sich ein Telefon befand. Am Hafen stiegen wir in das Fährboot, befestigten unsere Hängematten und standen an der Reling.

Schon bald verließen wir den Hauptarm des Solimões und bogen ein in das Labyrinth der Seitenarme. Es gab weit mehr Ansiedlungen, als ich in Erinnerung hatte. Hausboote säumten das Ufer. Erst nach Stunden passierten wir längere Abschnitte ohne menschliche Besiedlung. Das Wasser hatte seinen höchsten Stand erreicht, und für die Landbewohner war der Lebensraum eng geworden. Einige Caboclos hielten ihre Schweine und Hühner auf Flößen, wo die Tiere wochenlang auf wenigen Quadratmetern ausharren mussten. Rodrigo legte seinen Arm um mich, und ich fühlte mich wohl. Noch immer schien es ihm nicht leicht zu fallen, mich »mamãe« zu nennen. Aber das machte mir nichts aus. »Nenn mich Sueli«, hatte ich ihm gesagt. »Ich bin auch gern deine beste Freundin.«

Stundenlang suchte ich nach Anhaltspunkten, die mir verraten sollten, wo wir uns befanden. Die meisten Hütten waren aus Holz gezimmert und hatten ein Blechdach. Die Zeit der Palmblattkonstruktionen schien vorüber zu sein. Erst unmittelbar vor der Biegung des Flusses erkannte ich, dass wir unser Ziel erreicht hatten. Dona Teresas Hausboot tauchte auf, und am Ufer stand die Kirche bis zur Türschwelle im Wasser.

Dann sah ich Vaters Haus und den Festplatz. Ich atmete ruhig weiter und versuchte die kleine Ansiedlung wie ein vorbeifahrender Reisender zu betrachten. Die Tür war geschlossen. Unser Schiff fuhr langsam weiter, und ich hielt mich an der Reling fest. Dann passierten wir den Friedhof. Irgendwo da oben befand sich Vovôs Grab. Einige Kilometer flussaufwärts gab ich dem Comandante ein Zeichen. Er drosselte den Motor und hielt auf einen schwimmenden Steg zu. Ich versuchte, unter den Behausungen am Ufer Tante Veras Haus wiederzuerkennen. War es nicht das letzte in der Reihe? War es damals weiß oder dunkelrot gewesen? Einige Anwohner schauten aus dem Fenster. Hier erkannte mich niemand mehr. Für sie war ich eine Fremde, die sich an diesen Ort verirrt hatte.

»Tante Vera!«, rief ich, als ich das Gefühl hatte, an der richtigen Stelle zu sein.

»Dona Vera wohnt dort drüben!«, sagte ein alter Mann und gab mir ein Zeichen.

Ein schmaler Pfad führte an den Häusern vorbei. Was meine Tante wohl zu unserem unerwarteten Besuch sagen würde? Schon standen wir auf ihrer kleinen Veranda.

»Sueli!? Bist du es?«

»Ja, Tante Vera, und der junge Mann ist mein Sohn.«

»Willkommen!«

Ich umarmte sie und versuchte nachzurechnen, wann ich sie das letzte Mal gesehen hatte. Beim Weihnachtsfest vor zehn Jahren?

»Meine Güte, die Ferne scheint dir gut zu tun. Du bist noch hübscher geworden.«

»Vielen Dank. Und Sie werden wohl nie älter, was?«

»Du Schmeichlerin.«

Die Hütte bestand aus drei winzigen Räumen. Stolz zeigte mir Tante Vera eine Gefriertruhe im vorderen Raum, keinen halben Meter von der Wasserkante entfernt. »Seit drei Jahren haben wir Strom. Er fällt nur selten aus. Und da vorn, an der Ecke, gibt es sogar ein Telefon.«

»Unglaublich! Früher standen hier doch nur eine Hand voll Hütten.«

»Wir waren damals die sechste Familie. Warte, bis du die Schule siehst. Sie haben zwei Klassenräume angebaut. Aus Stein.«

»Arbeitet Dona Iracema noch dort?«

»Die Ärmste ist gestorben, ganz plötzlich. In der Schule haben sie ein schönes Bild von ihr aufgehängt. Es gibt jetzt zwei Lehrerinnen aus der Stadt. Es tut sich viel.«

Dona Iracema ist tot! Ich horchte nach innen, ob diese Nachricht mich berührte. Hier, an dieser Stelle, hatte sie mich als Kind einmal gefragt, wie mir das Leben in der Stadt gefalle. Damals wusste ich noch nicht, dass sie es gewesen war, die mich auf die Welt gebracht hatte. Nein, für mich lebte meine Mutter noch. In Manacapuru.

»Tante Vera, wir würden gern ein paar Tage bei euch bleiben.«

»Hast du deinen Vater schon gesehen?«

Ich schüttelte den Kopf.

»Können wir unsere Hängematten hier aufspannen?«

»Bitte! Und wo die Quelle ist, weißt du ja. Das Wasser sprudelt noch immer frisch und kühl.«

»Das können wir jetzt gebrauchen.«

Als es dämmerte, saßen mein Sohn und ich vor dem Haus und schauten andächtig auf den Fluss. Der rot entflammte Himmel ließ Rodrigos Haut kupferfarben schimmern. Ich hielt seine Hand. Von Augenblick zu Augenblick veränderte sich die Welt um uns herum. Das Licht verwandelte den Fluss in einen Spiegel des Himmels. Ein Hauch Violett mischte sich unter das Rot, dann zeigte sich ein zartes Rosa, und bevor die Sonne verschwand, wurde die Landschaft in ein orangefarbenes Licht getaucht. Ein Bôto sprang aus dem Wasser und zeigte uns seinen länglichen Kopf und den kräftigen, glänzenden Körper. Ganz in der Nähe hatte es damals von Delfinen gewimmelt. Sie waren so zahlreich gewesen, dass die Menschen behaupteten, es handle sich um einen verzauberten Ort. Niemand wollte sich dort ansiedeln. Am anderen Ufer stieg eine Mutter mit ihrem Kind in ein Kanu. Geschmeidig stachen sie ihre Remos ein, um rechtzeitig vor Einbruch der Dunkelheit zu Hause zu sein. Auch die Vögel kamen von der letzten Jagd zurück und flogen zu ihren Nestern. Die Silhouette des Waldes wandelte sich in einen dunklen Schatten. Im Nu wurde es Nacht. Vor unseren Augen tanzten die Vagalumes. Ich dachte an die Glühwürmchen in Österreich, winzige, blasse Verwandte dieser Urwaldinsekten.

»Ihre Schwanzspitzen leuchten wie Sterne«, sagte mein Sohn.

Als der Mond aufging, glänzte das Wasser.

»Siehst du das Mal über meinem Auge?«

»Aber sicher! Als ich noch klein war und du zu Besuch gekommen bist, habe ich immer auf das Mal geschaut. Daran habe ich dich immer sofort erkannt.«

»An meinem Mondfinsternismal?«

»Mondfinsternismal?«

»Mein Vovô hatte auch eines. Es saß auf seinem Oberschenkel und war meistens von seiner Hose verdeckt. Die Flussmenschen sagen, dass alle Kinder, die in einer Mondfinsternisnacht geboren werden, ein solches Mal an ihrem Körper tragen.«

»Ist das so?«

»Ich weiß nur, dass die Menschen hier Angst vor einer Mondfinsternis haben. Mein Vovô hat uns alle geweckt, als er eines Nachts aus der Ferne lautes Trommeln hörte. ›Schnell!

Schnell! Aufwachen! Wir müssen den Mond aufwecken. Er ist eingeschlafen. Wenn wir es nicht rechtzeitig schaffen, dann wird er nie wieder scheinen.‹ Wir haben furchtbare Angst bekommen und rannten mit Töpfen und Holzlöffeln hinaus. Von überall her hörten wir Trommeln und Geschrei. Manche schossen mit ihren Gewehren in die Luft. Es war ein gewaltiger Lärm, und auch die Tiere brüllten und kreischten. Nach einer Weile zeigte sich der Mond wieder in voller Pracht.«

»Und in einer solchen Nacht bist du auf die Welt gekommen?«

»Ich weiß es nicht, aber mir gefällt der Gedanke.«

Tante Vera lachte, als sie sah, wie wir mit dem Moskitonetz hantierten. »Lasst mich das machen. Man könnte meinen, ihr habt noch nie ein Netz aufgehängt.«

»Ich verstehe es auch nicht, irgendetwas stimmt hier nicht«, sagte ich zur Entschuldigung und suchte eifrig nach den vier Löchern für unsere beiden Hängematten. Es war ein Zweipersonennetz, das in der richtigen Höhe befestigt werden musste, damit es bis auf den Boden reichte. Jede noch so kleine Öffnung würde den Plagegeistern genügen, um uns eine qualvolle Nacht zu bescheren. Viel zu spät hatten wir endlich unser Lager aufgeschlagen. Längst umschwirrten die Mücken zu Hunderten die leuchtende Glühbirne und lauerten auf Beute. Offenbar bevorzugten sie das Blut von Städtern, denn auch Rodrigo kratzte sich bereits an Händen und Füßen. Wie im Dschungel üblich, wünschten wir uns schon am frühen Abend eine gute Nacht.

Noch bevor der neue Tag begann, schrien die Brüllaffen. Es waren viele Jahre vergangen, seitdem ich ihr lautes Gebrüll zuletzt gehört hatte. Kein anderes Tier vollbrachte derartige Geräusche, und mir lief eine Gänsehaut über den Rücken. Ich schlich mich hinaus. Im Osten kündigte das erste zarte Morgenlicht den neuen Tag an. Die Sonne kommt aus Österreich!, dachte ich. Dort geht sie jetzt unter!

Später liehen wir uns ein Kanu. Wie schwer und unhandlich das Remo doch war! Ich stach es auf der Spitze des Bootes sitzend ins Wasser. Rodrigo machte es mir nach. Wir kamen nur langsam voran. Lachend überquerten wir in Schlingerbewegungen den Seitenarm. Am seichten Ufer tauchte etwas Helles aus dem Wasser auf. Als wir nur noch zwei Schläge entfernt waren, erkannten wir den Körper eines Krokodils, das bäuchlings vorbeitrieb. Ich erschrak vor dem mächtigen Tier.

»Ist es tot?«, fragte Rodrigo.

»Das hoffe ich.«

»Ob seine Verwandten hier irgendwo lauern?«, fragte mein Sohn und schien erpicht auf die Begegnung mit einem lebenden Reptil zu sein. Ich suchte die Böschung nach Spuren ab, aber es waren keine zu sehen. Nur an einer schlammigen Stelle entdeckte ich eine Schleifspur. Von einer Schildkröte stammte sie sicher nicht. Die tauchten erst in der Trockenzeit auf, um ihre Eier abzulegen.

»Solange wir im Kanu bleiben, kann uns nichts passieren«, sagte ich.

Tante Veras Hütte war noch in Sichtweite, und uns lief bereits der Schweiß vom Körper herab. Ich dachte an meinen Vovô und wünschte ihn herbei. Erschöpft paddelten wir zur Mittagszeit zurück. Das Quellwasser im Hinterhof erfrischte uns, und gegenseitig begossen wir uns mit dem kühlen Nass aus gefüllten Kalebassen. Tante Vera legte einen fetten Tambaqui auf den Grill.

Als wir unsere Teller füllten, stand ein Nachbar in der Tür und grüßte. Irgendwie kam er mir bekannt vor. Sein graues Haar war noch sehr dicht und seine Haut von der tropischen Sonne verbrannt.

»Bom dia. Como vai o senhor?«, fragte ich, und Rodrigo tat es mir gleich.

Er lächelte und wischte sich den Schweiß von der Stirn.

»Bist du nicht eine Tochter von Araní?«

»Ja, so ist es …«, sagte ich, und hätte gern ein *leider* angefügt.

»Du bist doch die, die immer so laut schrie, wenn dein Vater dich verprügelte, nicht?«

Rodrigo schaute mich fragend an.

»Hat man das damals über mich gesagt?«

»Ja, die, die immer so laut schreit.«

»Und ich dachte immer, dass man zur Unterscheidung gesagt hat: die mit dem roten Flecken auf der Stirn.«

»Ja, stimmt, hat man auch. Dich haben sie doch häufiger mal irgendwo vergessen. Wenn sie nach Festen in der Nacht nach Hause gepaddelt sind, dann haben sie dich manchmal zurückgelassen. Dem Fährmann haben sie dann Bescheid gesagt, damit er dich aufliest.«

»Ja, jetzt erinnere ich mich. Komisch, das habe ich ganz vergessen.«

Der Alte setzte sich an den Tisch und nahm sich ein Stück Fisch, Reis, Bohnen und Farinha.

»Du lebst jetzt in Europa, habe ich gehört. Hast einen reichen Mann gefunden.«

»Wer sagt das?«

»Dein Vater. Er ist so stolz darauf. Der Gringo hat ihn doch sogar mal eingeladen nach Europa.«

»Hat er das?«

Tante Vera war meiner Mutter sehr ähnlich, eine einfache und gutmütige Frau, deren Leben von ihrer Familie und dem Fluss bestimmt wurde. Sie konnte nicht verstehen, was es bedeutete, in einem fremden Land zu leben. Mein Leben und mein Verhalten musste ihr sonderbar erscheinen. Immer wieder schaute sie Rodrigo und mir zu, wie wir miteinander tobten, lachten und sprachen.

Tante Vera hatte einen Sohn in meinem Alter. Gilberto und ich hatten als Kinder miteinander gespielt. Ich erinnerte mich daran, dass er ein guter Fußballspieler gewesen war, und er hatte ein großes Geschick entwickelt, eine Schweinsblase zu einem robusten Ball zu formen. Jetzt wirkte er auf mich wie ein Mann um die fünfzig. War er wirklich erst Anfang dreißig? Der Dschungel hatte ihn rasch altern lassen. Er lebte mit seiner Frau und fünf Kindern flussaufwärts in einem Hausboot. Sein Leben bestand aus einem steten Kampf mit der Natur und der harten Arbeit in den Jute- und Maniokplantagen. Gilberto sprang ins Kanu und gab uns ein Zeichen.

»Setzt euch hinein. Wir machen eine Ausfahrt.«

Mit dem Remo hantierte mein Cousin so geschickt wie alle Flussmenschen. Trotz seiner kräftigen Züge, die uns geschwind voranbrachten, glitten wir fast lautlos dahin. Gilberto steuerte in einen Igarapé, der tief in den Dschungel führte. Hier standen die Gummibäume tief unter Wasser.

»Schau dir das Muster an den Baumstämmen an«, sagte ich zu Rodrigo. »Die Narben kommen vom Kautschukzapfen. Als Kind habe ich diese Arbeit mit meinem Vovô gemacht. Noch vor Sonnenaufgang sind wir damals aufgebrochen.«

Unser Kanu glitt an dichtem Wald vorüber. Ein Schwarm Papageien flog über unsere Köpfe hinweg, und ihr buntes Gefieder schillerte vor dem Grün der Urwaldriesen. An manchen Stellen war das Blattwerk so undurchdringlich wie eine Mauer und warf unsere Stimmen zurück. Wie lange hatte ich das Echo des Dschungels nicht mehr gehört? Es trieb mir einen wohligen Schauer über den Rücken. Ich schaute nach oben, wo über den Baumwipfeln das Blau des Himmels kaum mehr zu sehen war. Rodrigo saß am hinteren Ende des Bootes und schöpfte Wasser. Irgendwo lockte ein Affe seine Artgenossen brüllend in reiches Futtergebiet. Im seichten Wasser wuchs ein Seerosenfeld. Die Vitória-Régia stand in Blüte, und ihre ausladenden Blätter schwammen wie Gummiboote im Wasser.

»Kennst du die Geschichte von den schwimmenden Blütenteppichen? Weißt du, woher die Vitória-Régia ihren Namen hat?«

Rodrigo schüttelte den Kopf, und Gilberto lächelte. Ich erzählte ihm von dem schönen Indianermädchen und dem

Mond. Mein Sohn wirkte glücklich und entspannt. Sein Blick streifte umher, als würde er gern ein Flussmensch sein. Er spähte ins Wasser, folgte jeder Schwanzflosse mit dem Ehrgeiz eines Jägers und umklammerte sein Remo.

»Als Kind habe ich meinen Vovô zum Fischfang begleitet. Einmal haben wir einen fetten Pirarucu erlegt. Er hat ihn mit seinem Pfeil erwischt.«

»Großvater?«, fragte er mit einem Anflug von Stolz in der Stimme. »War er ein richtiger Indianer?«

»Ja, das war er. Als Junge ist er verschleppt worden. Man zwang ihn zum Kautschukzapfen. Wie ein Sklave musste er arbeiten. Weit entfernt von hier. Seine Familie hat er nie wiedergesehen.«

»Sind wir auch Indianer?«

»Ein wenig schon.«

Rodrigo wirkte sehr nachdenklich.

»Gefällt dir die Vorstellung?«, fragte ich ihn.

»Sim, das gefällt mir.«

Während wir zurück auf den Seitenarm paddelten, erzählte ich Rodrigo von seinem Urgroßvater und zeigte ihm die Orte aus meiner Kindheit. Vom Defumador, dem Haus zum Kautschukräuchern, waren nur noch Reste der Feuerstelle zu sehen. Es wurde nicht mehr gebraucht. In unserer Gegend zapfte niemand mehr Kautschuk. Bevor ich richtig begriff, wohin Gilberto paddelte, legten wir auch schon am Haus meines Vaters an. Ich atmete tief durch, gefasst auf ein Wiedersehen, das ich gern vermieden hätte. Das Haus wirkte verfallen, beinahe so, als sei es unbewohnt. Das Holz war schon lange nicht mehr gestrichen worden, einige Bretter mussten dringend ausgewechselt werden. Hinter der Hütte schien sich etwas zu rühren. Über einen wackeligen Steg ging ich zur rückseitigen Treppe. Auf der Veranda stand meine Großmutter. Sie trug ein verschlissenes Kleid über ihrem stark gekrümmten Körper.

»Großmutter, ich bin es, Sueli.«

Sie stand hilflos neben einem Tonkrug, eine Schale in der Hand. Eine alte, gebrechliche Frau, die sich waschen wollte und Mühe hatte, Wasser einzufüllen.

»Großmutter! Wie geht es Ihnen?«, brüllte ich, weil ich mich daran erinnerte, wie schwerhörig sie geworden war. Sie schaute mich aus trüben Augen an und schien nicht recht zu verstehen. Sie murmelte etwas vor sich hin. Es war ihr spezieller Dialekt, eine Mischung aus portugiesischen und indianischen Worten, die ich nicht verstand. Ihre Haut war sehr dunkel geworden, im Gesicht mit den tief eingefallenen Wangen fast schwarz. Sie erinnerte mich an eine Hexe, eine böse Hexe. Vor meinen Augen tauchten die schrecklichen Bilder einer Frau auf, die sich nichts dabei gedacht hatte, kleine Mädchen zu quälen. Ich sah den Hühnerstall, in den sie Senaé und mich gesperrt hatte, dachte an unsere Angst vor den Wasserschlangen und starrte sie an. Unsicher stand sie auf ihren dürren Beinen und schaute auf den Krug. Vater war nirgends zu sehen.

»Sueli. Bom dia«, sagte sie schließlich kaum hörbar mit dünner Stimme. Sie schaute mich nachdenklich an.

»Warten Sie, ich helfe Ihnen.«

Ich half ihr aus dem Kleid, nahm die Seife und übergoss ihren nackten Körper mit Wasser. Sie schien nicht wirklich zu verstehen, was geschah, aber nachdem ich sie gewaschen und abgetrocknet hatte, lächelte sie. Ich wickelte sie in das Handtuch ein. Mühsam trat sie über die Türschwelle und legte sich in ihre Hängematte. Im Haus roch es nach Unrat. Hier war schon lange nicht mehr aufgeräumt worden. Ich öffnete eine Fensterluke und ließ frische Luft herein. Wie sollte ich hier ein sauberes Kleid für sie finden? Schließlich reichte ich ihr ein langes Hemd, das auf einem Stuhl lag und halbwegs sauber aussah. Aber da schlief sie schon. An der Wand war ein Brett montiert, auf dem ein Sammelsurium von Angelhaken, Seilen, Kleidung und Konserven lag. Zu meiner Überraschung entdeckte ich eine Plastikhülle, wie man sie zur Aufbewahrung von Dokumenten benutzt. Ich zog sie unter einer Hose hervor. Darin befanden sich, fein säuberlich aufgeklebt, die Fotos von Vaters Besuch in Austria! Jedes Blatt war in eine separate Folie gelegt. Vater vor der Wiener Staatsoper, beim Schloss Schönbrunn, am Prater und im Park von Laxenburg. Neben den Aufnahmen standen kurze Kommentare in Tainás sorgfältiger Handschrift. Sie musste ihm das Album nach seiner Abreise geschickt haben. Es sah aus, als hätten unzählige Hände es gehalten. Am gesamten Fluss gab es sicher niemanden, der diese Fotos nicht kannte.

Auf halbem Wege kam er uns entgegen. Er drosselte den Motor und lächelte. »Oi Sueli, Vera sagte, dass du mit deinem Sohn hier bist.«

»Hallo, Vater.«

»Das ist doch nicht Thomas!«

»Nein, das ist mein Sohn Rodrigo.«

»Rodrigo?«

»Er hat damals überlebt.«

Vater schaute mich fragend an.

»Bom dia. Como vai o senhor?«, fragte mein Sohn.

»Was macht ihr hier?«

»Wir ... ich zeige Rodrigo den Dschungel.«

»Ja, das ist gut.«

Ich wusste nichts mehr zu sagen.

»Wo ist Werner?«

»In Austria. Er lässt dich grüßen.«

In seinem Kanu entdeckte ich einen großen Kanister. Damit hatte er sicher Quellwasser geholt. Äußerlich hatte mein Vater sich kaum verändert. Die glatte, dunkle Haut, die schmalen Augen, der ewig grinsende Mund und sein praller Bauch. Seine ganze Erscheinung berührte mich nicht mehr. Ich schaute ihn an wie einen Fremden. Mein Herzschlag beruhigte sich. Er machte mir keine Angst mehr. Er war mir gleichgültig. Ich wollte keine Zuneigung von ihm. Auch meinem Sohn gegen-

über brauchte er keine Freundlichkeit zu zeigen. Ich würde
Rodrigo alles erzählen. Eines Tages sollte er erfahren, was
seine Mutter durchgemacht hatte. Es war gut, wenn er jetzt
schon spürte, dass etwas nicht stimmte. Er konnte mir alle er-
denklichen Fragen stellen. Ihm würde ich nicht ausweichen.
Vater wechselte ein paar Worte mit Gilberto. Ich suchte in seinem Gesicht nach Ähnlichkeiten mit meinem Vovô. Ob er
überhaupt sein Sohn war? Vielleicht hatte Großmutter ihn
mit einem anderen Mann gezeugt. Warum war er ein Einzel-
kind? Diesem Menschen werde ich niemals vergeben, dachte
ich. Könnte ich ihn nur vergessen.

»Wir fahren jetzt weiter«, sagte ich.

»Willst du nicht zu deiner Großmutter und den Nachbarn?
Ich bringe dich ... stelle dich vor ... dass du aus Europa
kommst, meine ich.«

»Nicht nötig.«

»Vielleicht kannst du Sonntag in die Kirche kommen. Da
sind alle versammelt. Ich werde zur Gemeinde sprechen.«

»Nein, danke.«

Vater lächelte. Dann drehte er endlich seinen Motor auf
und fuhr davon. Rodrigo schaute mich verwundert an.

Am nächsten Abend warteten wir auf das Fährboot, mit dem
mein Sohn zurück nach Manaus fahren sollte.

»Gefällt dir der Dschungel?«, fragte ich ihn.

»Ja, sehr gut. Ich möchte wiederkommen. Vielleicht können
wir beim nächsten Mal Belu mitnehmen. Dann kann ich mit
ihm fischen.«

»Das machen wir. Dein Cousin soll ein guter Fischer sein.«

»Mamãe, du bist ganz anders als mein Vater und meine
Großeltern. Sie sind sehr streng mit mir und behandeln mich
noch immer wie ein kleines Kind. Wenn ich ungehorsam bin,
dann sagen sie, das komme von dir. Es liege an deinem Blut.
Aber das glaube ich nicht. Sie kennen dich nicht. Sie wissen
nichts über dich.«

»Rodrigo, du bist ein guter Junge. Ich hoffe, dass du mich eines Tages in Austria besuchst. Dein Bruder möchte dich auch endlich kennen lernen.«

»Treffen wir uns vor deinem Abflug noch einmal?«

»Ganz bestimmt. In ein paar Tagen.«

Wir küssten und umarmten uns wie Mutter und Sohn.

Als das Fährboot hinter der Biegung des Flusses verschwunden war, legte ich mich in die Hängematte und schaukelte in einen zufriedenen Schlaf. Ich träumte von Thomas. Mein wahres Zuhause war in Austria. Aber zunächst musste ich ein wenig in Parana do Paratari bleiben. Ich hatte noch nicht alles gesehen, noch nicht alles gefunden.

Ich bat Gilberto um eine weitere Tour durch den Dschungel. Zunächst setzte er mich am Friedhof ab. Tante Vera hatte mir erklärt, wo ich das Grab finden würde. Aus Wien hatte ich ein Windlicht mitgebracht. Auf einem winzigen Metallschild stand sein Initial. Ein schlichtes *T* für Taori. Ein blaues Gitter umgab die Grabstelle. Der Boden war noch nass vom letzten Regen. Ich versank mit meinen Plastiksandalen im Schlamm. Dieser Ort verriet mir nichts über meinen Vovô. Ich fühlte ihn nicht und glaubte auch nicht daran, dass er dort unten lag. Mein Vovô befand sich in einer anderen Welt und war glücklich. Ich zündete die Kerze an und ging zurück zu Gilberto.

Er führte mich dorthin, wo in der Regenzeit die Jutebündel zum Aufquellen im Wasser gestapelt werden. Schon von weitem sah ich die Arbeiter bei der mühsamen Aufgabe, die Rinden zu lösen. Selbst jetzt, nach so vielen Jahren, fühlte ich den Schmerz unter meinen Fingernägeln und dachte an die Wundmale auf meinem Rücken. Kinder, Jugendliche und Erwachsene standen dort im Wasser, zogen die voll gesogenen Jutezweige ab und bündelten die Fasern. Wie sehr hatte ich mich damals bemüht, alles richtig zu machen, und wie schmerzhaft hatte ich die Schläge des Jutezweigs gespürt!

Ein Mann belud sein Kanu mit den fertigen Bündeln. Ich wusste, dass er nun ins Trockengebiet fuhr, die nassen Stöße auseinander teilte und bei einem Unterstand aufhängte. Wie ich diese Arbeit gehasst habe! Die Bündel waren schwer und meine Schwester und ich noch so schwach. Mehr als zwanzig Jahre waren seitdem vergangen.

Hinter unserem alten Maniokhaus stieg ich aus dem Kanu. Die Wiese war überschwemmt, aber ich sah sie trotzdem vor mir. Wie damals hörte ich das Dröhnen des Hubschraubers. Genau an dieser Stelle hatten sich die Bäume unter dem Wind der Rotorblätter gebogen, und wenig später war das fliegende Ungeheuer gelandet. Der Mann, der herausgesprungen war, hatte mein Leben verändert. Ohne Émile wäre ich ein anderer Mensch geworden. Vielleicht würde ich noch immer Jutefasern ziehen, hätte zehn Kinder und würde meine Wäsche am Fluss waschen.

Als es dämmerte, bat ich Gilberto, mich am großen Mangobaum hinter unserem Grundstück aussteigen zu lassen. Dieser Platz war eine Art Halbinsel, die in den Fluss ragte. Die Uferböschung war ein wenig erhöht, und ich konnte den Lauf des Flusses in beiden Richtungen verfolgen.

Jetzt geht die Sonne in Austria unter!, dachte ich. Ob Thomas ihr einen Gruß für mich mitgegeben hat? Ich hatte wunderbare Söhne! Es machte mich glücklich und stolz, dass auch Rodrigo mich als seine *Mamãe* akzeptierte. Das war mehr, als ich erwarten durfte. Eines Tages sollten die beiden alles über ihre Mutter erfahren, und es gab niemanden außer mir, der ihnen die Geschichte erzählen konnte. Niemanden, der die prächtigen Sonnenuntergänge am Amazonas genauso gut kannte wie die bauschigen Schneewolken über Wien. Beide Welten waren in mir vereint. Ich atmete tief durch. Nein, das Böse und das Leid hatten mich nicht gebrochen!

Das strahlende Violett des Himmels verwischte am Horizont zu einem zarten Rosa. Kanus überquerten den Fluss und zauberten eine Spur auf die spiegelnde Oberfläche des Wasserlaufs. Wie gern hätte ich in diesem Moment meine beiden Söhne an meiner Seite gehabt. Ich wünschte mir, wir hätten dieses wunderschöne Schauspiel gemeinsam genießen können. Und auch Gerti und Susi sollten es sehen! Und Mutti und Émile und alle Menschen, die ich geliebt hatte und immer noch liebte. Plötzlich überkam mich der Drang, alles aus mir herauszuschreien. Alle sollten wissen, was ich gesehen, erlebt und erlitten hatte. Alle sollten von meiner Verzweiflung, meinem Kampf und meinem Glück wissen. Hier, am Seitenarm des Rio Solimões, in Parana do Paratari, keimte der Wunsch, endlich meine Geschichte zu erzählen.

EPILOG

Im Sommer 2003 begegneten Sueli und ich uns zum ersten Mal. Zu diesem Zeitpunkt hatte sie ihre Geschichte in groben Zügen schriftlich festgehalten. Was ich dort las, war eine faszinierende, tragische und gleichzeitig Mut machende Biografie, die in mir den Wunsch weckte, ein Buch daraus zu machen. Als Schriftstellerin stand ich vor der schönen Aufgabe, einen Lebensweg nachzuzeichnen, der vom ersten bis zum letzten Schritt von der Sueli eigenen Vitalität geprägt ist. Denn so hatte ich sie kennen gelernt: als temperamentvolle, starke, amüsante, kluge und äußerst präsente Frau.

Wir ließen uns auf ein Vorhaben ein, das Vertrauen und Verständnis benötigte. Ich »forschte« in Suelis Vergangenheit, wie es nie zuvor jemand getan hatte und wie man es selbst in einer engen Freundschaft normalerweise nie machen würde. Ich warf unzählige Fragen auf und legte schmerzhafte Wunden bloß. Im September 2003 reisten wir gemeinsam an den Amazonas und begaben uns auf Spurensuche.

Suelis Hartnäckigkeit ist es zu verdanken, dass wir Zutritt zum ehemaligen Wohnhaus von Émile bekamen. Inzwischen ist dort eine kleine Privatklinik untergebracht, aber die Räumlichkeiten entsprechen in weiten Teilen noch immer dem Zustand, der in Suelis Erinnerung haften geblieben war. Sie fand die Meerjungfrau wieder und sah in denselben Spiegel, in dem sie sich als Sechsjährige zum ersten Mal betrachtet hatte. Was ihr nun entgegenschaute, war eine erwachsene Frau, die unerschrocken nach vorn blickte. Sueli zeigte mir ihr altes Zimmer mit dem Fenster, aus dem sie abends geschlüpft, und die

Hauswand, an der sie als Teenager hinuntergeklettert war, um sich heimlich mit Soraia zu treffen. Die Küche sah noch so ähnlich aus wie damals, als Dona Iara hier ihr Reich verwaltete.

Wir nahmen den Weg zum italienischen Bäcker, klopften vergeblich an Soraias Tür und fanden die Stelle, an der einst Dona Iaras einfache Hütte gestanden hatte. Sie war abgerissen worden, aber in einem baufälligen Nachbarhaus trafen wir Claudio an, den Straßenjungen, den Dona Iara einst aufgenommen hatte.

Die Kokospalme in Manacapuru ist gefällt worden. Im Garten steht ein neues Haus für die stetig wachsende Familie. Aber Luara verschönert nach wie vor die Nägel ihrer Kundinnen und ist zur heimlichen Chefin der Familie aufgestiegen.

Die Fahrt in den Dschungel offenbarte mir eine unbekannte Welt, mit der ich mich trotz der Hitze und der Insektenplage seltsam vertraut fühlte. Ich kam an viele Orte, die ich aus Suelis Erzählungen bereits kannte. In Parana do Paratari nahmen wir am Fest zu Ehren des heiligen São Francisco und der Errettung Vovôs aus den Flammen teil. Für Sueli war es die erste Feier dieser Art seit ihrer Kindheit. Wir beide staunten über die rasende Geschwindigkeit, mit der die Gäste ihr Bier tranken.

Ich lernte ihren Vater wie auch die meisten anderen Protagonisten dieses Buches kennen.

Automatisch suchte ich nach äußerlichen Merkmalen, die auf die Brutalität dieses Mannes hinwiesen. Er war nett zu mir, und ich bemühte mich, die Rolle einer unabhängigen Beobachterin zu wahren.

In den Nächten in Manacapuru hing meine Hängematte neben der von Suelis Mutter. Dona Cleias Nähe war mir lieb. Bereitwillig redete sie über ihre Vergangenheit. Sie sprach über Dinge, die selbst ihre Kinder nicht von ihr wussten. Nur von einem Thema wollte sie nichts wissen: dass ihre liebe Sueli nicht ihre leibliche Tochter war.

Mit Senaé habe ich mich angefreundet. Sie überwand ihre Zurückhaltung und praktizierte zum ersten Mal ihr mühsam erlerntes Englisch. Sie schilderte die eigene Familie aus ihrer Sicht und zeigte mir die Welt ihrer Kindheit. Gemeinsam besuchten wir Nachbarn und Freunde.

Dona Chica, die alte Frau, die Sueli damals bei der verhängnisvollen Misshandlung an der Kokospalme zur Hilfe kam, zeigt noch immer ihr warmes Lächeln. Ihre Armut ist beispielhaft für die schwierigen Lebensbedingungen am Amazonas. Unwillkürlich überlegt man dort, welche Wege aus der Not führen könnten. Sueli nahm Kontakt zum Bürgermeister auf und schlug ihm vor, gemeinsam Zukunftsperspektiven für die örtliche Jugend zu entwickeln. Sie weiß genau, wovon sie spricht, wenn es um die Chancenlosigkeit der verarmten Schichten geht. Sie träumt von dem Bau einer Berufsschule und hofft, dass die Stadt sich an diesem Projekt beteiligen wird.

Wenn man Sueli und Rodrigo erlebt, denkt man, sie seien sehr gute Freunde, die die Nähe des anderen suchen. Rodrigo vertraute seiner Mutter die Sorgen eines Heranwachsenden an, der sich daheim kontrolliert und gegängelt fühlt.

José, der Nachbarsjunge, der schon als Kind gern Mädchenkleider trug, begleitete uns in den Dschungel und brachte uns mit seinen Geschichten über die kleinstädtische Schwulenszene immer wieder zum Staunen und Lachen. Dank Suelis Hilfe hat er sich inzwischen eine Existenz als Friseur aufbauen können.

Zurück in Europa, musste sich Sueli monatelang mit meinen bohrenden Fragen konfrontieren. Bei einigen Gesprächen war Thomas in unserer Nähe und lauschte den Geschichten seiner Mutter. Dabei erwies er sich nicht nur als ein guter Zuhörer, sondern auch als jemand, der seine Meinung erstaunlich reif vertreten kann. Er vervollständigte auch mein Bild ihres gemeinsamen Lebens in einem kleinen Ort bei Wien.

Woche für Woche erhielt Sueli von mir die »Kapitel« ihres Lebens »schwarz auf weiß« präsentiert. Um ein derart ereignisreiches Leben in zwei Buchdeckel zu »pressen«, waren viele Auslassungen notwendig. Wir einigten uns auf eine Auswahl, die kaum eines der tragischen Ereignisse ausspart – und vielleicht war das manchem Leser schon zu viel. Trotzdem ist es ein hoffnungsfrohes Buch geworden, in dem auch das Schöne seinen Platz hat: die Momente der Liebe, die atemberaubende Landschaft Amazoniens, die Kraft einer Frau, deren Lebensfreude jedem Mut machen kann.

Wir haben zahlreiche Namen und einige Orte verändert. Viele brasilianische Namen sind aufgrund ihrer Schreibweise für deutsche Zungen kaum aussprechbar. Und um den Wünschen nach Anonymität zu entsprechen, haben wir manchen Protagonisten umbenannt und auch durch andere Veränderungen unerkennbar gemacht. Zur Vereinfachung der Handlungsabläufe sind wir an einigen Stellen von der tatsächlichen Chronologie abgewichen. Aus Rücksicht auf Persönlichkeitsrechte konnten zahlreiche Episoden aus Suelis Leben hier nicht erzählt werden.

Von den vielen Fragen, die sich im Laufe des Arbeitsprozesses stellten, kam zweien eine besondere Bedeutung zu: Was ist aus Émile geworden, und wie sehr kann man der eigenen Erinnerung – zumal der kindlichen – trauen? Was bleibt davon, wenn man sie mit der Erinnerung anderer abgleicht, die sich zum selben Zeitpunkt am selben Ort aufhielten? Manche Erinnerungen waren vage. Andere, weit zurückliegende Episoden präsentierte Sueli mit erstaunlicher Klarheit.

Je mehr wir uns mit ihrer Kindheit in Manaus beschäftigten, desto deutlicher wurde die besondere Rolle Émiles. Ohne ihn wäre Sueli vermutlich niemals aus dem Dschungel herausgekommen. Émile hat ihr Liebe gegeben, er war der Vater, den sie sich nicht einmal hätte erträumen können. Stück für Stück arbeiteten wir uns durch die Jahre ihrer Kindheit, und immer drängender wurde das Verlangen, etwas über das spurlose Verschwinden ihres »Schutzengels« in Erfahrung zu bringen.

Ich wollte wissen, was aus ihm geworden war. Meine –

durchaus detektivisch anmutenden – Fragen zu seiner Person veranlassten Sueli dazu, komplizierte Nachforschungen anzustellen. Es dauerte Wochen, bis eine Spur gefunden war, die zunächst nach Asien führte. Dort hoffte sie zumindest zu erfahren, wo sich Émiles Grab befand. Doch das Unfassbare trat ein! Man gab ihr eine Telefonnummer in Europa, und wenig später hatte sie Émile am Apparat. Er lebt und wird bald neunzig Jahre alt.

Seine Bereitschaft, sich zu erinnern, bezieht sich überwiegend auf andere Lebensabschnitte als auf die Jahre am Amazonas. Für ihn war es im Nachhinein nichts Besonderes, ein Indianermädchen für einige Jahre aufgenommen und ausgebildet zu haben.

Die Konfrontation mit seiner Form der Erinnerung war schmerzhaft. Aber auch diese Enttäuschung hat Sueli bewältigt und ist gestärkt und weiser daraus hervorgegangen.

Dieses Buch zu schreiben war ein besonderes Erlebnis. Von ganzem Herzen danke ich Sueli für ihre Offenheit und ihr Vertrauen. Sie offenbarte weit mehr, als notwendig war, und ließ mich teilhaben an einem bemerkenswerten Leben. Ich fühle mich ihr eng verbunden und wäre sehr froh, wenn ich dazu beigetragen habe, dass sie sich von Ballast aus der Vergangenheit befreit hat. Ich wünsche ihr, dass sie in Zukunft unbeschwerter leben und genießen kann und den für sie wichtigsten Menschen – Rodrigo und Thomas – möglichst nah sein kann.

Mein besonderer Dank gilt Peter Graf, der dieses Buch von Anfang an begleitet hat. Er hat sich auf ein zügiges Arbeitstempo eingelassen und war immer für mich ansprechbar. Seine Meinung, sein Wissen und sein Rat – auch über den Text hinausgehend – waren mir eine große Hilfe.

Hamburg, im Sommer 2004   Bruni Prasske

Widmung

Dieses Buch widme ich den Menschen, die ganz besonders zu meinem Glück beigetragen haben und deren Dasein mich befähigt hat, das Leben trotz allem zu lieben.

Meinem Vovô, dem besten Lehrer, den ich je hatte. Er hat mir die Geheimnisse des Dschungels offenbart und mich fühlen lassen, was Liebe und Geborgenheit ist.

Émile, der mir sieben Jahre lang das Gefühl gab, einen richtigen Vater zu haben. Damit schenkte er mir eine Kindheit, die mich stark genug machte, alle Schwierigkeiten zu überstehen.

Meiner Schwester Luara, die, obwohl wir in der Vergangenheit sehr viel miteinander gestritten haben, heute eine sehr gute Freundin ist, die zu mir steht und stolz auf mich ist.

Meiner Schwester Senaé, einer schüchternen und liebenswerten Person, die sich nur an die schönen Zeiten und unbeschwerten Tage im Dschungel erinnern mag. Ihr verdanke ich Erinnerungen, zu denen ich allein nicht vorgedrungen wäre.

Meinem zweiten Sohn Rodrigo, der mir trotz der großen Distanz zwischen Manaus und Wien immer das Gefühl gab, in seinem Leben präsent zu sein.

Und ganz besonders meinem Sohn Thomas, der mein Dasein jeden Tag schöner und wertvoller macht und der mir während des Schreibprozesses sehr viel Verständnis entgegengebracht und Zeit gegeben hat.

Ich widme dieses Buch zusätzlich jemandem, den ich Pippi nennen möchte. Er war der erste Mensch, der mir das Vertrauen gab und mich befähigte, ohne Scham und Angst über meine Vergangenheit zu reden.

Dank

Ohne die Unterstützung meiner Freunde hätte ich es nie geschafft, dieses Buch zu schreiben.

Mein besonderer Dank gilt Tukan, Gerti, Walter Unterweger, Klaus Hundspichler, Ninka, Susi, Filli und Günther Bernhard von Porsche Liesing, Wien, der mir einen Jugendtraum erfüllt hat.

Ganz herzlichen Dank an meinen besten Freund Alexander Koller. Ohne dich wäre alles sehr viel schwieriger gewesen! Danke für deine selbstlose Freundschaft! Du hast mich gedrängt, an meinen Geburtsort zu fahren und mich auf die Spuren meiner Vergangenheit zu begeben!

Es gibt viele andere, die ihren Anteil am Entstehen des Buches haben. Manche ahnen es sicher nicht einmal. Stellvertretend für die vielen »kleinen Helfer« möchte ich mich bei meiner Zahnärztin Evelyn Lanschützer bedanken.

An Bruni Prasske

Ich hoffe, jemand wird einmal eine Sprache mit Wörtern er-
finden, die beschreiben können, wie sehr ich dich schätze und
was für einen Reichtum man besitzt, wenn man dich als
Freundin hat. Jede Art von Dank wäre zu gering, um dir zu sagen, wie froh ich bin, dich kennen gelernt zu haben. Niemand
konnte meine Geschichte so schreiben wie du. Ohne dich
wäre dieses Buch nicht geworden, was es für mich ist.

Ich liebe dich, und ich danke dir für alles.

Sueli Menezes

Verfilmt mit Veronica Ferres, Jean-Hugues Anglade, Götz George, Matthias Habich, Nikolai Kinski und vielen mehr!

Kerstin Cameron sitzt in einem düsteren Frauengefängnis in Tansania. Die Anklage lautet: Mord – obwohl die Polizei überzeugt ist, daß ihr Ehemann sich selbst erschossen hat. Zwischen Verzweiflung und Hoffnung hin und her gerissen, blickt die Deutsche in eine schreckliche Zukunft: Ihr droht die Todesstrafe.

Kein Himmel über Afrika
Eine Frau kämpft um ihre Freiheit
ISBN-13: 978-3-548-36773-6
ISBN-10: 3-548-36773-9

»Eine eindrucksvolle, den Leser mitreißende Vatersuche«
Frankfurter Allgemeine Zeitung

August 1944: Der Abwehroffizier Hans Georg Klamroth wird als Hochverräter hingerichtet. Jahrzehnte später sieht Wibke Bruhns Filmaufnahmen von ihrem Vater während des Prozesses gegen die Verschwörer des 20. Juli. Der Anblick läßt sie nicht mehr los: Sie macht sich auf eine lange Suche nach seiner und auch ihrer eigenen Geschichte. Ein einzigartiges Familienepos.

»Eine faszinierende Mischung aus privater Chronik, zeitgeschichtlichem Report und persönlicher Identitätssuche«
Der Spiegel

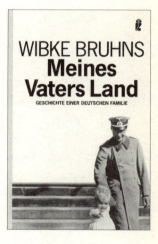

Meines Vaters Land
Geschichte einer
deutschen Familie
ISBN-13: 978-3-548-36748-4
ISBN-10: 3-548-36748-8

Dichtung und Wahrheit
in Dan Browns Bestseller »Sakrileg«

Dan Browns »Sakrileg« sorgt weltweit für Gesprächsstoff. Was ist Dichtung, was ist Wahrheit an diesem Religionsthriller? Gibt es tatsächlich geheime Botschaften in Leonardo da Vincis Bildern? War Maria Magdalena eine Prostituierte oder gar die Frau von Jesus? Der Heilige Gral – gibt es ihn doch? Was hat es auf sich mit Templern und Freimaurern? Existieren heute noch Geheimbünde? Sharan Newman erhellt die wichtigsten Mysterien des Abendlandes – fundiert, übersichtlich, unterhaltsam. Die unverzichtbare Begleitlektüre für alle Dan-Brown-Fans – und ein spannendes Nachschlagewerk für jeden historisch Interessierten.

Der Schlüssel zum Da-Vinci-Code
Die wahren Hintergründe von »Sakrileg«
ISBN-13: 978-3-548-36785-9
ISBN-10: 3-548-36785-2

Einsteins Weltsicht

Mit seiner bahnbrechenden Relativitätstheorie wurde Albert Einstein zu einem der bedeutendsten Physiker der Geschichte. Dieser Band enthält die gesammelten weltanschaulichen Äußerungen und Bekenntnisse Einsteins, in denen er auch Rechenschaft ablegt über seine wissenschaftliche Tätigkeit und ihre Einbettung in den gesellschaftlichen Zusammenhang.

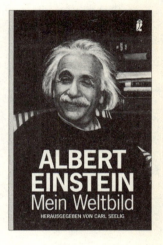

Mein Weltbild
Hrsg. von Carl Seelig
ISBN-13: 978-3-548-36728-6
ISBN-10: 3-548-36728-3

»Ein Buch, so wichtig wie die Liebe selbst« *New York Times*

Die Kunst des Liebens
Neuausgabe
ISBN-13: 978-3-548-36784-2
ISBN-10: 3-548-36784-4

Die Pathologie der Normalität
Zur Wissenschaft vom Menschen
Neuausgabe
ISBN-13: 978-3-548-36778-1
ISBN-10: 3-548-36778-X

Vom Haben zum Sein
Wege und Irrwege
der Selbsterfahrung
Neuausgabe
ISBN-13: 978-3-548-36775-0
ISBN-10: 3-548-36775-5

Humanismus als reale Utopie
Der Glaube an den Menschen
Neuausgabe
ISBN-13: 978-3-548-36776-7
ISBN-10: 3-548-36776-3

Von der Kunst des Zuhörens
Therapeutische Aspekte
der Psychoanalyse
Neuausgabe
ISBN-13: 978-3-548-36777-4
ISBN-10: 3-548-36777-1

Erich Fromm bei

»Wunderbar«
Süddeutsche Zeitung

Manfred Krugs Kindheitserinnerungen – witzig und warmherzig, plastisch und schnörkellos. Ein einzigartiges Lesevergnügen – und »ein beachtliches Zeugnis über das Nachkriegsdeutschland« *(Berliner Morgenpost)*.

»Eine Hommage an die kleinen Leute und ihren Daseinskampf, ein Plädoyer für Mitmenschlichkeit – und eine Liebeserklärung an Oma Lisa.«
Focus

»Eine anarchische Kindheit, in der man sich unweigerlich in den Bengel verliebt, der zwischen Vater und Mutter und damit auch zwischen Ost und West hin und her gerissen wird. Ein großartiger Erzähler.«
Brigitte

Mein schönes Leben
ISBN-13: 978-3-548-36756-9
ISBN-10: 3-548-36756-9

Enrique de Hériz | Lügen
Roman

Isabel García Luna ist siebzig Jahre alt und auf Forschungsreise im Dschungel Guatemalas, als sie erfährt, dass man sie für tot erklärt hat. Während sie noch zögert, den Irrtum aufzuklären, herrscht unter den Familienmitgliedern großer Aufruhr. Ausgelöst durch den vermeintlichen Tod, werden immer mehr Geheimnisse und Unwahrheiten aufgedeckt. Sicheres Wissen wird von Zweifeln erschüttert, klare Erinnerungen entpuppen sich als falsch. Eine Familiengeschichte voller überraschender Wendungen und Enthüllungen nimmt Gestalt an.
Ein Roman über die Kraft der Vergangenheit und die Kunst der Lüge.

432 Seiten, gebunden

| Hoffmann und Campe |